기독교 세계관의 철학적 기초 시리즈 ❿

Philosophy of Religion

종교철학

◆ 기독교 신앙의 철학적 조명 ◆

스티븐 에반스 · 잭커리 매니스 지음
정승태 옮김

기독교문서선교회

기독교문서선교회(Christian Literature Center: 약칭 **CLC**)는 1941년 영국 콜체스터에서 켄 아담스에 의해 시작되었으며 국제 본부는 영국의 쉐필드에 있습니다.

국제 CLC는 59개 나라에서 180개의 본부를 두고, 약 650여 명의 선교사들이 이동도서차량 40대를 이용하여 문서 보급에 힘쓰고 있으며 이메일 주문을 통해 130여 국으로 책을 공급하고 있습니다.

한국 CLC는 청교도적 복음주의 신학과 신앙서적을 출판하는 문서선교 기관으로서, 한 영혼이라도 구원되길 소망하면서 주님이 오시는 그날까지 최선을 다할 것입니다.

Philosophy of Religion

:Thinking about Faith

Written by

C. Stephen Evans & R. Zachary Manis

Translated by

Seong Tae Chung

Copyright © 2009 by C. Stephen Evans & R. Zachary Manis

Originally published in English under the title as

Philosophy of Religion: Thinking about Faith

by IVP USA

Translated and used by permission of IVP USA

P.O. Box 1400, Downers Grove, IL 60515-1426

All rights reserved

Korean Edition

Copyright © 2016 by Christian Literature Center

Seoul, Korea

추천사 1

윤원준 박사
침례신학대학교 조직신학 교수

스티븐 에반스(Stephen Evans)와 잭커리 매니스(Zachary Manis)의 *Philosophy of Religion: Thinking About Faith*(IVP, 2009)의 책이 『종교철학: 기독교 신앙의 철학적 조명』이라는 제목으로 번역된 것에 대해 기쁘게 생각한다. 종교철학의 교과서로 널리 알려져 있는 본서는 논쟁적이고 합리적이다. 종교철학의 성격이 그렇듯이, 본서도 합리적인 논쟁에 근거하여 서구의 여러 다양한 철학자들과 그들의 이론들을 설명하고 소개하고 있다.

우리가 알듯이, 종교철학이란 역사적으로 기술하는 종교의 영역이 아니라 논리적으로 분석하는 철학의 영역이다. 그래서 대체로 종교철학의 저술들은 논쟁적이고 합리적인 임무에 충실하려고 한다. 본서도 그런 면에선 예외가 아니다. 하지만 본서가 다른 종교철학 저술들과는 다른 면이 있다면, 그것은 기독교가 진리라는 확고한 신념을 철학적으로 변론한다는 데 있다. 일반적으로 종교철학을 서구 철학의 세속적 관점에서 논의를 시작하고 마무리하는 경우가 많은 데, 본서를 그러한 서구 철학의 세속적 관점에 대한 설명을 등한시하지 않으면서도 기독교 신앙을 변론할 목적으로 서술되었다는 점이 매우 가치 있다고 여겨진다.

특히 이러한 기독교의 변론적 맥락에서 본서는 종교철학이 종교나 철학을 해석하거나 지식을 넓히는 학문이 아님을 보여 준다. 종교철학은 우리의 일상과 신앙에서 동떨어진 별개의 학문이 아니기 때문이다. 본서를 통해 저자들은 종교철학의 주요 쟁점들이 일상과 신앙에서 빈번하게 마주하고 고민하는 질문들을 다루면서 답하고 있다.

하나님은 존재하시는가?

만일 존재한다면, 우리가 어떻게 알 수 있는가?

선하신 하나님이 계신다면, 왜 그분은 이 세상의 악과 고통의 문제를 해결하지 않는가?

전지한 하나님이 미래를 아신다면, 우리의 자유로운 행위는 왜 필요한가?

왜 이 세상에는 수많은 종교들이 있는가?

어느 종교가 진리인가?

왜 기독교만이 참된 진리라고 주장해야 하는가?

기독교 신앙은 이성을 배제하는가?

이러한 여러 주제들은 우리의 관심을 끌기에 충분하다. 이러한 종교철학의 주제들은 우리의 일상과 무관하지 않을 뿐만 아니라 우리의 마음속에 대답되지 않은 채 간직하고 있는 질문들임을 생각해 볼 때, 『종교철학』은 우리들에게 이러한 일상적이고 신앙적인 관심에 대한 답을 얻는 데에 도움을 줄 것으로 믿는다.

무엇보다도 『종교철학』은 크게 두 가지 두드러진 유익성을 보여 준다.

첫째, 본서는 종교철학에 관한 다양한 학문적 문헌들을 제공하고 있다. 저자들은 종교철학 연구에서 논의되어온 진부하고 오래된 문헌들을 현대의 문헌들로 대체하고, 최근 논의된 신선한 문헌들을 참조할 수 있게 하여 학문적 가치를 높인다. 그들의 노력들 중 하나가 최근에 철학 분야나 조직신학 분야에서 논의의 쟁점을 제공하는 알빈 플란팅가(Alvin Plantinga)와 리처드 스윈번(Richard Swinburne)과 같은 기독교 철학자들의 논의를 제공한 것이다.

복음주의나 개혁주의 전통에 근거하는 플란팅가와 스윈번의 논의들은 합리적으로 훈련받고 무장한 세속적 인식론의 철학자들의 반박과 주장에 맞서 논박하면서 진리의 기독교를 변론한다. 이 외에도 본서에 언급된 여러 학자들이나 문헌들은 분명히 신학이나 종교철학을 전공하고자 하는 사람들에게 연구에 실질적인 도움을 제공할 것으로 확신한다.

둘째, 본서는 기독교 신앙을 변론하는 것뿐만 아니라 기독교의 진리를 확신하게 해 준다. 앞서 언급했듯이, 최근의 종교철학과 연관된 책들과는 다르게 본서는 기독교 신앙의 관점에서 의도적으로 서술되었다. 비록 일반화하기는 어려워도, 현대 그리스도인들은 그들의 믿음을 합리적으로 생각하기보다는 맹목적으로 받아들이는 경향이 있다. 그런 이유인지는 모르지만, 대부분의 그리스도인들은 이성적 논의나 사변적 사상을 멀리하는 것 같다. 하지만 그들이 맹목적으로 믿고 있는 신앙이나 교리를 합당한 설명이나 근거로 제시하지 못하는 것에 관해 본서는 어떻게 설명하고 어떤 근거를 제시해야 하는지를 보여 준다.

이런 면에서 『종교철학』은 종교철학의 영역에서 다루고 있는 다양한 주제들이나 이론들을 소개하는 것뿐만 아니라 다양한 이론들이나 주장들을 비판하면서 기독교 신앙을 변론하는 데에 많은 유익을 제공하리라 확신한다.

셋째, 본서는 신학이나 종교철학에 관심을 가진 사람들뿐만 아니라 일반 평신도들에게도 매우 유용하리라고 믿는다. 종교철학은 원래 용어자체가 모호하고 난해한 부분이 없지 않다. 그래서 대부분의 사람들이 종교철학의 저술들을 기피하는 현상이 있는 게 사실이다. 하지만 『종교철학』은 정승태 교수의 수고로 더욱 쉽게 읽을 수 있고 친밀하게 접근할 수 있도록 배려한 흔적이 역력히 보인다.

본서를 번역한 정승태 교수의 노고에 감사해야 할 것 같다. 모쪼록 『종교철학』은 합리적 신앙을 추구하는 신학생들과 지성있는 평신도들에게 많은 생각거리와 읽을거리를 제공할 것이라는 점에서 일독을 권하고 추천하는 바이다.

추천사 2

장왕식 박사
감리교신학대학교 종교철학 교수

    저서를 발간하는 일과 관련하여, 모든 학자들이 소유하고 있는 과도한 욕구 중의 하나는 수준 높은 내용과 읽기 쉬운 필치를 동시에 추구하는 것이다. 예를 들어 철학과 관련된 학문을 하는 사람들은, 매우 수준 높고 심도 깊은 내용의 토론을 벌이면서도 동시에 초심자들도 어렵지 않게 읽을 수 있는 저서를 발간하려는 욕구를 추구하게 되는데 그런 것이 바로 하나의 사례다.

    문제는 그런 멋진 책을 쓰는 일이 거의 불가능하다는 것이다. 그 이유는 설명하지 않아도 누구나 잘 안다. 하나의 철학책이란 인공지능 알파고(AlphaGo)가 축적해 놓은 수많은 대국의 바둑 기보를 능가하는 인류의 사색과 그 역사의 알고리즘을 다루는 작업이다.

    오랜 역사를 통해 인류가 종교와 철학에 대해 사고하고 씨름해 놓은 정보를 다루는 것이 바로 종교철학인데, 그것을 어떻게 쉽게 이해되도록 설명한다는 말인가?

    쉽게 설명하려는 순간 내용이 부실해지며, 내용에 보다 충실하려는 순간 난해하게 되는 것은 자연적인 이치다.

　추천자 역시 비슷한 경험으로 좌절을 겪은 적이 여러 번 있다. 종교철학을 전공했고, 이 분야에서 25년 이상을 가르치며 연구해 왔기에 나름의 사상과 고유의 학문을 소유하고 있다고 하겠으나, 그것을 많은 사람이 공감할 수 있도록 설명하고 가르치는 일은 또 다른 문제임을 자주 깨닫고는 한다. 자신의 학문에 대한 자부심은 있으나 그것을 글을 통해 쉽게 전달하는 능력에는 아직도 부족함을 느끼고 있다는 말이다.

　이번에 내가 마주한 본서 『종교철학: 기독교 신앙의 철학적 조명』은 우선 매우 수준 높은 내용을 다루면서도 나름 아주 평이한 필치를 통해서 독자들에게 다가가려한 점이 눈에 띤다. 그러나 본서의 특징은 여기에서 그치지 않는다. 종교철학에서 전통적으로 다루어 온 주제들을 심도 있게 토론하는 것은 물론, 그런 주제들을 최근에 발전된 논의와 연결시켜 풀어내고 있는데 그것이 또 하나의 장점이다. 예를 들어 최근의 철학은 세속적 무신론과 더불어 자연주의 철학(동양적, 진화론적, 스피노자적)이 무서운 기세를 떨치고 있는데, 본서는 그런 사조들이 어떻게 종교와 기독교에 도전으로 다가오고 있는지, 그리고 그런 도전에 오늘의 종교철학과 신학은 어떻게 대응해 갈 수 있을지에 대한 단초를 제공한다는 점 역시 돋보인다.

　마지막으로 본서는 줄곧 기독교 신앙이라는 틀을 벗어나지 않는다는 점에서 유신론적 공동체 내에서 종교철학적 문제들에 대해 관심을 갖는 사람들에게 큰 관심과 매력을 끌만하다고 믿는다.

제2판 서문

C. 스티븐 에반스 박사
배일러대학교 석좌교수

1982년에 『종교철학: 기독교 신앙의 철학적 조명』(Philosophy of Religion: Thinking About Faith)이 처음 출판되었다는 사실은 나에게는 믿기지 않은 일이다. 본서는 아마도 4만부 이상의 인쇄를 거듭하면서 독자들에 의해 포용되고 받아들인 방식에 대해 나는 매우 기쁘게 생각한다. 본서는 영국에서도 읽혀졌고 여러 나라의 언어로 번역되기도 했다.

우리가 상상할 수 있듯이, 본서가 저술되었기 때문에 종교철학 분야가 오랜 기간 동안에 활발하게 논의되었다. 실제로 과거 30년 동안 철학자들은 종교적 쟁점들에 관한 창의적 생각을 생생하게 보여주었다. 그런 점에서 나는 몇 년 동안 본서가 보완하여 수정할 필요를 예민하게 느끼고 있었다. 하지만 나는 여러 학문적 기획들로 인해 진정 필요한 수정작업을 할 수 없었다. 결국 수정보완의 계획을 공유할 공동저자와 더불어 협력해야겠다는 생각을 내가 수용하게 되었다.

R. 잭커리 매니스가 이 작업에 동참해 주기 원하는 나의 요청을 수락해주었고, 나는 이에 동참해 준 그에게 매우 고마움을 전한다. 매니스는 내가 가르친 학생이고, 베일러대학교(Baylor University)에서 그가 쓴 박사학위 논문은 부분적으로 나의 책에 대한 도전적 비판이었다. 그래서 나는 개인적 경험에서 그가 훌륭한 철학자이자 뛰어난 글쓰기의 재능을 가진 사람이라는 것을 잘 알고 있었다.

우리의 독자들이 될 사람들에게 매니스를 소개하는 것이 나에게는 크나큰 기쁨이다. 그의 주요 학문적 관심(나와 마찬가지로)은 종교철학과 키르케고르의 연구다. 그는 이미 여러 학술지에 논문들을 게재했고, 나와 함께 공동저자로 그의 첫 번째 저술이 나오게 된 것을 기쁘게 생각한다.

매니스는 현재 사우스웨스트침례대학교(Southwest Baptist University)에서 신학과 목회의 코츠레드포드학과(Courts Redford College)에서 철학을 가르치고 있다. 그는 부인 리사와 두 아이, 솔로몬과 노라와 함께 머조리주 볼라바에서 살고 있다.

독자들이 본서가 완전히 수정되고 증보되었다는 것을 아는 것이 중요하다. 비록 우리가 초판을 가치있게 만들었던 모든 요점들을 다 보유하고 있다고 희망할지라도, 본서의 모든 장은 작업을 새롭게 시도했다. 더욱이 상당히 많은 부분들은 새로운 자료들이 첨가되었다. 여기에는 약간의 중요한 부분들이 있는데, 신의 개념에 대한 부분은 신의 예지와 인간의 자유의 문제에 대한 논의를 포함했다. 신 존재 논증에 대한 부분은 우주론으로부터 미세-조정의 논의를 포함했다.

우리는 이제 종교적 신념에 대한 새로운 설명들의 취지를 인식적 심리학으로부터 고려했다. 신념에 대한 반론들을 언급한 장들은 이제 종교적 믿음에 대한 실용주의적 반론들의 논의를 포함했다. 또한 종교적 신념들이 타당하게 기초적이고 증거에 근거되지 않는다는 개혁주의 인식론의 주장에 대한 논의와 함께 종교적 신념의 증거주의 도전을 새롭게 논의했다. 우리는 종교와 도덕성과의 관계, 종교와 과학의 관계에 대한 확장된 논의들을 첨가했다.

자연주의와 무신론의 논의는 확대된 부분들을 덧붙여 제시했고, 악의 문제에 대한 논의도 신의 숨겨짐, 끔찍한 악들 그리고 지옥의 문제들에 대한 논의들과 함께 그 악의 문제의 논리적 및 증거주의적 형식들을 분리하여 취급하면서 상당히 많은 부분을 확대했다.

이러한 쟁점들 및 다른 쟁점들에 관해서는 내가 잭커리 매니스의 공헌으로 인해 크게 도움을 받았고, 나는 우리의 독자들도 이것이 사실임을 발견하리라는 것을 안다. 본서는 진정한 공동작업으로 인해 하나의 결과물로 나타났다. 우리 각자는 다른 저자가 기초를 놓았던 자료를 수정하고 새롭게 작업을 했음을 밝힌다. 매니스와 나는 본서가 종교철학에 진지한 관심을 가지고 있는 학생들과 사람들에게 상당한 도움을 줄 것이라고 확신한다.

역자 서문

정승태 박사
침례신학대학교 종교철학 교수

몇 해 전만 해도 종교철학은 사람들에게 생소하고 낯설었던 분야였다. 하지만 최근 몇 년 동안에 종교철학에 대한 관심이 다른 분야에 비해 상대적으로 높아졌다. 이는 크게 두 가지 점에 대해 생각해 볼 수 있다.

하나는 악과 고통의 문제, 신 존재 증명, 이성과 신앙의 관계성, 종교경험, 언어문제 등과 같은 종교철학의 다양한 주제들이 우리의 일상적 삶과 분리되지 않는다는 점이다. 그래서 종교철학에서 취급되는 여러 주제들이 우리의 현실과 그다지 동떨어져 있지 않음을 보여 준다.

또 하나는 우리 시대의 주도적인 철학자들이 철학적 논의 속에 종교철학의 주제들을 끌어오면서부터 종교철학에 대한 관심이 높아졌다고 보인다. 이를테면 노틀담대학의 알빈 플란팅가(Alvin Plantinga)와 필립 퀸(Phillip Quinn), 예일대학의 니콜라스 월터스토프(Nicholas Wolterstorff), 시러큐스대학의 윌리엄 알스턴(William

Alston), 옥스퍼드대학의 리처드 스윈번(Richard Swinburne) 등은 종교철학의 주제들로 책을 출판했거나 그러한 주제들과 연관하여 글을 썼다.

이러한 점들이 사람들에게 종교철학에 대한 가치를 인식하게 만들었다. 그러므로 사람들 사이에서 이러한 인식들이 알려지는 것이 종교철학을 연구하는 사람들에게는 상당히 고무적이지 않을 수 없다.

이러한 관심에도 사람들은 여전히 종교철학을 어렵게만 느낀다. 상황이 그러다 보니, 종교철학에 대한 관심을 가진 사람들조차도 종교철학과 관련된 책들의 장(chapters)을 쉽게 넘길 수 없다는 사실이다. 이것은 아마도 종교철학이 기술 및 서술하는 분야가 아니라 논리적으로 혹은 이성적으로 따져 묻고 분석하는 분야여서 그런지 모른다.

실제로 모호하고도 난해한 철학의 기본적인 어휘들과 듣도 보지도 못한 수많은 철학자들과 그들의 사상들이 사람들의 관심을 방해하기도 한다. 그래서 종교철학에 대한 관심을 갖는 사람들이 보다 쉽고 평이한 내용으로 접근할 수 있는 교과서들을 찾게 되고 필요하다고 느끼는 것이 사실이다. 이런 사정을 감안하여『종교철학: 기독교 신앙의 철학적 조명』의 저자들은 바로 이런 사람들을 위해 좀 더 평이하고도 쉬운 문체로 썼다고 보인다.

본서는 미국의 베일러대학교의 명예교수인 스티븐 에반스(C. Stephen Evans)와 사우스웨스트침례대학의 교수이자 에반스의 제자였던 잭커리 매니스(R. Zachary Manis)가 쓴『종교철학』(Philosophy of Religion: Thinking About Faith)을 완역한 것이다.

본래 본서는 에반스가 1982년에 출판했던 것을 전면적으로 수정하고 보완하여 2009년에 새롭게 출판한 것이다. 그러므로 본서는 에반스가 활용했던 오래된 자료들이 최근의 자료들로 대체가 되면서 최근의 종교철학에 관한 논의들 및 쟁점들을 상세하게 최근의 자료로 살펴볼 수 있게 재편집되었다.

대체로 20세기 후반에 종교철학을 전공하거나 철학적 신학을 공부한 사람이라면, 에반스의 『종교철학: 기독교 신앙의 철학적 조명』을 교과서로 읽었을 것이다. 1990년대 초에 종교철학을 공부하고 있었던 옮긴이도 에반스의 『종교철학』(1982년)을 프렌티스-홀 출판사에서 발행한 존 힉(John Hick)의 『종교철학』(*Philosophy of Religion*)과 더불어 읽고 공부했던 것을 보면, 본서는 미국 신학교와 종교학부에서 매우 잘 알려진 몇 안 되는 교과서들 중의 하나였다. 그런 연유인지는 모르지만, 본서를 우리말로 옮기고 책으로 출판하게 되어 개인적으로 매우 기쁘다.

본서의 가치는 종교에 관한 문제들을 철학적으로 사유하고 비판하는 것이 무엇인지 보여주고 있다. 이런 면에서 종교철학을 "종교적 신념에 대한 비판적 성찰"로 정의하는 에반스와 매니스는 우리가 믿는 종교나 신념 및 신앙에 대하여 합리적으로 성찰하지 못하는 부분을 지적하면서 우리의 신앙을 합리적으로 변론할 수 있게 한다는 데 있다. 잘 알고 있듯이, 종교철학이란 단순히 종교의 내용들을 기술하는 것이 아니라 비판적으로 분석하는 데 있다.

하지만 본서는 기독교 신앙의 입장에서 논의하면서 합리적 신앙을 추구할 수 있게 해 준다는 면에서 본서가 가지는 하나의 중요한 가치라고 여겨진다. 특히 신학적으로 쟁점이 된 신적 예지와 인간의 자유에 관한 문제들을 하나의 사례연구로 다루기도 하고, 개혁주의 인식론을 언급하여 칼빈주의 전통에서 신학 및 신앙의 의미를 재구성하는 부분에서 합리적 신앙의 가치를 더 많이 발견하게 한다.

또한 종교철학에 관심을 가지고 있거나 전공하고자 하는 사람들에게 연구에 많은 도움을 줄 수 있는 분량의 문헌들이 상당히 많이 소개되어 있다는 점에서도 충분히 가치가 있어 보인다. 사람들은 신 존재 증명, 종교경험, 악의 문제, 종교와 모더너티 및 과학의 문제, 신앙과 이성의 문제에서 언급된 다양한 주제들에서 최근 종교철학의 문헌들을 통해서 더 많은 자료들을 얻을 수 있을 것이다.

끝으로 본서를 번역하기까지 감사할 분들이 있다. 먼저 본서의 발간을 위해 애써주신 CLC의 박영호 사장님과 직원분들에게 마음 깊이 감사를 드린다. 그리고 한 학기를 마무리해야 하는 분주하고도 중요한 시간임에도 불구하고 추천사를 흔쾌히 허락해 주시고 써 주신 감리교신학대학교의 장왕식 교수님과 침례신학대학교의 윤원준 교수님께 진심으로 감사를 드린다.

교정하는 과정에서 원고를 읽고 수정해 준 임동빈 조교에게도 고마움을 전한다. 모쪼록 본서가 종교철학에 대한 연구와 신앙의 깊은 물음을 추구하는 모든 사람에게 도움이 되기를 진심으로 바라는 바이다.

2016년 5월 1일
하기동 연구실에서

목차

추천사1 윤원준 박사(침례신학대학교 조직신학 교수)   4
추천사2 장왕식 박사(감리교신학대학교 종교철학 교수)   8

제2판 서문   10
역자 서문   13

제1장 : 종교철학이란 무엇인가?

    1. 종교철학과 여타 학문들   24
    2. 종교철학과 철학   26
    3. 종교에 대한 생각은 중립적일 수 있는가?   28
    4. 신앙주의   30
    5. 중립주의   35
    6. 비판적 대화   40

제2장 : 유신론의 신: 자연신학의 기획

    1. 신의 개념들   47
    2. 신의 유신론적 개념   49
    3. 사례연구: 신적 예지와 인간의 자유   56
    4. 종교언어의 문제   72
    5. 자연신학   76
    6. 신 존재 증명   80

제3장 : 신 존재를 위한 고전적 논증들

    1. 존재론적 논증   87
    2. 우주론적 논증   95
    3. 목적론적 논증   110
    4. 도덕론적 논증   125
    5. 결론: 유신론적 논증의 가치   138

제4장 : 종교경험

    1. 종교경험의 유형들   142
    2. 경험을 이해하는 두 모델   146
    3. 직접 및 매개로서의 신적 경험   151
    4. 종교경험은 진짜인가?   156
    5. 경험적 주장들을 검증하기   161

제5장 : 신의 특별 행위: 계시와 기적

1. 특별 행위   167
2. 계시의 이론들   169
3. 전통적 견해는 변론될 수 있는가?   175
4. 기적이란 무엇인가?   179
5. 기적을 믿는 것은 합리적인가?   183
6. 계시는 특별한 권위를 가질 수 있는가?   195

제6장 : 종교, 모더너티 그리고 과학

1. 모더너티와 종교적 신념   199
2. 자연주의   202
3. 자연과학은 종교적 신념의 토대를 허무는가?   205
4. 사회과학의 반론들   211
5. 현대 무신론의 종교적 사용?   221

제7장 : 악의 문제

1. 악의 유형, 악에 대한 해석 및 대답의 유형   227
2. 논리적 형식의 문제   230
3. 악의 문제에 대한 증거주의적 형식   243
4. 끔찍한 악들과 지옥의 문제   251
5. 신의 숨겨짐   263

제8장 : 신앙과 이성

1. 신앙: 종교적 논증에서의 주관성	273
2. 종교적 신념에 대한 증거주의의 도전	276
3. 개혁주의 인식론	280
4. 신념을 형성하는 주관성의 자리	289
5. 해석적 판단과 "누적적 사례"의 성격	292
6. 믿음은 확실한가?	299
7. 믿음과 의심: 종교적 믿음은 시험받을 수 있는가?	306
8. 믿음이란 무엇인가?	309
9. 특정 종교만이 진리인가?	311

추천도서	320
색인	322

제1장

종교철학이란 무엇인가?

　종교라는 주제의 성격을 고려해 볼 때, 종교는 궁극적으로 종교의 유효성을 인정할 것인지, 부정할 것인지에 대해 고민하는 모든 인간의 강렬한 관심사이다. 이는 인간 존재의 가장 근본적인 문제들을 들추어 말하기 때문이다. "세속주의" 사상가들에 의하면, 인간은 성년의 나이에 이르면, 궁극적으로 종교를 더 이상 필요가 없는 것으로 여긴다고 주기적으로 주장한다. 그럼에도 불구하고, 대부분의 사람들은 여전히 다음과 같은 문제들에 관해 실제로 관심을 갖는다.
　신은 존재하는가?
　신은 고통을 허용하는가?
　그리고 죽은 이후에 사람에게 어떤 일이 일어나는가?
　위대한 세계종교들에 의해 제기되었던 이러한 질문들과 이와 유사한 물음들은 인간의 심연 가운데 자리하는 욕망, 희망 및 두려움을 근거로 한다. 따라서 종교는 오래도록 인간의 삶과 인간의 역사에서 거대한 힘으로 작용해 왔다. 또한 종교는 예측할 수 있는 미래를 통하여 지속적으로 그러한 영향력을 미칠 것이라고 믿어야만 하는 이유가 있다.

종교철학은 아마도 예비적인 방법으로서 방금 언급되었던 것과 같은 근본적인 물음들에 상당히 진지하게 생각해 보는 하나의 시도라고 정의될 수 있다. 우리가 종교철학이 이러한 물음들에 관심을 가지고 있다고 말할 때, 이것은 다양한 종교들을 통해 제시된 답변들이 관심의 대상이 된다는 의미이다. 그러므로 종교철학은 종교적 신념들에 대한 비판적 성찰(critical reflection)이라고 정의할 수 있다.

종교철학이 왜 종교적 신념들에 초점을 맞추고 있는지를 설명하기 위해서라도, 철학과 종교를 더 많이 언급하는 것이 도움이 될 것이다. 가끔은 철학과 종교가 서로 경쟁적인 관계로 보이기도 하지만, 이 둘의 관계는 항상 기운을 북돋우는 역동적 힘을 제공하는 것 같다.

철학이란 무엇인가?

종교란 무엇인가?

놀랍게도 이와 같은 질문들에는 선뜻 대답하기가 쉽지 않다. 그와 같은 복잡한 인간 활동들이 여러 다른 방식으로 정의될 수 있기 때문이다. 실제로 "철학"과 "종교"를 상호 배타적이고 경쟁적인 방식으로 정의하는 것도 불가능하지 않다. 때로는 종교를 믿는 사람들은 그들의 종교적 믿음의 토대를 위태롭게 하는 철학자들을, 마치 바늘을 찔러도 피 한 방울 날 것같지 않은, 그야말로 감정이 메마른 비판가들로 여기기도 한다.

신앙인에게 철학자는 신의 지혜를 부정하는 인간 이성의 주제넘은 투사자로 보인다. 이와 반대로 철학자들에게 신앙인은 미개한 미신의 변론가이자 권위에 이유 없이 맹신하는 사람들로 보이기도 한다.

이러한 갈등은 뚜렷한 현상들이며, 철학과 종교는 건널 수 없는 강을 사이에 두고 갈등하기도 하지만, "철학"과 "종교"에 대한 본질적 정의에 대해 이러한 반론들을 구체화하는 것은 상당히 잘못된 접근이다. 갈등은 불가피하다. 그러나 가장 위대한 철학자들 중 더러는 종교인들이 많았고, 종교를 믿는 사람이든 아니든 간에 종교적 사상에 가장 크게 공헌한 사람들 중에는 상당수가 철학자들로부터 왔다. 따라서 종교가 합리적인지의 문제, 곧 정말로 종교가 합리적일 수 있는지의 문제가 종교철학이 다루고자 하는 주제이다. 그런 탐구들은 우리가 용어들을 정의하는 방식에 따라 단호하고도 독단적인 방식으로 해결해서는 안된다.

종교는 복잡하면서도 풍부한 인간 현상이다. 이처럼 종교는 수많은 학문을 업으로 삼는 학자들로부터 연구되었다. 열거하자면, 그들 중에는 역사가들, 심리학자들, 사회학자들, 인류학자들 및 신학자들이 있었다. 즉, 종교는 인간 현존의 총체적인 측면들을 다룬다.

특정 종교를 믿고 실천하는 지지자들 사이에 어떤 특정한 신념들을 갖는다는 것은 독특한 정서, 태도 및 경험을 갖는 것을 의미한다. 신앙을 가진 사람들은 상대적으로 느슨하거나 혹은 이례적으로 결속력이 강한 공동체 속에서 다른 신앙인들과 일반적인 관계를 맺고 있다. 믿는 사람은 흔히 믿지 않는 사람과는 다르게 행동한다. 그들은 예배 및 다른 종교 행사에 참여한다. 그들은 삶을 통해 종교적 원리나 규칙 체계에 순응하려고 노력한다. 그들은 종교 창시자를 역할 모델로 받아들인다.

종교는 순전히 지적 현상에만 결코 한정할 수 없다. 종교는 단순히 신념 체계나 교의가 아니다. 그럼에도, 대부분의 종교들은 신념 체계를 구분하는 최소한의 내용을 내포하고 있다. 종교인은 단지 상이한 감정이나 태도 혹은 행동만을 가지고 있는 것은 아니다. 종교를 믿는 사람은 자신과 자신을 둘러싼 세계에 대해서도 다르게 생각한다. 그들은 특정 신앙공동체에 속해 있는 구성원으로서 예배하고, 공동체는 부분적으로 자신들의 신념 체계에 의해 그들을 규정한다.

철학자가 종교의 이 같은 "신념"에 대한 요소에 주목하는 것은 당연하다. 철학은 언제나 지혜나 지식의 탐구로서 이해되어 왔다. 철학자는 진리를 탐구하는 사람이고, 종교적 신념들이 참인지, 종교적 신념들을 진리로 밝힐 수 있는지, 혹은 합리적인 진리로 믿을 수 있는지를 알고 싶어 한다. 물론 이러한 종교적 신념들을 다루는 철학자는 어떤 상황에서 종교적 신념들을 배제하기보다는 종교적 삶의 다른 요소들과의 관계로부터 그러한 신념들을 이해해야 한다(철학자들은 이러한 규칙을 따르지 않았다). 그렇지만 철학자는 "신이 세상을 창조하셨다"는 것과 "인간 존재는 영원한 삶을 위해 예정되어 있다"와 같은 종교적 신념들을 그들의 주된 관심사로 삼을 것이다.

1. 종교철학과 여타 학문들

진리 및 종교적 신념의 합리성에 초점을 맞추는 태도는 종교를 연구하는 유사한 학문적 훈련들로부터 종교철학을 구분하는 데에 도움을 준다. 역사가나 사회학자 역시 종교적 신념들을 연구한다. 하지만 그들의 관심은 특정 신념들의 합리성이나 진리에 대한 것은 아니다. 잘못된 신념들조차 참된 신념과 마찬가지로 종교의 역사나 혹은 종교의 사회적 위상을 표현하려고 시도하는 역사가나 사회학자에게도 중요하다.

종교철학자와 신학자를 구분하는 일은 다소 애매하다. 신학은 종교(적어도 이론적으로) 내에서 이루어지는 활동이다. 따라서 신학자는 종교적 전통의 지지자나 대표자로서 그 신념을 종교 안에서 바라본다. 반면, 종교철학은 종교적 물음과 신념에 대한 비판적 성찰로서 신앙적이지는 않지만 헌신적인 종교 사상가들에 의해서 다루어진다(우리는 이 비판적 성찰이 중립적 관점으로 이루어질 수 있거나, 이루어지는지에 관한 문제를 간략히 다룰 것이다).

신학과 종교철학에 대한 이러한 초기의 구별법이 지속적으로 유지되기는 어렵다. 왜냐하면 대부분 한 종류 이상의 신학이 존재하기 때문이다. 앞서 말했던 것은 적어도 실제 종교 신학자에게도 적용된다. 이를테면, 기독교 신학은 교의신학, 성서신학 및 조직신학의 중복된 범주들을 포함하고 있다. 이러한 범주들의 연구에 대해 신학자는 실제 종교철학의 어떤 부분적인 내용을 다루기는 하지만, 그들의 연구하는 주된 영역은 아니다.

반면, 자연신학(때때로 철학적 신학이라고 부르기도 하는)이라고 불리는 유형의 신학도 있다. 자연신학에서 신학자는 어떤 특정 종교를 믿는 것은 아니지만, 신적인 것이나 신에 대해 알 수 있는 것을 말하려고 시도한다. 그들은 특별계시 및 그와 유사한 것에 대해서도 말한다. 이런 점에서 자연신학은 종교철학과 분명하게 구분하기는 힘들다. 왜냐하면 자연신학이 종교철학의 탁월한 부분으로서 공격이나 변론의 성격을 구성하고 있기 때문이다.

종교철학에서 문제를 삼고 있는 주요 쟁점은 자연신학이 성공적으로 목적을 수행할 수 있는 것인지와 마찬가지로 자연신학이 정말로 종교에 필수적인 것인지이다. 여전히 두 학문은 동일한 분야가 아니다. 비록 자연신학을 포기한다고 해도 종교철학은 하나의 임무로서 여전히 필요하다고 생각된다.

2. 종교철학과 철학

"사실적 측면에서" 종교를 연구하는 실제적 훈련들(역사, 심리학, 인류학 그리고 사회학)과 신학으로부터 종교철학을 구분하는 것과는 별개로, '종교적 철학'에서 '종교철학'을 구분하는 것은 중요하다. 일반적으로 이런 구분을 나누기 위해서는 철학에 대한 약간의 이야기를 언급해야 할 것이다.

철학이란 무엇인가에 관한 물음은 철학자들에 의해서 철학 그 자체의 일부분이라고 종종 지적되어 왔다. 철학자들은 그들 가운데서도 철학이 무엇인지에 대해서 서로 동의하지 못하는 부분이 있다. 따라서 철학의 중립적인 정의, 즉 어떤 철학적 희생을 전제하지 않고 완벽한 정의를 제시하는 것은 아마도 불가능할 것이다.

어떤 철학자들은 그들 가운데 제기된 분명하고 본질적인 불일치들을 해결하면서도 그 물음에 답하기 위해 중립적인 방식을 시도한다. 이 방법은 철학을 정의하는 데에 일반적인 근거로 받아들여진다. 그런데 불행하게도 철학의 정의에 대한 불일치와 마찬가지로 중립적 방식이 타당한 방법인지에 대한 다양한 의견이 역시 존재하고 있다.

합리주의자들은 철학을 정의하기 위해 추론적인 증명의 방식으로 제한해야 한다고 제시하고, 언어철학자들은 철학을 언어 분석의 방식으로 구성해야 한다고 생각하며, 그리고 현상학자들은 철학을 "생생한" 경험을 묘사하는 것에 심혈을 기울여야 한다고 주장한다. 그러나 모든 방식들 가운데 어느 것도 실제로 순수하게 중립적인 것인지 증명되지 않는다. 이는 각각의 방식이 이성이나 언어 혹은 경험의 특정 견해를 다양하게 전제하기 때문이다.

우리가 이미 철학을 주장해왔는지 그리고 철학은 합리적인 작업이라고 인정할만한 모든 철학적 학파의 주장이 무엇인지 주목하는 것으로 시작할 수 있을 것이다. 철학에 대한 것이 무엇이든지 간에, 철학은 성찰적 활동이자 사고의 양태이다. 물론 사고의 온갖 유형이 철학적이라고 주장하는 것은 아니다. "철학"이라는 이름을 마치 치약의 사용방식처럼 생각하는 것에 동의할 사람은 없을 것이다. 우리가 철학이라고 부르는 추론(thinking)은 일반적이지 않은 의미심장한 종류의 사고체계이고, 특히 진지한 물음의 유형들을 지향한다.

어떤 종류들의 질문들은 성찰하기 시작한 단계에 도달한 모든 인간 존재들에 의해 이미 숙고된 것들이다.

나는 누구인가?

내가 살고 있는 세상은 어떤 곳인가?

살아야 할 가치는 무엇인가?

이러한 근본적인 물음들은 보편적인 의미를 지니고 있으며, 가장 심오하고 가장 엄격한 종류의 추론을 자극한다. 특히 이런 대답들이 종합적으로 조직화될 때, 그 질문에 대한 답변들을 "철학들"이라고 부른다. 그리고 이러한 질문들과 진지하게 씨름하는 활동을 "철학"으로 명명한다.

인간의 근본적인 물음들에 대한 조직적이고 체계화된 답변들 중에는 부정할 수 없는 종교적인 특징을 가지고 있는 것이 있다. 어떤 경우에는 대답들을 종교적 전통에서 직접적으로 취하기도 한다. 여러 철학들은 종교와의 상호작용을 통해서 발전되어 온 것처럼 여겨진다. 철학들은 동일한 질문들에 답변을 시도하고, 동일한 필요들을 충족시키기에 종교의 경쟁자로 보일 때도 있다. 철학의 두 유형들은 적절하게 "종교적"이라고 말한다. 종교적인 철학은 통찰이나 방향에서 종교적인 철학적 사고다.

  이런 점에서 '종교적 철학'은 '종교철학'과 동일시되지 않는다. 성찰의 한 형식으로서 철학은 항상 자의식적이고 비판적이다. 철학자는 사고의 체계를 세우는 것뿐만이 아니다. 그들은 비판적으로 그 체계를 성찰한다. 철학의 비판적이고 성찰적인 성격이 종교철학에서 가장 자명한 부분이다. 종교철학이 종교에 대한 생각, 즉 종교적인 사람들과 비종교적인 사람들에 의해서도 수행될 수 있는 추론인 만큼, 종교적인 사고만을 의미하지는 않는다.

3. 종교에 대한 생각은 중립적일 수 있는가?

  우리는 앞서 종교철학을 종교의 주제들에서 어떤 비판적 거리감을 요구하는 성찰의 활동으로 묘사함으로써, 신학과 종교적 철학으로부터 구별해 왔다. 신학과 종교적 철학을 비교해 보면 종교철학은 중립적 입장을 목표로 하고 있다는 것이 여실히 드러난다.

  하지만 종교적 문제들에 관해 그와 같은 중립성이 정말로 가능한가?

  예를 들면, 어떤 종교적 사상가들은 인간 존재가 신에 대하여 중립적일 수 없다는 주장에 동의하지 않는다. 그들은 "적절하게" 신에게 복종하지 않는 인간을 불순종하고 있는 것으로 간주한다. "우리를 위하지 않는 사람은 우리를 공격하는 사람이다." 더욱 과격하게 누군가는 그와 같은 중립성이 바람직하다는 전제에 대해서 도전할지도 모른다.

  그렇다면, 중립적이고도 공평한 태도가 실제로는 종교 본질에 대한 심오한 이해를 배제시키는 것은 아닐까?

이러한 문제 제기는 종교철학과 신학의 핵심 문제인 신앙과 이성의 관계로 바로 접근하게 한다. 신앙과 이성에 대한 사람들의 견해는 주로 철학과 종교의 관계를 이해할 때, 불가피하게 서로에 대해 악의적인지, 혹은 평화롭지만 독립적으로 공존하는 것인지, 아니면 협력이 가능한 것으로 인식하느냐에 따라 결정된다. 8장에서는 이러한 문제를 더욱 충분하게 다루겠지만, 책의 서두에서 이 문제에 대해 두 가지 이유들을 말하는 것이 필요하다.

첫째, 몇몇 종교적 신앙인들은 신앙과 이성에 대한 견해에 있어서 종교에 관한 합리적 성찰이 불가능하고 쓸모가 없으며, 심지어는 해롭기까지 하다고 주장한다. 실상은 그들이 종교철학의 바로 그 적법성에 의문을 제기하는 것이다. 따라서 우리가 진심으로 반성적이고 비판적 입장에서 그들의 견해를 어느 정도 고려해보는 것은 적절하다.

둘째, 본서가 선택한 입장들을 명확하게 밝히는 것과, 독자들이 그것을 명쾌히 깨닫도록 돕는 것은 매우 정당해 보인다. 그러면 본서에는 종교에 대한 어떤 생각이 들어 있을까?

우리는 두 가지 상반되는 견해들, 즉 신앙주의(fideism)와 중립주의(neutralism)를 우선적으로(8장에서 그 문제로 돌아오지만) 다루면서 이런 문제에 접근할 것이다. 우리는 두 견해들을 비판하여 부정하고, 그런 다음에 우리가 기대하는 바는 최초의 이론들이 갖는 약점들을 해소하고 강점들을 보존하는 방식으로 하나의 대안을 제시할 것이다. 이런 구성적 제안을 '비판적 대화'(critical dialogue)라고 부르게 될 것이다.

4. 신앙주의

　많은 신학자들은 인간 존재가 본질적으로 종교적이라고 주장해 왔다. 이러한 견해에 의하면, 만일 인간 존재가 참된 신을 경배하는 것이 아니라면, 그들은 거짓 신들, 즉 그들 자신이 창조한 신들이나 형상들을 경배하고 있는 것이다. 여기서는 인간 존재들은 종교적으로 결코 중립적일 수 없다. 그들은 항상 창조자를 신실하게 섬기던지, 아니면 창조자에게 반항하던지 해야 한다. 신실한 종은 자신의 활동으로 창조한 운명을 성취하는 것을 의미하는 것처럼 움직인다. 그렇지만 반항하는 사람은 항상 "가시채를 뒷발질"(행 26:14)하는 사람이다. 주어진 삶에서 그의 온갖 행동들은 왜곡되고 뒤틀린 성격을 반영하고 있다.

　혹자는 이러한 논리를 근거로 해서, 믿지 않는 사람의 생각도 모든 영역에서 혹은 최소한 본질적인 도덕과 종교적 진리에서 역시 왜곡되고 뒤틀린다는 결론을 내린다. 비록 불순종하는 인간이라는 추론이 중립성을 가장하고 있다고 할지라도, 중립성은 실제로 하나의 환상에 불과하다. "자신들을 위하여" 신의 존재를 독립적으로 혹은 자율적으로 생각하는 인간의 모든 시도는 실제로 자신들의 반역을 증명하고 있는 것이다. 또한 그들 자신의 생각과 이성을 신 위에 올려놓는 인간의 일부분에 지나지 않는 시도임을 드러내는 것이기도 하다.

　이런 견해는 종교적 확신들의 진리를 성찰하려는 인간의 시도들이 도리어 파멸을 초래한다는 것을 암시한다. 믿지 않는 사람이 종교적인 신념의 합리성을 성찰함으로 말미암아 믿는 사람이 된다는 것은 불가능하다. 그것보다 오히려 믿지 않는 사람의 유일한 희망은 우선적으로 믿어 보는 것이고, 그런 뒤에야 비로소 신념의 합리성을 이해하게 될지도 모른다. 만일 자비로운 신이 믿지 않는 자에게 자기 자신에 대한 진리를 나타내신다면, 그는 겸허하게 이 진리를 받아들여야 한다. 아마도 신은 "간섭해야만 한다." 믿지 않는 사람의 왜곡된 생각은 자신의 모습과 삶이 반항하는 것에서 돌아설 때만 바르게 될 수 있다. 중생의 마음만이 진리를 이해할 수 있다.

이러한 추론은 누구도 합리적 성찰의 결과를 통해 참된 종교적 신념에 도달할 수 없다는 것을 암시하는 것이다. 종교에 대한 올바른 생각의 출발점은 참된 신앙, 곧 개인의 믿음이다. 신앙주의는 신앙이 종교에 대한 올바른 생각을 갖기 위한 전제라는 사실을 주장한다.[1]

신앙주의는 비평가들에게 어설픈 허점들을 드러낸다. 이는 신앙주의는 스스로에 대한 모든 비판이 의심의 결과라고 단지 주장하기 때문이다. 따라서 그것은 결국 온갖 공격들에 반박할 수 없는 난처한 상태에 처한다. 그러나 다소 커다란 희생의 댓가이지만 이 상태를 받아들인다. 신앙주의자는 합리적인 논증을 통해 그의 비평가들을 이기려고 시도하지 않으며, 혹은 동의하지 않는 사람들과의 합리적인

---

[1] 여기서 특징적으로 말하자면, 신앙주의(Fideism)는 일반적인 신앙인이나 학생들 사이에서 주로 마주했던 견해다. 어떤 특정 신학자들 혹은 철학자들의 견해들을 정확하게 진술하는 것은 의미가 없다. 하지만 영민한 독자는 일반적인 경향으로서 신앙주의가 가끔은 전제주의(presuppositionalism)라고 명명되었던 견해와 상당히 유사성을 가지고 있다는 것을 확실하게 알아차린다. 따라서 어떤 점에서 신앙주의 견해와 유사한 견해들은 코넬리우스 반틸(Cornelius Van Til)과 고든 클락(Gordon Clark), 그리고 다소 다른 신학적인 측면에서 칼 바르트(Karl Barth)의 저작들 속에서 발견된다. 그렇지만 위의 신학자들의 견해들은 단순한 신앙주의의 견해들보다 더욱더 복잡하고, 미묘하며 그리고 적합하다. 눈여겨볼 부분은 "신앙주의"라는 용어가 종교철학에서 다양한 방식으로 사용되고, 또 많은 다른 관점들이 신앙주의로 묘사되어 왔다는 것이다. 흔히 "신앙주의자들"(키르케고르와 같은 사람)로 불렸던 철학자들의 작품들 속에서 변론할 수 있는 이야기를 위해서는 C. Stephen Evans, *Faith Beyond Reason: A Kierkegaardian Account* (Grand Rapids: Eerdmans, 1998)를 참조하라. 위의 책에서 에반스는 "비합리주의 신앙주의"라는 용어(본서에서 "신앙주의"란 용어가 사용된 방식과 밀접한)를 합리적 입장으로서 변호하는 "책임주의 신앙주의"라는 용어로부터 구분하고 있다.

대화에 참여하려고도 하지 않는다. 토론과 논증이라는 전제는 합의점으로 반영되거나 호소할 수 있는 논쟁을 위한 보편적 기초의 가능성을 의미한다. 하지만 신앙주의자는 이런 공통된 부분을 부정한다.

신앙주의자의 태도는 마치 그 방식에서 흥미롭게도 마르크스주의에 대한 경제학자, 정치과학자들 및 철학자들의 비판들을 무시하는 정통주의 마르크스주의자의 태도와 유사하게 보인다. 마르크스주의자들은 비판적인 사람들이 경제적 현체제의 유지를 위해 일하기 때문이며, 그들의 비판은 단순히 경제적 사리사욕을 숨기는 데에 필요한 이데올로기적 변장일 뿐이라고 생각한다.

만일 마르크스주의자들이 보편적이고 엄격하면서 선험적인 방식으로 이러한 입장을 견지한다면, 그들은 어떠한 마르크스주의와 비 마르크스주의 간의 진정한 대화를 방해하고 있는 것이다. 정통 마르크스주의자들은 이런 비평이 자신들의 이론을 발전시키는데 주는 유익을 상실하게 한다. 그들은 아무런 결실이 없는 "믿음의 세계" 속에 자신을 가둠으로 인해, 마르크스주의가 정치적이고 경제적인 사건들을 해석하는 탁월한 틀이라는 것을 비(非)마르크스주의자들에게 보여줄 기회조차 잃어버린다. 결국에는 그들의 정치적 노선의 이론은 발전하지 않고, 그들의 이론이 임시방편이었던 것으로 알아차린 사람들과 다른 대안이 없는 사람들에게만 받아들여진다.

또한, 신앙주의자들은 귀납적인 방식으로 자기 자신들을 "믿음의 세계" 속에 가두고, 유사한 방식으로 믿지 않는 자들에게 종교적 세계관의 탁월함을 보여줄 수 있는 가능성을 배제시킨다. 그러나 신앙주의는 더욱더 심각한 문제와 마주한다. 곧, 우리의 신앙을 어디에 두어야 하는가, 무엇 때문에 믿어야 하는가 하는 문제이다.

요컨대, 신앙주의자는 "너는 스스로 믿기만 하면 내가 말하는 것이 무엇인지를 알게 될 것이 분명하다"라고 말하는 것과 같다. 문제는 이 외에도 많은 사람들이 여러 다른 분야들에 믿음을 요구하는 말을 한다는 것이다. 누구나 신조들, 책들, 교회들이나 교황들을 신뢰하도록 요구할 수 있다. 종교 교파들, 정치적 이념들(마르크스주의와 같은), 정신적인 광신들과 비기독교 신앙들과 같은 이 모든 것들도 그들에게는 존경하기에 매력적이다.

물론 기독교 신앙주의자들은 그들의 믿음들과 또 다른 믿음을 가진 사람들과는 중요한 차이가 있다고 답한다. 그들은 신념의 올바른 체계, 올바른 전제들을 주장한다. 그들은 회심의 경험을 했기 때문에 진리를 볼 수 있다. 그들은 성령의 증거를 분명 가지고 있다. 물론 이러한 주장들은 맞지만, 과연 어떤 점에서 그러한 주장들이 옳은가? 심지어 다른 종교의 지지자들도 이와 유사한 주장들을 쉽게 말할 수 있다.

다원주의 문화 속에서는 누군가가 자신의 믿음을 강조하는 데 비판적으로 성찰하는 일은 거의 불가능해 보인다. 설령 비판적 성찰을 도외시하는 맹목적 믿음을 주장한다고 할지라도, 사이비 종교 집단인 존스타운(존스타운 대학살은 1978년 11월 18일, 남미 가이아나 공화국 존스타운에서 일어난 사이비 종교 인민사원의 집단자살 사건임–역주)의 경악스러운 현실은 절대적 믿음의 요구에 대해 비판적 판단을 못하는 것이 오히려 무책임한 것임을 분명히 드러낸다. 정말로 진리를 원하는 참된 개인에게 신앙주의는 아무런 도움을 제공하지 못한다. 그들은 단지 현대의 종교적 바벨탑에서 소리치는 다른 소리를 제공할 뿐이다.

아마도 신앙주의자의 오류는 교의적으로 불신앙의 영향력을 과대평가하고 있는지 모른다. 일단 대다수(혹은 모든)의 인간 존재가 신에게 반항하고 있다는 것을 인정해 보자. 이러한 상태가 그들의 추론을 포함하여 모든 기능들 속에 있는 그들의 인격성을 손상한다고 인정해 보자. 이러한 전제는 인간 존재가 그 상황에서 신에 관하여 바르게 생각하기 어렵다는 사실을 수반한다. 인간의 생각은 다양한 종류의 방식들 속에서 제한되고 해를 끼칠 수 있다. 그럼에도 그들의 생각이 쓸모가 없다는 것은 필연적으로 깨닫게 되지 않는다. 결국에는 신은 창조자의 신으로 남아 있으며, 반항하는 피조물이 그의 생각대로 안되는 방식 속에 어떤 제한성을 설정할지 모른다.

적어도 처음부터 신에 대한 인간의 생각이 무의미하다고 결론을 내리는 것은 잘못된 것이다. 아마도 누군가는 이런 사실을 상당한 노력 끝에 쉽게 받아들이게 되지만, 그마저도 인간의 사유의 무능력함을 깨닫기 위해서도 상당한 능력이 필요하다는 사실을 보여 준다. 사실, 그와 같은 부정적인 결과조차 자신의 무지를 인정함으로써 자신의 동시대 사람들을 능가했던 소크라테스의 지혜에 견줄만한 가치있는 결론에 이르게 한다.

그러나 종교적 신념에 대한 비판적 사고가 신앙이 없거나 신 위에 인간 이성을 두는 오만하고 주제넘은 것이라고 비난하는 신앙주의는 무엇 때문인가?

종교적 문제를 비판적으로 성찰하는 것이 주제넘은 것인지 아닌지를 결정하는 것은 다음의 두 가지 요인들에 달린 듯 보인다.

첫째, 신은 정말로 인간으로 하여금 종교적 진리를 성찰하도록 원하는 것인가에 달려있다. 만일 신이 인간에게 종교적 문제들에 대해 비판적으로 생각하기를 금지했다면, 금지하는 방식에 대한 지식을 가진다는 조건 하에서 비판적으로 생각하는 것은 아마도 믿음이 없다는 의미일 것이다. 그러나 우리는 신이 인간 존재에게 그들의 비판적 능력을 억압하기를 원한다고 생각할만한 어떠한 마땅한 근거를 찾을 수 없다.

결국, 생각하는 우리의 능력은 신으로부터 온 선물이며, 신이 주신 다른 선물들과 마찬가지로 그 능력을 적절하게 사용하기만 한다면, 그 능력의 효과적인 활용은 의도된 것이라는 가정이 가장 적절해 보인다. 또한 생각하는 능력이 경쟁하는 진리-주장들의 다원성들과 직면하게 되었을 때, 종교적 신념들만큼 중요한 문제들을 고찰하는 것은 이성을 적절하게 사용하고 있음을 확연하게 드러내준다.

둘째, 종교적인 문제에 대한 비판적 사고가 실행하는 방식에서 적법성을 갖는가이다. 분명히 오만하거나 주제넘은 방식으로 신(혹은 다른 어떤 것)을 생각하는 것은 가능하다. 신에 대하여 수많은 실제적인 인간의 사고가 중요하다는 것은 의문의 여지가 없다. 그러나 이것은 종교에 대한 비판적 사고의 필연적 특징이라기보다는 확실히 반항적인 유혹의 산물이다.

신을 생각하는 사람은 정말로 신이 실제로 존재하는지를 알고 싶어 한다. 만일 신이 실재한다면, 신과 자신과의 관계에서 자신의 열등한 상태를 인식하기를 원한다. 또한 인간의 생각에 편견과 오류의 가능성을 인식한다면, 신의 도움을 받는다는 생각을 통해 자신을 이해할 수 있도록 성공적인 가능성을 열어 놓는 신을 적절하게 이해할 수 있을 것이다. 그리고 계시의 가능성을 배제하지 않는 사람, 즉 신을 생각하는 사람은 결코 믿음이 없거나 무례하게 나타나지 않는다는 사실이다.

5. 중립주의

신앙주의자의 반대편에 서 있는 사람은 철학자인데, 철학자는 종교적 문제들에 대한 우리의 사고에 전제가 없어야 한다고 주장한다.

우리가 중립주의자들(neutralists)로 부르는 그들은 우리의 비판적 사고에는 완전히 편견이 없어야 하고 한쪽으로 치우치지 않아서 진리를 볼 수 있도록 우리를 도와주려는 의도가 있다고 믿는다. 따라서 종교적인 문제들을 올바르게 생각하기 위해서는 우리가 가지고 있는 모든 믿음들 또는 적어도 종교적으로 "부여된" 이러한 믿음들을 내려놓아야 하고, 완전히 중립적인 입장을 수용하여야 한다.

중립주의자는 합리적이 된다는 것이 실제로 어떤 "위험한" 가정들을 세우지 않고 생각하는 것이라고 주장한다. 이것에 대해 두 종류의 물음들을 던지게 된다.

첫째, 중립주의자가 옳다면, 합리적으로 생각하는 것은 가능한가?
인간은 순수하게 중립적으로 편견 없는 방식으로 생각할 수 있는가?
둘째, 중립주의자가 옳은가?
이성은 이전에 가졌던 모든 신앙과 가정을 포기하라고 요구하는가?

첫 번째 유형의 물음과 관련하여 안타깝게도 인간의 사고가 다양한 비합리적 요소들에 크게 영향을 받는다는 사실은 극도로 자명하다. 우리의 사고는 우리의 이전 경험들에 의해서 뿐만 아니라 우리의 감정, 우리의 배움과 교육, 우리의 친구들의 태도와 관념, 우리의 역사적 상황 및 무수히 많은 다른 요인들에 의해서 채색되어 있다. 성찰을 통하여 우리는 이러한 요인들을 의식할 수 있고 그것들의 영향력을 부정하거나 축소할 수 있다는 점이다. 그러나 누구나 완전히 이렇게 행할 수 있다고는 생각하지 않는다.

정말로 중립주의자들이 이렇게 행했다고 믿는 것은 어리석고 비합리적인 것처럼 보일지 모른다. 왜냐하면 자기만족적인 이런 태도가 다른 비합리적 영향력들을 폭로하는 그들의 주장에 해를 입히기 때문이다. 따라서 중립주의자들이 제안하는 것들을 무조건 합리적 사고의 요구나 조건으로 받아들여서는 안된다는 것이다. 최소한 그것은 인간들이 도달하려고 애쓰는 하나의 이상일 수 있다.

두 번째 질문으로 중립주의는 하나의 이상으로서 유용한가? 중립주의자들이 주장하는 것처럼 전제 없는 노력이 곧 합리적인 사고인가?

중립주의자들의 물음을 진지하게 다루기 위해서는 우선 인식론의 중요 쟁점들을 구체적으로 토론해야 할 것이다.[2] 인식론의 길로 진입하는 여행은 여기에서 가능할 것 같지는 않지만, 이러한 물음들에 피상적이기는 해도, 무엇인가 대답하는 것은 필요하다.

오래되고 훌륭한 철학적 전통은 참된 지식을 우리가 절대적으로 확신하는 진리들로 가져야 한다고 주장한다. 우리는 "강한 의미"에서 이 용어를 사용하며 정초주의(foundationalism)라고 부를 것이다. 곧, 초기 근대 철학에서 이러한 사고의 형태가 유행하여 몇몇 철학자들이 고전적 정초주의라고 명명하는 것과 상응하는 용어이다.

강한 정초주의 외에 약한 정초주의도 있다. 약한 정초주의는 우리의 지식 중 어떤 것은 다른 부분을 타당하게 하는 기초와 토대라고 주장하지만, 이 토대적 지식이 절대적 확실성으로 인식될 수 있다고는 주장하지 않는다. 오히려 우리의 기초적 지식은 수정과 조정이 가능하고 오류가 있는 것으로 이해한다. 약한 정초주의는 본서에서 취하는 접근과 일치한다.

강한 정초주의에 따르면, 어떤 것을 알기 위해서는 그것이 참이라는 하나의 결론적인 논리를 가져야만 한다. 그러나 이러한 요구

---

[2] 지식론에 대한 훌륭한 서론은 시리즈로 된 아래의 책이다. W. Jay Wood, *Epistemology: Becoming Intellectually Virtuous* (Downers Grove, Ill.: InterVarsity Press, 1998).

조건을 충족시키기 위해서 혹자는 그 논리가 타당한 것이며 동시에 진리라는 것을 인식해야만 한다. 이것은 추론에 대한 근거를 요구하는 것이다. 만일 혹자가 지식의 토대나 기초라고 말할 수 있는 것들을 직관적이고 즉각적으로 인식하지 못한다면, 지식의 끝없는 후퇴라는 위협에 직면할 수 있다.

만일 이 토대적 지식을 알 수 없고 단지 믿기만하거나 추정하는 것이라면, 지식의 완전한 구조는 불안하게 된다. 이러한 이유로 해서 강한 정초주의자들은 기초적 지식이 확실해야 한다고 주장한다. 정당화되지 못하거나 증명되지 못한 가정들로 시작하는 어떠한 제안들은 신앙주의자들이 제시하듯이 재앙을 부르는 방식이기 때문이다. 순수하게 객관적인 사상가를 통해 진리로 확실하게 인식되는 것만이 충족시킬 수 있을 것이다.

우리는 이런 사고방식이 정말로 가능한지 이미 논의해 왔다. 이제 우리는 그것을 하나의 이상으로서 갈망해야 하는 것인지를 묻고 있다. 아마도 이 물음을 다루는 하나의 방식은 강한 정초주의 이상이 사람들이 자연과학에서 수행하는 작업들에 얼마나 정확히 실현되고 있는지 확인하는 것이다. 대부분의 사람들은 자연과학이 합리적인 방식으로 지식을 추구하는 작업이라고 동의할 것이다. 그렇지만 오늘날 수많은 과학 철학자들은 과학자들이 강한 정초주의의 이상을 따르고 있는지 의문을 가질 것이다.

적어도 과학자들은 도전의 대상이면서 절대적으로 진리임을 증명할 수 없는 가설들을 세운다는 것은 자명한 일이다. 기본적으로 그들은 자연에 대한 인식이 가능하며 질서를 가진다고 가정한다. 자연 속 과정들의 연속성과 그 경험의 동일성도 일반화를 위한 기초로서 인정한다. 그렇지만 이런 일반적인 가정들 외에도, 과학이 발전하는 데에는 더욱 특정한 헌신이 필요하다고 주장하는 것은 타당해 보인다.

토마스 쿤(Thomas Kuhn)은 자신의 뛰어난 저술인 『과학혁명의 구조』에서 "정상과학"(normal science)이 과학 공동체에서 실천을 통해 구체화된 가정들의 집합인 패러다임에 의존하는 방식에 주의할 것을 요청한다.[3] 그와 같은 패러다임을 받아들이는 것은 단순히 "사실들로 점검하는" 문제가 아니라고 쿤은 설득력 있게 주장한다. 왜냐하면, 이는 강한 정초주의가 주장하고 싶어하는 내용인데, 기본 패러다임의 신념들을 하나의 사실로서 고려하는 것과 어떻게 그 사실들이 묘사되는가는 적어도 어떠한 관련성이 있기 때문이다.

쿤은 패러다임을 받아들이는 것이 사회적 요인들에 의해 통제되고 있기 때문에, 과학은 비합리적이자 매우 극단적이고 의심할만한 가정이라고 지속적으로 말하고 있다. 누군가가 이 극단적 가설을 받아들이지 않더라도, 쿤의 작업은 확실히 믿음을 배제하는 과학에서 그와 같은 믿음이 실제로 필요함을 여전히 암시하고 있다.

또한 철학의 역사도 강한 정초주의의 주장을 시험하는 흥미로운 방식을 보여 준다. 이런 과정을 가장 엄격하게 따르려고 시도했던 철학자는 아마도 르네 데카르트(Rene Descartes, 1596-1650)일 것이다.[4] 데카르트는 의심하기 위해 그의 모든 신념들을 방법론으로 받아들이고, 순수한 객관성의 이상을 실현하려고 노력했다. 그의 모든 경험들이 꿈꿀 수 있을만하고 거대한 악의 힘의 존재에 의해 끊임없이 기만당할 수 있다는 가능성을 가정함으로써, 데카르트는 모

---

3 Thomas S. Kuhn, *The Structure of Scientific Revolution*, 2nd ed. (Chicago: University of Chicago Press, 1970).
4 Rene Descartes, *Meditations on First Philosophy*, trans. Donald A. Cress, 3rd ed. (Indianapolis: Hackett, 1993).

든 것이 확실하지 않는다는 이유로 모든 것들을 거의 부정했다. 남아 있는 모든 것은 그가 의식적으로 의심하고 있고, 확고하게 의심하고 있는 자신의 존재만이 확실한 진리가 된다고 주장했다.

"나는 생각한다 고로 존재한다"(cogito ergo sum)라는 이 모호한 근거와 함께 데카르트는 신의 존재와 외부 세계 그리고 자신의 비물리적 영혼을 증명하고자 했다. 그러나 오늘날에는 데카르트의 논쟁이 설득력이 있다고 주장하는 사람은 거의 없다. 그것보다는 오히려 더 분명한 것은 데카르트적 회의가 도달할 수 있다고 해도 가능하지 않을 것이라고 주장한 18세기 경험주의 철학자 데이비드 흄(David Hume)이 옳다는 것이다.[5] 이러한 이유는 데카르트의 보편적 의심 및 회의가 지식의 기초를 놓기보단 도리어 무제한적인 회의론으로 가는 자명한 방법처럼 보이기 때문이다.

6. 비판적 대화

양자 중 선택은 무엇을 남기는가?

우리는 신앙주의와 중립주의를 동시에 거부해 왔다. 전자는 합리적 성찰을 배제하기 때문이고, 후자는 불가능한 합리적 성찰을 요구하기 때문이다. 그러나 이러한 견해들에는 뭔가 타당한 측면이 있을 수 있다. 그것은 신앙주의가 유용한 점을 가지고 있다는 자연주의에 대한 우리의 비판으로부터 이해될 수 있을 것이다.

---

5 David Hume, *An Enquiry Concerning Human Understanding* (Indianapolis: Hackett, 1977), 12, p.103을 참조.

우리는 우리의 사고가 기본 가정들과 태도들에 의해 조건화된다는 것을 신앙주의자가 강조하는 하나의 유용한 요소를 지닌다는 중립주의를 비판함으로써 이해할 수 있다. 또한 중립주의자는 우리의 믿음에 대한 정직하고 무전제적이며 비판적인 성찰을 강조하는 신앙주의에 대항하는 하나의 요인을 가지고 연구한다.

그렇다면 어떻게 이성과 신앙이 결합될 수 있을까?

아마도 이 둘은 합리적이라는 의미를 다시 생각하게 함으로써 때로는 긴장감으로 가득한 동맹일지라도 어떤 적절함을 가져올 수 있다. 이성을 무전제의 사고로 이해하는 대신에 우리는 개인의 믿음을 시험하는 의도로서 이성을 이해하고 가정해 보는 것이다. 아마도 신앙주의자가 믿음이 없이 시작하는 것이 불가능하다고 주장하는 것은 옳을 수 있고, 아니면 그렇게 생각하는 것이 바람직하지 않을 수도 있다. 하지만 믿음, 심지어는 정초주의적 믿음들이 비판과 수정에 영향을 받지 않는다고 주장하는 것은 크나큰 오류다.

자연주의자도 우리의 믿음을 합리적이라고 평가하고 비판적으로 또 정직하게 증거나 논증에 비추어서 그것들을 성찰하기 위해 노력하여야 한다고 우리에게 요청하는 것은 옳다. 그런데 이 시험의 과정이 완전히 중립적 입장, 즉 어떠한 확신이 없이 한 사람의 입장으로부터 진행할 수 있거나, 진행해야 한다고 생각하는 것은 잘못이다. 비록 어떠한 신념이 원칙적으로 의심을 받을 수 있다고 할지라도 우리는 의심을 단번에 극복하는 가능성에 대한 결정을 유보한 채 우리의 온갖 신념들을 의심할 수가 없다.

우리는 어떻게 우리 자신의 신념을 시험하는가?

사실의 특정 문제들에 대한 단순 신념들은 직접 경험의 시험들에 상당히 예속되어 있다. 더욱 일반적이고 포괄적인 과학 이론들은 간접적으로 시험될 수 있다. 사람은 이론적 일관성, 예시적 힘, 이전에 이해되지 못했던 것을 조명하는 능력을 기대한다. 흔히 한 이론은 그것의 경쟁적 이론들에 상대적인지 시험을 거쳐야 한다. 만일 과학 이론에 실행 가능한 대안이 없는 한에 있어선 비록 심각하게 반대에 부딪치게 된다고 해도, 많은 것을 설명하는 과학 이론은 받아들여지게 된다.

때때로 한 이론을 지속적으로 받아들이도록 하는 태도는 사실이라고 주장했던 것을 재해석하거나 불신하도록 요구하기도 한다. 때로는 사실을 받아들이고 그 이론을 거절하거나 수정하는 것이 더욱 합리적인 것처럼 보인다. 요약하면, 이론들을 시험하는 것은 진리에 대한 관심과 정직과 함께 훌륭한 판단의 요소를 요구하는 하나의 복잡한 문제다. 사람은 경험의 감수성이 무한하다고 간주하지 않는다. 어떤 이론들은 다른 어떤 것보다 사실들에 들어맞아야 한다. 그러나 시험하는 과정이 형식적인 규칙들을 제공할 수 있는 것은 아니다.

주요한 종교적 신념들을 시험하는 것은 비록 증거로 적절한 경험의 종류들이 더 넓다고 할지라도 기본적으로 유사한 문제인 것처럼 들린다. 물론 종교적 신념들을 시험하는 것은 과학 이론들을 시험하는 것보다 더 어려운 것 같다. 이것에 대한 이유들은 다양하지만, 대부분은 신앙주의가 시작하는 그 요지를 내포하고 있다. 만일 있다고 해도 얼마 되지 않을 정도로, 사람들은 종교적인 문제에 무관심하다. 종교가 과학보다 더 직접적이고 개인적인 방식으로 사람의 삶에 영향을 끼치고 있기 때문에 사람은 종교적 문제에서 무조건적으로 동의하기가 상대적으로 더 어렵다는 것을 기대할 수 있다. 공동기반은 찾기 어렵고, 합리적인 논의는 종교와 과학이 "이것이 나에게 나타나는 방식이다"라고 말함으로써 곤경에 처하게 될 것이다.

그렇지만 비록 공동기반을 찾기에 힘들지라도 (혹은 신앙주의자가 주장하듯이, 불가능할지라도), 거기엔 공동기반을 찾지 않을 어떠한 이유도 없다. 각 사람은 한 개인이고 의심 없이 사물들이 그에게 "나타나는" 방식에 대한 최종적인 판단을 스스로 결정하여야 한다. 그러나 한 개인이 비판적 대화에 타인들을 참여시키려는 노력을 했다는 점에서 그는 더 이상 단순한 선입견으로서가 아니라 오히려 비판적 시험의 과정을 견디어 내었던 확신으로서 그의 믿음을 간주하는 자격이 주어지고, 그럴 때에 비로소 그것은 합리적이다.

비판적 대화의 과정에서 개인은 그러한 대안들이 제시되는 자신의 견해에 대한 반대들과 대안들을 통하여 생각하려고 시도하여야 한다. 그런 시험 과정에서 한 사람의 견해들이 수정되거나 폐기되는 것이다. 살아남는 것은 단순히 선입견이나 편견이 아니라 의문스럽고도 추론해 왔던 것으로 나타났던 것을 시험하려는 하나의 지속적인 의향에 속해 있다는 것이다.

물론 그런 과정은 성공적으로 작업하는 일을 보장할 수 없다. 유한하고 오류를 범하는 인간 존재들은 그들이 완전히 엄밀하게 검증하는 것을 평가하거나 모든 대안들을 조사할 수 없다. 또한 성찰의 과정이 막연하게 연장될 수도 없다. 우리의 종교적 신념들의 목적은 궁극적으로 우리의 삶을 인도하는 것이다. 만일 사람이 그의 모든 시간을 자신의 신념들을 비판적으로 성찰하면서 모든 시간을 보낸다고 한다면, 처음에는 어떠한 소득도 얻지 못할 것이다.

우리가 믿기로는 종교철학이 비판적 대화의 과정으로 탁월하게 여겨질 수 있다. 분명히 그 대화의 각 참여자는 자기 자신의 독특한 관점에서 접근한다. 이것은 그의 신앙에 대한 비판적 성찰들이 다소 그의 태도, 기본 확신들 및 이전의 경험들을 통하여 형성된다는 것을 의미한다. 간단히 말하자면, 사람은 일종의 계산기와 같은 기계로서가 아니라 온전한 인격들로서 참여하는 것이다.

하지만 진정성을 가진 참여자는 그가 대하는 어떤 부분들을 자의식적으로 검증하는 것에서 꽁무니를 빼지 않아야 한다. 어떠한 믿음들도 "토론의 문제가 아닌 것"으로 간주되지 않는 것은 없다. 그리고 그것의 중립성은 가능하지 않을지 몰라도 참가자들은 그들 스스로와 다른 사람들과 더불어 성실한 대화가 가능하다. 이 성실함이 마치 증거가 정말로 그 자신의 이론에 따라서 설명되고 해석되는지를 볼 수 있는 마음을 요구한다.

비판적 대화는 위험할 수도 있다. 아마도 모든 사람은 엄격한 종교적 환경에서 성장했던 학생이 대학에 들어오면서 마주하는 비판적인 도전에 직면한 결과로서 자신의 믿음을 잃는 이야기를 들어왔을 것이다. 그러나 그런 비판적 도전 속에 숨겨진 믿음속에는 정직하지 못하거나 건전하지 않은 것들도 들어있다.

사람은 진정한 마음으로 정말로 신을 믿으면서 동시에 자신의 믿음에 대항하는 증거는 도외시한 채 계속해서 믿을 수 있을까?

그러한 믿음은 자기 자신으로부터 이 진리를 숨기고 싶어 하는 기대와 결합하여 신이 실재하지 않는다는 아주 위험할 정도의 반신반의한 확신으로 마음을 닫게 되는 것처럼 보인다.

그렇지만, 증거를 타당하게 평가하는 사람의 무능력을 정직하게 인식하는 것은 증거를 무시하는 결정과 동일하지 않다는 것에 주의하여야 한다. 그를 혼란스럽게 하고 당황하게 하는, 복잡하고도 추상적인 논증을 고려하는 것을 거부하는 교육받지 못한 사람에게도 전적으로 타당하게 보인다.

진실하고 굳건한 믿음은 시험의 과정에서 위축되는 법이 없다. 이는 믿음이 정말로 그 시험을 통과할 것이라고 확신하기 때문이다. 만약에 누군가가 정말로 신이 실재(혹은 그가 하나의 환상)한다고 믿는다면, 그는 대안적 견해들을 검증하고 다른 사람에 의해 제기되었던 문제들을 반론하는 것이 두렵지 않을 것이다. 이 과정을 통하여 믿는 사람은 그의 믿음을 더욱 신뢰하게 되고, 믿음이 더욱 강해질 것이라고 확신할 것이다.

게다가 상대방에게 자신의 믿음의 탁월성을 보여주는 공동기반을 기대하고 또 상대방들의 말에 경청함으로써 그는 자신의 적대자들과 우정 어린 연대를 할만한 가능성이 매우 높다. 그들이 그의 전제들—신념이 언제나 자발적으로 통제될 수 없기 때문에 신념이 갈망하고 싶어도 아마도 가능하지 않는 행동—을 받아들임으로 시작해야 하는 다른 견해들을 가진 사람들에게 무례하게 말하기보다는 양쪽 모두에게 편안한 근거를 찾아야 한다. 그 과정은 쉽지 않을 수도 있고, 또 그 어려움으로 인해 분명 그 과정은 불가능할 수도 있다. 그는 벼랑 끝에서 자신의 반대자들을 중립주의로 만들려는 유혹을 떨쳐 버려야 한다. 벼랑 끝은 살아 있는 인간이 견딜만한 곳이 전혀 아니기 때문이다. 반면에 공동기반을 찾으려는 것은 가치 있는 일이다.

다음 장들에서는 서구 철학에서 경험해 왔던 많은 쟁점들에 대한 대화를 살펴보게 될 것이다. 그러한 쟁점들은 다음과 같다.

(1) 기독교, 유대교 및 이슬람교에서 믿는 신의 유형을 옹호하거나 반대하는 어떤 강력한 논거들이 있는지,

(2) 종교경험이 어떻게 잘 분석되고, 그 종교경험으로부터 우리가 어떤 결론을 얻을 수 있는지,

(3) 한 사람이 동일한 사람, 책 혹은 신조를 특정 권위를 가지고 있는 것으로 받아들이는 것이 정당화될 수 있는지,

(4) 기적들이 가능한지, 그리고 그 기적들을 믿으려면 어떤 조건에서 그

것이 가능한지,
(5) 종교적 믿음에 대한 심한 반론이 자연 및 사회 과학들 속에서 발견될 수 있는 것인지,
(6) 이 세상에 존재하는 악과 고통의 현실성이 신의 존재를 반대하는지,
(7) 마지막으로, 우리는 이 장에서 논의되었던 쟁점, 즉 종교적으로 다원주의 세계 안에서 인격적 믿음과 지적 정직성에 대한 쟁점 등을 논의할 것이다.

이러한 대화의 부분은 분명히 포괄적이지 않을 뿐만 아니라, 또한 여러가지 잠재적인 참여에도 적합하지도 않다. 전달된 그와 같은 쟁점은 비록 그 쟁점의 부분이 다른 종교 전통들을 고수하는 사람들에게도 유사한 것들을 가지고 있다고 할지라도, 주로 기독교 신앙을 심각하게 고려함으로써 일어나는 쟁점들이다.

대부분의 예시들은 기독교적인 입장에서 취한 것들이다. 따라서 본서는 아마도 다른 믿음들을 가진 사람들보다는 기독교에 진지하게 관심을 가진 사람들과 기독교인들에게 더욱 관심을 보이게 될 것이다. 하지만 믿음에 대한 비판적 대화를 소개함으로써 본서는 누구나 가장 잘 이해하는 믿음에 초점을 맞추는 편이 나을 것이다. 서구에 사는 대부분의 사람들이 가진 믿음은 대체로 기독교적이다. 아무튼 비판적 대화를 소개하는 본서가 어떠한 믿음을 가진 사람들에게와 마찬가지로, 전통적으로 종교적인 면에서 믿음이 부족한 사람들에게도 유익할 것이라는 것이 우리가 바라는 희망이다.

제2장

유신론의 신: 자연신학의 기획

 신이나 다른 어떤 종류의 신들에 대한 신념은 대다수의 세계종교들에 중심의 축을 이루고 있다. 그렇다면, 종교철학에서는 신을 믿는 것이 합리적인가, 그리고 만일 그것이 합리적이라면 어떤 종류의 신을 믿어야 하는가라는 두 가지 주요한 문제들이 분명히 나타난다.

1. 신의 개념들

 비록 신에 대한 다양한 견해들이 존재하고 놀라울 정도로 구체적이고 매우 다양하다고 할지라도, 우리는 신에 대한 대부분의 견해들을 상대적으로 좁은 의미의 형태들로 한정하여 살펴볼 필요가 있다.
 다신론(polytheism)은 인격적 신들의 다원성이 존재한다는 신념으로서 부족사회의 사람들에게는 흔한 개념인데, 그리스와 북유럽 게르만족 신화 속에 분명히 나타난다. 단일신론(henotheism)은 신들의 다원성을 인정한다. 하지만 단일신론자들은 그들의 유일한 신에게 자신들의 믿음을 한정한다. 이는 그가 어떤 방식으로 신을 다른 것보다 뛰어난 존재로 이해하기 때문이거나, 아니면 단순히 그 신이 자신의 부족 혹은 민족의 신이기 때문이다.

유신론(theism)을 단순히 생략하여 사용하는 일신론(monotheism)은 유일무이한 단 하나의 신만이 존재한다고 주장한다. 신은 무로부터 다른 존재들를 창조한 인격적 존재이고, 힘과 도덕적 가치에 있어서 궁극적 신으로서 이해된다. 힌두교와 다른 동방 종교들의 몇몇 다양성과 종종 관련이 있지만, 서구에서 말하는 범신론(pantheism)은 인격적 존재로서—혹은 어떤 이에 따르면 어떤 유형의 존재로서—신을 생각하는 것이 궁극적으로 적절하지 않다고 주장한다.

그와 같은 개념들은 자연과 동일시되거나 아니면 궁극적으로 우주의 전체로서 이해되어야 하는 신에게는 너무나도 제한적인 것으로 여겨진다. 범재신론(panentheism)은 신이 우주와 동일시되지 않지만 우주를 포함하는 것으로 이해되어야 한다고 말한다. 어떤 점에서 우주는 신이다. 그러나 이 신은 우주의 신보다 더한 존재다.

이러한 견해들이 세계종교들 안에서 발견되는 신에 대한 주요한 견해들이다. 물론 각 견해에는 수많은 흥미로운 차이성들이 존재하고 있다. 그 중 어떤 견해는 이름을 보증할 정도로 중요하다. 따라서 이원론(dualism)은 다신론의 변형으로 이해할 수도 있고 상반되는 두 신들의 다원성을 주장하기도 한다. (흔히 하나의 신은 선으로 이해하고, 다른 신은 악으로 이해한다). 그러한 단적인 예로서 이신론(deism)은 유신론의 변형으로 볼 수 있다. 이신론자는 유신론자처럼 하나의 신만을 믿지만, 이 신이 그의 창조 속에 자기 자신을 포함할 수도 없고, 포함하지도 않는다고 믿는다. 절대적 일원론은 범신론 혹은 범재신론의 변화된 형태로 볼 수 있다. 절대적 일원론자는 명백한 다원성의 세계 안에 나타났던 완전한 통일성이라고 주장한다.

또한 열거된 신의 그런 견해들에는 신에 대한 신념을 부정하는 견해들을 포함하고 있다. 불가지론(agnosticism)은 신에 대한 진리가 알려질 수 없을 뿐만 아니라 알지도 못하며, 그러므로 사람은 신의 문제에 대한 판단을 유보해야 한다고 주장한다. 무신론(atheism)은 더 나아가 실제로 신의 존재 자체를 부정한다.

자연주의(naturalism)는 무신론을 수반하는 세계관이다. 자연주의자는 자연을 넘어 어떠한 초자연적인 영역이 존재한다고 믿지 않는다. 그는 단순히 사물의 질서가 "그 자체의 목적"에 따라 존재한다고 믿는다. (자연주의적 세계관에 관해서 나중에 더 많이 언급될 것이다).

그런데 수많은 반종교적 사람들이 주장하는 하나의 신념인 무신론은, 때때로 종교적인 사람들에 의해서 주장되기도 한다. 불교의 다양한 테라바다(부파불교)는 무신론적인 것으로 나타나고, 또한 어떤 무신론자들은 어떤 유형의 신을 믿는 신념을 포함하지 않는 인본주의적인 "사람의 종교"를 지향하려고 시도했다.

2. 신의 유신론적 개념

신의 다양한 견해들 가운데 일신론(이후로는 유신론으로 말함)은 특별한 의미를 갖는다. 일신론은 세계의 위대한 종교들 중 세 종교들, 특히 기독교, 유대교 및 이슬람교에서 일어나는 지배적인 신에 대한 견해이다. 또한 유신론과 유사하게 보이는 신에 대한 견해들은 수많은 힌두인들에게 현저하게 발견되고, 그런 견해를 추적하여 제시하는 것은 고대 그리스의 위대한 철학자들 중 몇몇 저작들 속에서와 함께 수많은 다른 종교들 속에서도 발견되고 있다는 사실이다.

그러므로 유신론의 합리성은 그 쟁점을 고려해야 할 가치가 있어 보인다. 그런데 이것을 시도하기 전에 우리는 신의 유신론적 견해가 무엇인지에 관해 약간 언급해야 할 필요가 있다.

유대-기독교 전통에서는 합리적으로 신에게 본질적인 것으로 보이는 특징들에 대해 잘 정의한 것들을 열거한 것이 일어났다. 그 열거한 속성들 중 더러는 다른 어떤 것보다 더 중심적이고, 그리고 그 중 하나 혹은 그 이상을 부정하는 사람은 그것의 차이나 유신론에 대한 주장으로 여전히 인식할지 모른다. 그러나 신—만일 존재하는 신이면—이 과연 무엇과 같은 것인지에 대한 물음에 대해서는 상당히 동의하는 면이 있다. 어떤 형태이건 간에 신은 예배의 가치, 즉 종교적 믿음에서 최상의 대상으로서 인식되고 있다. 이 요구가 유신론적 신 개념의 정교함에서 중심적인 역할을 해 온 것처럼 보인다.

사람은 다른 어떤 존재보다 더 위대한 존재에게 절대적 헌신과 예배의 가치를 위하여 최소한을 요구하는 것처럼 보인다. 능력과 지식 혹은 선함에 있어서 신을 능가하는 다른 어떠한 존재들은 존재하지 않는다. 하지만 유신론은 좀더 강한 주장을 보여주는데, 신은 사실상 다른 어떤 존재보다 더 위대할 뿐만 아니라 나아가 신보다 더 위대한 존재가 있다는 것이 불가능하다고 주장한다.

그러므로 신은 단순히 능력, 지식 및 선함에 있어서 가장 위대한 존재이며, 가능한 극대한의 존재인 것처럼 보인다. 신은 전능하다. 그는 한 존재가 가능한 가질 수 있는 온갖 능력을 소유하고 있다. 신은 전지하다. 그는 한 존재가 알고 있는 가능한 모든 것을 다 알고 있다. 신은 도덕적으로 완전하다. 그의 선함은 최고다.

신의 위대함을 표현하는 다른 방식은 그가 무한하거나 무제한적이라고 말하는 것이다. 그렇지만 이러한 용어들은 적절한 의미에서 (in a qualified sense) 이해될 수 있다. 신이 그의 힘에 있어서 무한하다고 말하는 것은 그가 문자적으로 무엇이든지 행할 수 있다는 것을 의미하지 않는다. 예를 들어, 신은 둥근 원을 그릴 수 없거나 2+2=5라는 것을 야기할 수 없다고 흔히 주장되어져 왔다.

수많은 (다는 아니지만) 유신론자들은 그가 도덕적으로 옳은 것을 항상 선택할 수 있도록 결정된 자유의지를 가진 하나의 인격을 창조할 수 없다는 사실을 덧붙일 수 있다. 이것에 대한 이유는 신이 가질 수 있었던 어떤 힘이나 능력이 부족하다는 것을 의미하는 것이 아니라, 이러한 개념들이 논리적으로 모순이라는 의미이다. 따라서 결국엔 그는 모든 것을 행하기가 불가능하고 심지어는 그렇게 행하는 것도 무의미하다는 것을 뜻하기 때문이다.

신의 힘은 논리적으로 가능한 어떤 것을 행사할 수 있는 능력이다. 다수의 유신론자들은 신이 자신의 본성 때문에 할 수 없는 어떤 것이 있다고 주장한다. 예로 도덕적으로 완전한 신은 잔인한 광기 어린 행동을 행할 수 없다. 신의 전능성은 논리적으로 가능한 것을 행하고 자신의 본질적인 특성들과 일관적인 것을 행하는 힘으로 이해되어야 한다. 전지성의 개념도 이와 유사한 제한성을 두어야 한다.

이러한 조건에서조차도 신의 힘은 자기 자신 외에 다른 어떤 것으로부터 자유롭다는 면에서 여전히 무한하다. 신은 다른 어떤 존재에 의존하거나 아니면 다른 어떤 존재에 의해 제한을 받지 않기 때문이다. 이러한 이유에서 신은 필연적 존재로서 종종 묘사되고 있다. 신은 단순히 우발적으로 존재하는 존재자가 아니다. 신이 스스로의 존재를 위해 다른 어떤 것에 의존하지 않고 또한 그의 존재를 위협하는 어떤 것도 없으므로 그가 존재할 수 없는 비존재성이 가능하지 않다는 사실이다. 유신론자들은 이 필연성을 두 가지 다른 이유로 이해하고 있다.

어떤 유신론자들은 신의 존재성이 논리적으로 필연적이라고 주장해 왔다. 이 견해에서 만일 이 말을 인식할 수 있는 것처럼 보인다면, "신은 존재하지 않는다"는 것은 불가능한 사태를 표현하는 것으로 생각된다. 또 다른 유신론자들은 신의 필연성이 단순히 그의 힘과 독립성에 근거되어 있다고 주장하기도 했다.

사실은 신의 존재를 위협하는 것이란 아무것도 없다. 그래서 만일 그의 비존재가 넓은 의미에서 논리적으로 가능하다고 할지라도 그의 존재는 "사실상 필연성" 그 자체이다. 이것을 언급하는 또 다른 방식은 신이 "자존적"이라고 말하는 것이다. 자존적이라는 말은 말 그대로 그의 존재가 그 자신 외에 다른 어떤 것을 필요로 하지 않거나 의존하지 않는다는 것을 뜻한다. 때때로 중세에 사용된 존재의 근거를 자기에게 두는 일종의 자존성(aseity)이 이와 같은 자기-존재의 특성을 나타내기 위해 사용되었다.

신이 필연적 존재이기 때문에 그가 "단지 다른 존재"라고 말하려는 것은 아니다. 그러나 그 존재는 어떤 점에서 전통적 유신론의 해석에서 말하는 존재일 수는 있지만, 이는 그 존재가 어떤 특정한 본성을 가졌기 때문이 아니라 어떤 한 유형의 존재이기 때문이다. 몇몇 철학자들이 단언하듯이, 신은 단순히 "존재 그 자체"(being itself)가 아니다. 그런 묘사는 신의 인격적 특성을 정당화하지 못한다. 신이 인격적이라는 것은 이미 앞서 말했던 것을 암시한다. 왜냐하면 인격적 신은 힘, 지식 및 도덕적 완전성을 가질 수 있기 때문이다.

힘을 갖는다는 것은 어떤 것을 행할 수 있고 어떤 방식으로 행동한다는 것이다. 사물을 인지할 수 있는 존재는 지적이어야 하고 하나의 정신을 소유해야 한다. 도덕적으로 완전하다는 것은 행동, 의도 및 사고에서 완전하다는 것이다. 비록 신이 확실히 여러 가지 측면에서 인간의 인격을 능가하고, 또 몇몇 유신론자들이 신이 인격 그 이상이라고 주장할지라도, 분명한 것은 신이 인격적인 것보다 못하지 않다는 것이다(그리고 한 존재가 인격 그 이상이 된다는 것이 무엇을 의미하는지는 분명하지 않다). 우리는 사물들 가운데 인간들이 창조 속에 경험되고 신은 한 인격과 가장 유사하다고 말함으로써 그 점을 주의 깊게 주장할 수 있다.

신이 인격적이기 때문에 그를 자존성으로 이해하는 것은 타당하다. 신의 주된 행위는 주로 창조의 활동으로 이해되고 있다. 신이 창조자라는 것은 시작이 무엇이든 간에 신에 의해서 시작되었다는 것뿐만 아니라, 어느 순간에 존재하는 모든 것은 신의 의지와 창조적인 힘이 지탱하고 있는 것이다.

신 외에 존재하는 모든 것은 스스로의 존재를 위해 신에게 의존하고 있고, 그 관계는 타당하게 창조자로서의 신과 피조물로서의 다른 모든 사물들을 묘사함으로써 진술된다(더욱 구체적으로 "피조물"이란 용어는 의식적인 피조물의 그와 같은 부분들을 언급하려고 사용되고 있다).

그러므로 창조자로서의 신은 지속적으로 그의 창조 속에서 활동한다(이것을 부정하는 것은 이신론의 방향으로 움직이는 것이다). 이것은 창조의 질서에 대한 확실한 자율과 믿음을 부정하는 것은 아니지만, 신이 그것을 의지하거나 무엇이 일어나도록 허용하기 때문에 무엇이 일어난다는 것을 암시한다. 신은 즉각적으로 어떠한 사건들을 일으킬 수 있고, 일으키며 그리고 즉각적인 방식으로 똑같이 모든 곳에 일어나는 것을 안다는 의미에서 그의 창조 안에 편재한다.

그러므로 신을 한 공간적 영역에 한정된 존재로 생각하는 것은 잘못이다. 신은 스스로의 행위와 지식 덕분에 모든 곳에 임재하는 이른바 편재하는(omnipresent) 존재로 생각되는 것이다. 유신론자들이 전통적으로 동의해 왔던 것이 바로 이 부분이다. 신은 몸이 없는 영(spirit)이라는 사실을 암시하는 것이다.

신은 공간에 의해 제약을 받지 않듯이 어떤 방식이나 다른 방식으로 시간에 의해서도 제약을 받지 않는다. 신은 영원한 영이다. 유신론자들이 신의 영원한 존재를 이해해 왔던 방식에는 어떤 중요한 차이들이 존재한다. 많은 사람들은 영원성을 무시간성(timelessness)으로 생각해 왔다. 이 무시간성의 견해에는 그의 현실에서 시간적 연속성—"이전과 이후"가 없는—을 갖고 있지 않는 것으로 간주해 왔다. 그는 완전히 시간 외부에 존재한다. 또 다른 사람들은 영속성(everlasting)의 의미로 신의 영원성을 이해해 왔다. 이 신적 영속성의 견해에서 보면 신은 우리와 같이 "시간 속에"—철학의 전문 용어로 말하면 그는 "시간적으로 위치된 존재"이다—존재한다.

그러나 신의 존재는 우리와 달리 시작과 끝이 없다. 간단히 말해, 신은 항상 존재해 왔고 또 항상 존재할 것이다. 이러한 용어들에 대한 시간적 의미에 주의하라. 만일 그러한 것들이 신을 옳게 말한다면, 그는 시간의 외부에 존재하지 않는다.

(1) 신이 그의 행동들을 수행하는 시간은 존재하지 않으며,
(2) 그의 계획들과 목적들이 시간의 경과에 의해 좌절되거나 분명하지 않게 될 수 있으며 그리고,
(3) 그는 결코 과거를 변화시키려고 하지 않는다는 점에서 신은 여전히 시간에 의해 제약을 받지 않는다.

신적 영원성의 성격에 대한 이와 같은 견해는 최근에 전개된 것이 아니라 과거 수십 년 동안 진행되어 온 것이다. 그렇지만 20세기 동안에는 이와 같은 논의가 "과정신학"(process theology)이 전개되면서 전면에 등장하게 되었다. 과정신학은 신의 의식에 대한 시간적 측면을 강조한다.

신의 영원성에 대한 견해들이 다양한 경우는 신이 변하지 않는다는 범위에 대한 상이한 견해들 속에 반영되어 있다. 분명히 어떤 완전한 존재는 어느 정도의 완전성을 소유해야만 한다. 변덕스러운 성격의 존재는 경배를 받기에 합당치 않다. 그러나 신을 무시간적 영원성으로 생각하는 고전 유신론자들 중 더러는 더욱 강력한 견해, 즉 신은 절대적으로 변하지 않거나 불변하여야 한다고 주장한다. 이 견해는 어떤 종류의 변화가 완전성과는 모순을 일으킨다는 것이다.

다른 유신론자들은 덜 급진적으로 신의 본성과 목적을 언급하면서 신적 불변성으로 이해해 왔다. 신이 창조 속에서 현재 진행하는 것에 대한 인식에 비추어서 그의 반응과 행동들을 수정할 수 있을지라도 신의 본성과 목적은 결코 변하지 않는다. 그러면 이것이 유신론적 신의 개념에 대해 간략히 기술하고 있는 것이다. 신은 영원하고, 자존적인 영이며, 적어도 필연적으로 존재하는 그의 본질적인 본성과 목적에 있어서 변할 수 없다. 그는 전능하고, 전지하며 그리고 도덕적으로 완전한 인격적 존재다. 그는 자신을 제외하고 모든 사물들의 창조자이며, 몸이 없다고 할지라도 창조 속에 편재한다.

여기에서 최근 철학자들이 이러한 개념들을 발전시키고 재정의하는 흥미롭고도 훌륭한 많은 작업을 해왔다.[1] 이 논의에서 야기된 중심

---

1 이러한 쟁점의 최근 논쟁에 대한 훌륭한 개요를 보려면, Thomas V. Morris, *Our Idea of*

적인 문제들 중 하나는 전통적 속성들이 일관적으로 신에게 적용될 수 있는가 하는 것이다. 종종 무신론자들이 단언하는 것은 이렇다.

유신론은 신의 몇몇 속성들을 받아들이고 개인적이든지 혹은 다른 속성들과의 조화이든지 이러한 속성에 대한 암시들이 그들의 논리적 결론으로 이끌어낼 때 어떤 논리적 모순을 일으킨다고 논증함으로써 증명될 수 없다는 것이다. 만일 신의 개념이 비일관적이라면, 이 개념을 가능하게 예증할 수 있는 존재는 없다. 어느 경우에서든, 유신론이 잘못이라고 예증할 수 있는 존재는 없다는 것이다.[2]

비슷한 전략은 어떤 신적 속성들이 다른 기본적 신학교리들—예를 들어 인간본성에 대한 교리들, 혹은 인간 존재와 신의 관계—과 상충하고 있다는 것을 보여주려고 한다. 본서의 한계는 우리에게 이 다양한 논쟁들을 전개하도록 허용하지 못하게 한다는 데 있다. 그렇지만 다음 단락에서 우리는 논쟁들 중 하나를 간략하게 살펴볼 것이다. 그것은 이러한 논의들의 중요성과 성격을 위한 하나의 느낌을 갖기 위해 최근에 많은 주목을 받고 있다.

3. 사례연구: 신적 예지와 인간의 자유

정통 유신론의 교리 속에 나타나는 몇 가지 내적 갈등들을 예증

God: An Introduction to Philosophical Theology (Vancouver: Regent College Publishing, 1997)을 보라. 전문적으로 다룬 것을 보려면, Richard Swinburne, *The Coherence of Theism*, rev. ed. (Oxford: Oxford University Press, 1993)을 보라.

2 예를 들어, *The Impossibility of God*, ed. Michael Martin and Ricki Monnier (Amherst, N. Y.: Prometheus, 2003)의 3-5부들을 참조하라.

하기 위해 표방하는 논증들은 성찰하는 유신론자들에게 대단히 흥미롭다. 왜냐하면 무신론자들이 바라는 것과 마찬가지로 유신론도 비일관적이라는 그 논증들이 입명될 수 없으면, 그 논증들은 그것들의 신학적 확신을 통하여 유신론자들을 돕는 것이고 또한 유익하기 때문이다.

때로는 한 논쟁이 사람의 견해들의 뉘앙스나 어떤 전개를 위한 필요를 입증하기도 한다. 그 문제에 대한 다양한 해결들이 제시되었고, 각각은 사람의 보다 넓은 신학을 위한 중요한 암시들(몇몇 암시들은 바람직하지만 다른 암시들은 그렇게 바람직하지 않다)을 갖는다. 따라서 사람은 어떤 것을 받아들여야 하는지를 선택하기 위해서 조심스러운 "비용-분석"(cost-analysis)을 설정한다. 신적 예지와 인간의 자유와의 관계에 대한 논쟁의 경우가 그것이다.

전형적으로 신적 전지성의 교리는 신의 예지(foreknowledge), 즉 미래에 일어날 사건에 대한 지식을 가지는 것을 암시하는 것처럼 보인다. 소수의 사람들은 신이 어떤 미래의 사건들에 대한 지식을 가지고 있다는 것을 부정할 것이다. 물론, 그는 태양이 내일에도 뜬다는 것을 (우리가 바라기는) 분명히 안다.

더욱 일반적으로 말하자면, 신의 지식이 발생하기 위해 인과적으로 결정된 어떤 미래의 사건을 확대하는 것은 논쟁이 되지 않는다. 논쟁을 불러일으키는 것은 인간이 (그리고 다른 어떤 자유로운 피조물일 수도 있는) 미래에 결정할 자유로운 선택들에 관한 지식을 신이 소유하고 있는가 하는 것이다. 만일 신이 그렇게 미래의 지식을 소유하고 있다면, 그런 지식은 그러한 선택들을 자유롭게 결정할 것이라고 종종 주장되었다. 결과적으로 신적 예지와 인간의 자유는 양립 불가능한 것처럼 보인다.

왜 자유가 어떤 사람이 결정할 선택을, 신이 미리 알고있음에도, 결정해야 한다고 생각하는가?

이 문제를 추론하는 흔한 방식은 이것이다. 스미스가 내일 점심에 그의 아내에게 전화할 것이라는 것을 신이 현재 알고 있다고 가정하자. 그 말은 사람이 어느 쪽 하나를 선택해야 하는 가능성들을 소유할 자유가 있어야 한다고 요구한다. 스미스가 자유롭게 행동하기 위해서 그가 할 수 있는 것은 유일한 하나밖에 없는 게 아니라 더 많은 것을 가지고 있어야 한다는 것이다. 따라서 만일에 스미스가 내일 점심에 그의 아내에게 전화하는 일이 자유롭다면, 그의 힘으로 점심에 그의 아내에게 전화하지 않을 수도 있다.

그러나 만일 신이 스미스가 그의 아내에게 전화할 것이라는 것을 안다면—신의 지식이 오류가 없다는 조건에서—거기에는 정말로 스미스가 내일 점심에 가능하다면 전화할 수 있는 유일한 선택만이 있다. 스미스의 힘으로 전화하지 않는 것도 스스로 결정할 수 없기 때문에, 그가 전화할 때 그는 이미 자유롭게 행동하고 있지 않은 셈이다. 그리고 추측컨대 누군가가 결정하는 모든 자유로운 선택의 경우에도 마찬가지다. 만일 신이 그것을 미리 안다면, 실제로 그 선택은 결국 자유롭지 않은 선택이다. 그것은 어떠한 필연성이 작용한 선택이라고 할 수 있다.

잘 알고 있듯이, 비록 필연성이 범하는 오류가 미묘하긴 해도 이 같은 추론은 결점투성이다. 그 잘못은 다음과 같은 생각으로 말해질 수 있다. 스미스가 내일 점심에 그의 아내에게 전화를 할 것이라고 알고 있는 신의 지식은 스미스가 그 시간에 전화할 것이라는 것(즉 그가 전화하지 않을 것이라는 것은 불가능한)이 필연적임을 암시한다. 이 두 전제들 사이에는 중요한 차이가 있다.

(1) 만일 신이 필연적으로 스미스가 전화할 것이라는 것을 알고 있다면, 스미스는 전화할 것이다.
(2) 만일 신이 스미스가 전화할 것이라는 것을 알고 있다면, 스미스는 필연적으로 전화할 것이다.

전제 (1)은 참이다. 왜냐하면 진리가 지식의 개념을 요구하기 때문이다. (누구에게나 거짓이라는 어떤 것을 안다는 것—단지 믿는 것에 반하는 것으로—은 불가능하다). 그러나 전제 (1)은 그 논증을 진행하기가 충분하리만큼 강하지 않다. 그 논증은 전제 (2)를 요구한다. 그런데 전제 (2)로 시작하는 문제는 우리가 그것에 대해 주의 깊게 생각한다면, 우리는 그것을 받아들일만한 좋은 이유가 없다는 것을 발견하게 된다. 그것은 전제 (1)로부터 따라오지 않는다. 그리고 언뜻 보면 하나의 사건이 단순히 일어나거나 아니면 그 사건을 필연적으로 발생하게 하는 것처럼 보인다. 처음에는 그렇게 보일 수 있다고 설득하는 그 논증은 결함이 있다.

유감스럽지만 이 논쟁은 말처럼 그렇게 쉽게 해결될 문제가 아니다. 신적 예지와 인간의 자유는 양립할 수 없다는 어떤 연관된 논증이 존재한다는 것을 드러내기 때문이다. 약간 복잡하기는 해도, 그 논증은 논박하기가 상당히 어렵다. 신이 영원 속에서 바라보면 모든 것이 과거가 되는 시점에서 스미스가 내일 점심에 그의 부인에게 한 통의 전화를 걸게 될 것이라는 것을 안다고 가정하자. 더욱이 그것은 누군가가 선택하는 가능성들을 소유하고 있는 자유를 요구한다. 따라서 만일에 스미스가 내일 정오에 그의 부인에게 전화를 거는 것이 자유롭다고 해도, 그가 내일 정오에 그의 부인에게 자신의 권한으로 전화를 거는 것은 아니다.

그렇지만, 이것은 전적으로 스미스의 권한이 아님을 보여 준다. 내일 정오가 되면 스미스가 전화를 걸지 않았을 수도 있다. 이는 두 가지 중 하나가 일어날 수 있기 때문이다. 스미스는 신이 그(스미스)가 이 시간에 할 수 있는 것에 대하여 전적으로 영원 속에 있는 과거가 그에 대해 통제한다는 신념을 거짓으로 증명하든지, 아니면 스미스가 그것에 의해서 내일에 신이 영원한 과거에서 그를 항상 믿어왔던 것에 대하여 (즉 스미스는 신이 영원 속에 있는 과거에서 스미스 자신이 그 시간에 전화를 걸지 않을 것이라고 항상 믿었던 것을 야기할 것이다) 스미스가 과거를 바꿀 수 있든지 해야 한다. 그러나 이 두 가지는 불가능하다.

신의 예지는 오류—신의 예지는 도저히 실수할 수 없는—가 없다. 그래서 스미스가 내일 행동할 때 그는 그에 대한 신의 과거 신념을 거짓이라고 증명하는 어떠한 결정이 없으며, 또한 스미스—혹은 다른 어떤 사람이든—가 과거를 바꿀 수 있다는 것도 똑같이 불가능하다. 우발적인 사건들조차도 그 사건들이 한번 일어났어도 필연성의 형태로 나타난다. 다시 말해, 만일 과거에 어떤 것이 일어난다면, 그것이 지금 필연적이기 때문에 일어났던 것이다.

예를 들어, 어느 누구도 케네디 대통령이 1963년 11월 22일에 암살되었던 사실을 현재 바꿀 수 없다. 비록 암살이 일어나지 않았을 그 날에 오스월드가 아니라 다른 누군가가 암살했었을 수도 있었다는 (추측컨대) 어떤 것이라고 해도 말이다. 그런데 스미스가 내일 정오에 할 수 있는 유일한 하나의 선택이 있는 것은 분명하다. 또한 추측컨대 누구든지 선택할 수 있는 전적인 자유 선택이 있는 것도 마찬가지이다. 만일에 신이 그 선택을 알고 있었다면, 그 선택은 정말로 자유로운 것이라고 보기는 어렵다. 그 보다는 그 선택은

필연성에 의해 일어났다는 사실이다.[3]

이제 이것이 우리가 한 입장에서 이 문제가 왜 사유하는 유신론자들에게 그처럼 중요한 것인지를 이해하는 이유이다. 반면에 이 입장은 신이 전능하다는 정통 유신론의 기본적인 내용이고, 전지성은 예지(foreknowledge)를 암시하는 것처럼 보인다. 하지만 그것은 동일하게 정통주의의 한 부분으로서 신은 정의롭고, 인간 존재들에게 그들의 행위들에 대한 책임을 부여한다는 것이다. 우리가 우리의 행위들에 대한 책임이 있다는 것을 알게 하는 신은 그렇게 행동한다.

분명한 것은 우리가 자유롭게 행하는 이러한 행동들에 대해 책임이 따른다는 것이다. 우리가 행동장애를 가리키는 신경질환의 한 유형인 투렛 증후군을 앓고 있는 사람들에게서 발생하는 갑작스러운 돌발 행동을 용인하지만, 사람의 주변에서 단순히 성가시게 하는 사람들의 유사한 돌발적인 행동에 대해서는 용인하지 않는 것을 생각해 보라. 만일에 신적 예지가 인간의 자유를 강조한다면, 신이 우리에게 우리의 행동에 대한 책임을 부여하는 것이 정의롭지 않다는 것이 수반되는 것처럼 보인다. 이런 방식으로 예지로부터의 논증은 신의 본질적인 본성들, 즉 그의 전지성과 정의의 두 가지 속성들 가운데 양립불가능성을 입증하는 듯하다.

이 같은 논쟁들은 수많은 개인들의 사적인 신앙적 견해들을 수정하게 한 것과 마찬가지로 중요한 역사적이고 신학적인 발전을 자극해 왔다. 다르게 제안된 해결방안들이 보다 넓은 신학을 알맞게 하기 위해 중요한 의미들을 갖지만, 여기에는 위험스러운 부분이 많이

---

3 Nelson Pike, "Divine Omnipotence and Voluntary Action," *The Philosophical Review* 74 (1965), pp. 27–46를 참조.

있다. 이것이 그렇다는 사실을 이해하기 위해서 우리는 지금 예지와 자유의 문제에 대한 가장 인기 있는 대답들 중 몇 가지를 전개해 보려고 한다. 지면이 제한된 관계로 우리는 우리의 논의를 포괄적이지는 않지만 보에티우스주의, 신학적 양립주의, 몰리니주의 그리고 열린 유신론자의 해결방안들로 한정하여 살펴볼 것이다.[4]

예지와 자유의 문제를 해결하기 위해 널리 쓰이는 방법 중 하나가 신적 영원성(divine eternity)에 호소하는 것이다. 6세기 기독교 철학자 보에티우스(Boethius)는 신적 영원성을 무시간성(timelessness)으로 이해해야 한다는 견해를 주장한 중요한 초기 지지자였다. 이것을 예지 문제에 적용하는 보에티우스는 다음과 같은 결론을 얻었다.

신은 "시간 밖에 있는" 존재이기 때문에, 엄밀히 말해, 어떤 것을 미리 알지 못한다. 대신에 창조 속에 있는 모든 순간은 신에게는 직접적으로 현재다. 따라서 우리가 미래에 무엇을 할 것인가를 인식하는 신의 수단은 여기서 우리가 행하고 있는 것을 인식하는 그의 수단과 동일하다. 그는 단순히 그것을 관찰한다. 이와 같은 행동이 수동적(무엇인가를 관찰하는 것은 관찰된 것을 능동적으로 일으키는 것이 아니다)이기 때문에 미래의 시간에 우리가 행하는 것에 대한 신의 지식이 이러한 행동들을 필연적이고, 인과적으로 결정하거나, 다르게 말해, 자유롭지 않게 한다고 생각할 이유가 없다.[5]

---

4   너무 전문적인 논의로 인해서 여기에서 빼버렸던 제안된 해결책들 중 가장 중요한 것은 옥캄주의의 해결방안이다. 흥미를 가진 독자들은 John Martin Fisher, *God, Foreknowledge, and Freedom* (Stanford, Calf.: Stanford University Press, 1989)에 의해서 편집한 책인데, 특히 Alvin Plantinga, "On Ockham's Way Out"의 논문을 언급하는 부분을 참조해 보아야 한다.
5   보에티누스의 논증은 *The Consolation of Philosophy*에서 발견되고, 재출판된 *Philosophy of Religion: Selected Reading*, ed. Willaim L. Rowe and William J. Wainwright, 3rd

그렇지만 보에티우스의 해결방안에 대한 어려움은 신적 주권을 이해해야 하는 것처럼 보이는 온당치 못한 암시들이다.[6] 언급되었듯이, 그 해결방안이 성공하기 위해서는 신의 지식이 피조물의 자유로운 선택들에 대해서는 수동적이어야 한다는 것이다. 그러나 만일 그렇게 되면, 신적 창조가 신적 주권에 상당한 제한성들을 포함했다는 문제가 드러난다. 창조 이전의 신의 선택은 다른 방도가 없었다.

신이 창조한 자유로운 피조물들이 행할 것을 그의 지식을 통해 이끌어가기 위해서는 세상을 어떻게 창조할 것인가의 선택에는 다른 방도를 가지고 있지 않았다. 만일 신이 시간 밖에 존재한다면, 신이 피조물이 행할 것이 무엇인지 아는 문자적 시간은 존재하지 않는다는 것에 유의하여야 한다. 실제로 창조 이전에는 시간이 존재하지 않는다.

그러나 피조물의 자유로운 선택들에 대한 신의 지식이 여전히 그의 창조에 논리적으로 따라온다. 피조물들이 무엇을 행하기 때문에 신은 그들이 무엇을 할 것인지 아는 것이지, 신이 알기 때문에 피조물이 행하는 것은 아니다. 따라서 보에티우스의 견해에서 보면 피조물의 선택들에 대한 신의 지식은 어떻게 창조할 것인가 하는 그의 선택을 행할 수 없었다. 이것은 자유로운 피조물들을 창조하는 데 있어서 모든 것이 좋은 결과가 된다는 것을 신이 보장할 수 없었다는 것을 암시한다.

---

ed. (New York: Oxford University Press, 1998), pp. 24-32를 보라. 보에티우스주의의 해결책에 대한 현대 변론에 대하여, T. J. Mawson, *Belief in God: An Introduction to the Philosophy of Religion* (Oxford: Clarendon Press, 2005), p. 41를 참조.

6 다음의 반론은 Hugh McCam, "Divine Providence," § 3, *Standford Encyclopedia of Philosophy*〈http://plato.standford.edu/entries/providence-divine/#GodKnoFut〉에서 받아들였음을 밝힌다.

즉 신이 창조 속에 있는 그의 목적들이 완성되는 것을 보증할 수 있는 다른 방도가 없었다는 것이다. 하지만 대부분의 정통 유신론자들은 신적 주권의 정통 교리와 양립하지 않는다는 것을 생각하면서 이 결과를 받아들일 수 없는 것으로 여길 것이다. 그렇다면 신이 실제로 시간 밖에 있다면 신의 본성 속에 있는 어떤 것은 인간의 자유와 예지를 성공적으로 화해시키도록 작동해야 하는 것처럼 보인다.

신학적 양립주의자들—신이 시간 밖에 존재한다고 믿는 많은 이들—은 신이 미래를 안다고 주장한다. 왜냐하면 신이 미래에 행하고자 하는 의지가 있기 때문이다. 즉 신은 한 사람이나 모든 사람이 결정하는 자유로운 선택들을 포함하여 미래의 모든 것을 행할 의지가 있다.[7]

신학적 양립주의자에 따르면, 이 세상에서 일어나는 모든 것은 신이 그것을 일으키기 때문에 일어난다. 신은 완전히 미래를 안다. 아주 단순하게 말하자면, 그가 미래에 일어나는 것을 의도하고 또 그의 의도가 결코 변하지 않을 사건들을 알고 있기 때문이다. 그럼에도, 양립주의자들은 인간들이 여전히 자유하다고 주장한다. 자유가 신적 결정론(신에 의해서 모든 것이 행하게 되는)과 양립하기 때문에 인간들은 자유하다. 이 문제에 관한 양립주의의 논증들은 우리가 지금-현재 속으로 들어갈 수 있는 것보다 더 복잡하다.

그러나 결말은 이것이다. 그 해결방안은 상호 간의 가능성들의 원리—자유는 다르게 행할 수 있는 것을 요구한다고 주장하는—를 부정하는 것과 또한 행동할 수 있는 인간의 힘 내에 있는 유일한 행

---

[7] 신학적 양립주의는 정통 기독교의 역사에서 어거스틴, 루터, 칼빈 및 조나단 에드워즈, 그 외 여러 사람들을 통해 다양한 형태로 지지된 두드러진 자리를 누리고 있다.

동이 있는 곳에서 한 자유로운 인간이 도덕적으로 자유할 수 있다고 주장하는 것을 내포하고 있다. 양립주의자는 전형적으로 자유로운 행위자가 강요되거나 결정되지 않는 행동이라면 행위는 자유롭다고 주장한다. 하지만 행위는 자유로운 존재가 그것을 행하기를 원하기 때문에 그가 행동하는 것이다.

간단히 말해, 한 자유로운 행위는 한 사람의 욕구를 표현하는 것이다. 양립주의자는 상호 간의 가능성들이 오로지 요구된다고 말하는데, 그것은 자유로운 행위자의 욕구들이 차이가 있었던 것처럼 그 행위자가 행동했을 수도 있었던 다른 행동들이 있다는 면에서 그렇다. 그런데 행위자의 실제적인 욕구들을 수행하려는 행위자의 힘 안에 있었던 유일한 행동이 있었다.[8]

이 같은 동향이 철학적이고 신학적인 중대한 분화들을 가지고 있다는 것은 명백하다. 많은 사람들(비양립주의자로 불리는 사람들)이 직관적으로 명백하게 되기 위해서 상호 간의 가능성들의 원칙을 발견한다는 사실을 제쳐두고서—즉 많은 사람들이 자유의 개념적 요구를 표현하기 위해서 그 원리를 받아들인다는 사실을 제쳐두고서—신학적 양립주의자의 해결책은 이 세상에 존재하는 악의 현실성을 설명하는 것에 있어서 심각한 문제에 부딪히는 것처럼 보인다.

몇몇 양립주의자들은 신이 "효과적으로 원인 짓는" 것과 그가 "의지대로 허용하는" 것을 구분하려고 시도한다. 그러나 양립주의자의 가정에서 어떻게 그러한 구분이 유지될 수 있는지를 이해하기가 어

---

8   이 주장은 욕구보다는 행위자의 선택들에 비추어서 제안된다. 그런데 그 주장은 그가 다르게 행할 수 있는 이론적인 면을 선택했다고 해도 그것이 그에게 참일 때에 그 행위자가 자유롭다는 것이다. 이것이 때때로 "다르게 행할 수 있는 가상적 측면"이라고 불렀다

렵다.[9] 양립주의자들은 단순히 총을 쏘고 나서 신이 모든 사건의 원인을 일으켰다고 주장하지만, 그 사람이 그런 행동을 행하도록 신이 원인을 짓는 것이 선할 수 있는 반면에, 어떤 사건에 대해서는 한 사람의 행동이 악이 될 수도 있다고 계속 논쟁할 수 있다.

개인이 이기주의나 그렇지 않으면 악한 동기들로부터 그 행동을 수행하겠지만, 이것은 신이 개인에게 어떤 행동을 유발시킬 때에만 발생한다는 것이다. 이는 그가 어찌되었든 개인의 행동이 더 큰 어떤 선을 제공한다고 보기 때문이다. 궁극적으로 신의 의지는 가능한 최상의 세계를 일으키는 방향을 향해 가도록 유도한다. 그래서 그의 행동들은 그 행동들이 어떤 인간 존재에게 죄를 짓도록 원인 짓는 것을 포함한다고 하더라도 완전히 비난받을 수 없다.

하지만, 이 견해는 어떤 사람들은 그런 사람들을 위해 더 큰 선의 결과를 결코 불러일으키지 않는 영원한 고통의 장소에 맡겨지는 전통적인 지옥의 교리와 결합하게 될 때에는 치명적인 문제를 드러낸다. 양립주의에게 그와 같은 암시는 신이 가능한 최상의 세계를 야기하기 위해 사람들을 희생시킨다는 것처럼 보이기까지 한다.

만일 이것이 사실이라면, 신은 모든 이를 향하여 사랑스러운 행동을 하지 않고, 다행스럽게도 오직 "선택받은 자들"—구원을 향유하기 위해 선택받은 자(분명히 독단적이지만) 그리고 궁극적으로 천국에서 신과의 영원한 친교—가운데 있을 그런 사람들을 향하여 행동한다. "하나님이 세상을 사랑하사"라는 성경적 가르침을 문자 그대로 믿는 사람들은 양립주의의 이 같은 의미를 너무 지고하다고 보

---

9   Paul Helm, "The Augustinian-Calvinist View," *Divine Foreknowledge: Four Views*, ed. James K. Beilby and Pual R. Eddy (Downers Grove Ill.: InterVarsity Press, 2001)를 참조.

기 때문에 신학적으로 주목할 가치가 높다는 것을 발견한다. (나중에 우리는 6장에서 지옥의 문제로 돌아갈 것이다).

아마도 6세기의 루이스 드 몰리나(Luis de Molina)에 의해 전개된 보다 약속있는 해결방안은 신을 중간적 지식(middle knolwedge)으로 돌린다. 즉 신이 피조물에게 맡길 수 있었던 어떤 가능한 자유로운 피조물이 어떤 가능한 환경에서 자유롭게 행할 것이라는 지식이다.

몰리니스주의의 해결방안에 따르면, 신은 창조 이전에 이 지식을 소유했고, 그는 어떻게 그가 세상—즉 그가 창조하려고 했던 피조물들과 그가 그들 각자에게 맡기려고 했던 환경—을 창조할 것인지 결정하는 데에 이 지식을 사용했다. 신은 그가 "보았던" 자유로운 피조물들과 환경들의 결합을 선택했고, 신의 궁극적인 목적들이 성취되게 하는 그런 방식으로 모든 피조물들의 자유로운 선택을 결과적으로 할 수 있게 했다. 어느 시점에서든 신이 누구에게 어떤 것을 하도록 원인짓게 할 필요가 없다(아니면 결코 그렇게 할 필요가 없을 것이다). 이런 방식으로 신은 강한 의미(즉, 비양립주의 측면)에서 그의 피조물들에게 자유를 허용하면서 주권자로 남는다.

엄밀히 말해서 몰리니스주의의 해결방식은 신의 주권과 인간의 자유의 문제—이 문제는 세상의 완전한 통제 속에 여전히 남아 있으면서 그들의 선택에 관하여 신이 어떻게 피조물에게 자유를 맡기는지를 설명한다—에 대한 하나의 해결책이지만, 그것은 예지와 같은 문제에 대해서도 하나의 해결방안을 분명히 암시하고 있다.

신이 세계를 창조할 수 있었던 모든 가능한 방식(철학적인 어투로 모든 가능한 세계)이 어떻게 일어나는지를 "보았고" 실제로 현실화하려고 선택한 어떤 가능한 세계를 완전히 알고 있었기 때문에 신은 개개의 피조물을 통하여 모든 미래의 자유로운 선택이 결정되는 것을 포함하여 현실적 세계가 일어날 것이라는 것을 정확히 알고 있었다. 보에티우스주의의 해결방식과는 달리, 몰리니스주의의 해결방식은, 만일 성공한다면, 이 방안이 신의 예지와 인간의 자유를 신의 주권을 강조하지 않고 화해시키는 것이다.[10]

그렇지만 몰리니스주의의 해결방안에 대한 주요한 반론은 이론의 핵심을 이루는 중간적 지식의 교리를 직접적으로 겨냥한다. 비평가들은 중간적 지식이 불가능하다고 주장하고, 또한 신이 그 중간적 지식을 소유하고 있지 않다고 해도 마찬가지인데, 이는 아마도 신이 알고 있다고 가정하고 있는 그 전제들이 참이 될 수 없기 때문이다. 여기에서 벌어지는 논쟁들은 복잡하지만, 기본 생각은 이것이다. 창조 이전에는 단순히 가능한 자유로운 피조물이 실제로 자유롭게 다양하고 그저 가능한 환경들 속에서 자유롭게 선택할 것이라는 명제들에 대한 진리 가치를 근거지울 수 있는 존재는 아무것도 존재하지 않는다는 것이다.

비양립적으로 자유하는 하나의 존재가 정확히 있다는 것은 행위자에 의해 결정되는 행동에 관한 것이다. 그래서 한 자유로운 피조물이 실제로 선택을 결정하면서 하나의 특정한 상황 속에 있을 그보다 앞선 어떤 상황 속에서 행하는 것에 대해서는 문제가 될 수 없다. 창조 이전에는 신이 어떻게 창조할 것인지를 그가 결정하기 위해 사용할 수 있었던 것을 볼 수 있는 것은 아무것도 없었다. 비평가에 따르면, 중간적 지식은 존재하지 않는 사실들—말하자면, 신

---

10 몰리니스트의 해결방안에 대한 탁월한 서론을 위해서 William Lane Craig, "The Middle-Knowledge View," *Divine Foreknowledge: Four Vdiws*, ed. James K. Beily and Paul R. Eddy (Downers Grove, Ill.: InterVasity Press, 2001)를 보라.

조차도 그런 지식이 존재할 수 없다—에 관한 지식이다.[11]

네 번째 해결방안—전통을 지지하는 데에 부족한 부분은 다른 세 가지 해결방안들에 의해서 제안되지만, 그것들이 현대적 논의 속에 많은 관심을 받았다—은 열린 유신론자들(open theists)에 의해 변론되었다. 열린 유신론의 견해는 신의 예지가 미래의 자유로운 선택에까지 확대한다는 사실을 단순히 부정한다.

열린 유신론자들은 그저 가능한 자유로운 피조물들이 행하고, 그들이 이것을 현재에 존재하고 있는 자유로운 피조물에까지 확대한다는 것에 대한 지식이 없을 수 있다는 중간적 지식에 대한 비판에 동의한다. 그들이 미래에 할 수 있는 선택들 중에서 현재 알려진 것은 아무것도 없다. 자유로운 피조물들은 창조 속에서 (아마도 작지만, 중요한) 어느 한 부분을 공유한다. 그들의 선택들은 역사가 발전적으로 결정되는 종류의 세계를 형성하는 데에 도움을 주고 있다. 따라서 "열린 유신론"이라는 용어의 의미, 즉 그 견해의 기본적인 것은 적어도 부분적으로는 미래가 아직 결정되지 않은 의미에서 열려 있다는 뜻이다.

그래서 미래에 있을 신의 피조물의 자유로운 선택들에 있어서 부족한 지식에도 불구하고, 열린 유신론자들의 신은 정말로 전지하다—그는 어떤 존재가 알고 있을 가능성이 있는 모든 것을 안다—는 사실을 주장한다. 이를테면, 그는 개인의 역사와 성장에 대한 그의 철저한 지식, 현재의 신념과 욕구들, 그래서 형성된 성격에 근거한

---

11 중간 지식의 반정도의 비판은 Robert M. Adam's 논문인 "Middle Knowledge and the Problem of Evil," *The Problem of Evil,* ed. Robert M. Adams and Marilyn M. Adams (Oxford: Oxford University Press, 1990)이다.

한 인간이 주어진 어떤 상황 속에서 행할 수 있는 가능성이 있는 것을 안다. 그러나 한 자유로운 피조물은 아직 일어나지 않은 어떤 각본에 따라서 실제로 결정하는 것에 대해서는 그 무엇도 알 수 없다. 그래서 그러한 지식을 신이 결여하고 있다고 해도 그의 전지한 존재를 깍아 내리지 않는다.[12]

열린 유신론에 대한 비평가들이 지적하는 부분이 이것인데, 즉 정통의 주류들로부터 제외되거나 전통과 불화하는 열린 유신론은 신이 자유로운 피조물들과 더불어 세계 안에서 세계를 만들려고 선택하는 데에 엄청난 위험을 가진다는 하나의 그림을 생생하게 보여준다는 것이다.

만일 자유롭게 주어진 어떤 시간에서 우리 중 누군가가 무엇을 행하려고 선택할 것이라는 것을 신이 알지 못한다면, 어떻게 그가 세상을 통제할 수 있는가?

신은 우리가 사물을 구성하는 (그리고 계속하여 만드는) 혼란으로부터 그의 선한 목적들을 일으키는 방식으로 지속적으로 우리의 선택들에 대한 반응을 완전히 뒤섞는다든지, 아니면 우리가 취하는 어떤 경우라도 인간의 역사를 진행하게 하고 또 그것으로 인해 창조에 대한 그의 목적이 최종적으로 방해를 받게 될 위험에 처해지는 것을 허용한다든지 함으로써 단순히 해결해야만 한다.

수많은 믿는 자들이 판단해 볼 때 어느 견해도 정통 기독교의 매우 중심적인 신적 주권의 교리와 양립하지 않는다. 믿는 자들에 따

---

12 그레고리 A. 보이드 (Gregory A. Boyd)는 예지의 문제를 해결하는 것 외에도 열린 유신론이 성서적 견해라고 주장한다. "The Open-Theism View," *Divine Foreknowledge: Four Views*, ed. James K. Beilby and Paul R. Eddy (Downers Grove, Ill.: InterVarsity Press, 2001)를 참조.

르면, 열린 유신론의 해결방안은 신의 예지와 인간의 자유를 정말로 화해시키지 못한다. 그 해결방안은 신적 주권—그리고 그 과정에서 단순히 신적 주권을 동시에 강조하는—을 포기하게 한다.

이제 이 문제를 재검토할 때이다. 우리는 예지와 자유의 문제에 대해서 쉬운 해결방안이 없다는 것을 보았고, 우리가 어느 해결방안을 받아들인다고 해도 그 방안은 우리의 더욱 넓은 신학을 위해 중요한 영향을 미칠 것이다. 그럼에도 불구하고, 이 문제에서 몇몇 무신론자들이 주장하듯이, 우리는 유신론이 논리적으로 일관적이지 않고 거짓이라는 증거를 찾을 수 없다. 어느 해결방안이든 희생을 치루어야 한다.

예컨대 우리가 몰리니주의가 되려면, 중간적 지식의 교리를 기꺼이 받아들여야 하거나, 아니면 열린 유신론자가 되려면 창조의 "모험적인" 견해를 기꺼이 받아들여야 한다. 그러나 이것은 확실히 비합리적인 명백한 논리적 모순을 결코 포용하지 않는다. 인간의 자유와 도덕적 책임에 대한 성격을 생각하는 것은 우리가 주장하는 다른 견해들—특히 신적 예지, 주권 및 창조와 같은 교리들—을 주의 깊게 수정하고, 개선하고 혹은 완화하도록 요구할지 모른다. 그러나 그러한 생각은 우리에게 이러한 교리들 중 어떤 것을 포기하게 만든다. 하지만 이때 유신론도 다같이 포기해야 할 분명한 이유는 없다.

우리가 지금까지 살펴본 대로 유신론이 논리적으로 일관적이라고 긍정하는 합리성은 여전히 적절하다. 또한 더욱 일반적으로 말해, 신을 특징짓기 위해 사용된 많은 개념들이 주의 깊게 정의되거나 완화되어야 하는 것도 분명하다고 해도, 어느 누구도 신적 속성들과의 논의에서 전반적으로 받아들이고 있는 유신론이 비일관적이라는 사실을 설득력 있게 보여주지는 못했다.

  수많은 세대를 거쳐 수백만의 사람들에 의해 받아들여졌던 신념들의 체계가 진리라고 주장할 필요는 없지만, 그러한 체계가 자기-모순적이라고 주장하는 사람들에게 입증의 책임이 있다고 주장하는 것은 합리적이다. 분명한 것은 어느 누구도 유신론이 자기-모순적이라는 것을 보여주지 못했다는 사실이다.

4. 종교언어의 문제

  20세기에 아주 다른 유형의 도전이 신앙인들에게 나타났다. 이 새로운 도전은 유신론적 개념들의 논리적 일관성에 반대하는 것뿐만 아니라 더욱 근본적인 의미에서 신을 믿는 신념의 모든 무의미성을 공격하기 위하여 방향이 맞추어져 있었다. 그런 반론은 "신이 존재한다"거나 "신이 인간을 사랑한다"와 같은 진술들은 인식적으로 넌센스라는 것이다. 그러한 진술들에는 어떤 명백한 의미가 결여되어 있다. 이 반론을 지지하는 학자들에 따르면, 우리는 신이 존재한다는 증거가 결여되었다기보다는 신이 존재한다고 말하는 의미를 알지 못한다는 것이다. 이것이 이른바 종교언어의 문제이다.

  종교적 신념들이 인식적으로 무의미하다는 비난은 논리 실증주의(logical positivism)로 알려진 철학자들에 의해서 처음으로 주장되었다. 논리 실증주의가 비엔나에서 제1차 세계대전 직후에 "비엔나 학파"를 구성했던 철학자들이 하나의 모임을 주도하면서 고안되었다. 하지만 그 학파의 시작 배경은 1936년에 처음 출판되었고 지금도 여전히 출판이 되고 있는 A. J. 아이어(A. J. Ayer)의 『언어, 진리, 논리』를 통하여 주로 영어권의 독자들에게 알려지게 되었다.

논리 실증주의의 중심적인 사상과 종교적 신념들의 무의미성에 대한 논리 실증주의의 근거는 의미의 입증주의 이론(verifiability theory of meaning)이었다. 이 이론은 한 명제가 의미가 있는가의 조건들을 구체화하려는 시도였다. 이 입증주의 이론에 따르면, 의미에 관한 진술들에는 두 가지 종류들이 있다. "분석적" 명제들은 참과 거짓이 진술 속에 있는 말의 의미들에 의해 결정되는 명제들이다.

실증주의자들에 따르면, 이러한 진술들은 수학과 논리의 의미와 진리를 포함하고 있다. 모든 비분석적 진술의 의미는 "종합적"이다. 모든 종합적 명제들은 경험적으로 입증되어야 한다. 즉 그 명제들은 우리가 우리의 감각들을 통하여 경험할 수 있는 것에 의해 입증되어야 한다는 것이다.

실증주의적 견해를 볼 때 분석적 진술들은 오로지 언어에 관한 것이고, 따라서 언어 외부의 실재에 관한 그 어떤 정보도 우리에게 제공하지 못한다. 실재나 "사실의 문제들"(matters of fact)에 대한 정보를 제공하기 위해서는 한 명제가 종합적이어야 하고, 따라서 경험적으로 입증가능해야만 한다. 많은 신학적 진술들은 언어적 실재를 초월해 있는 한 존재를 추측하는 신에 관한 정보를 제시하려고 시도한다. 따라서 이러한 신학적 진술들은 경험적으로 의미가 있는지를 입증해야 한다. 실증주의자들은 신학적 주장들을 입증할 수 없고, 그러므로 그러한 진술들은 인식적으로 무의미하다고 주장한다.

아이어에 따르면 실증주의 견해는 단지 유신론 뿐만 아니라 무신론과 불가지론도 인정하지 않는다. 결국에는 "신이 존재한다"는 문장이 무의미하다면, 그 문장은 긍정되지도 부정되지도 않으며,

심지어는 진리가 확인되지 않는 가능성으로도 제시되지 않는다.[13] 그렇지만 더욱 확대된 의미에서 보자면, 만일 우리가 무신론자를 정의하기를, 신을 믿는 것과 합리적이지 않거나 혹은 진지한 가능성으로서의 신념을 고려한다고 단언하는 사람들이라고 말한다면, 실증주의는 명백히 무신론으로 나아간다.

비록 논리 실증주의가 영미철학에서 한동안 유명했고 또한 논리 실증주의의 특징적인 주제들 중 어떤 것들이 다른 형식들(우리가 보게 될)로 나타난다고 해도, 논리 실증주의는 원래의 형태로 지속되어 온 철학적 운동으로 존속될 수 없었다. 따라서 몇 가지 강력한 반박들이 의미의 입증주의 이론에 저항하기 위해 나타났다.

첫째, 입증주의 이론은 의미 있는 진술을 위한 그 자체의 시험을 통과해야 하는 것이 모호하다. 이론은 확실히 경험적으로 입증될 수 없는 것처럼 보인다. 그래서 그 이론의 옹호자들은 입증주의 이론을 분석적 진술, 즉 "의미"의 의미에 대한 진술로 취급해야 한다. 그렇지만, 대부분의 사람은 실증주의자들이 바라는 방식으로 "의미"를 사용하지 않는다. 그래서 사전적 정의로 그 이론은 아마도 거짓으로 이해된다. 실증주의자를 위한 유일한 선택은 그의 이론을 "의미"의 뜻에 관한 하나의 교정적이고 새로운 조항으로 제안하는 것이다. 그러나 왜 유신론자가 종교적 신념을 위한 절실한 결과들로서 이 새로운 제안을 받아들여야 하는가?

다른 문제들은 입증주의 이론에 시달리기 때문에 더욱 심각해진다. 이러한 문제들 중 가장 중요한 문제는 입증성의 개념을 분명히 밝혀야 한다. 실증주의는 모든 지식을 경험 속에 근거짓는 철학

---

13 A. J. Ayer, *Language, Truth and Logic* (New York: Dover, 1946), pp. 115–116.

인 경험론(empiricism)의 한 형태다. 실증주의는 직접적으로 보고, 만지고 느끼지 못하는 것들에 대하여 의문시한다. 그러므로 처음에 전개되었듯이, 실증주의자들은 직접적 감각을 검증하기 위해 입증성을 해석해 왔다.

그렇지만 의미 있는 종합적 진술들이 모두 직접적으로 검증되어야 한다는 주장은 문제들을 일으킨다. 이는 자연과학에 의해 가정되었던 실재들 중 많은 것들이 직접적으로 관찰되지 않기 때문이다. 쿼크와 블랙홀은 현대에 자주 사용되고 있는 사례들이다.

논리 실증주의자들은 그들의 이론이 이러한 실재들의 과학적 주장들에는 의미가 없다고 말하지 않는다. 이것을 발생하는 것에서부터 방지하기 위해서 그 이론은 한 진술이 간접적으로 검증될 수 있다면 그 진술이 의미 있는 것이라는 사실을 허용하는 것은 약하게 만든다. 더욱이, 과학적 법칙들과 같은 일반적인 진술들이 관찰의 어떤 유한한 체계에 의해 결코 진리로 판명될 수 없으며, 또한 이 간접적이고 종국적이지 않는 입증성이 단지 원칙 속에서만 가능하기 때문에 실증주의자들은 입증성이 종국적인 것을 알 수 없다는 사실을 인정했다.

이런 방식으로 약해져서 이론의 옹호자들에게 매우 유감스러운 입증주의 이론은 종교적 진술들은 (그리고 정말로 모든 진술들에 대해) 인식적으로 의미 있게 될 수 있다는 사실을 허용하게 된다.

다양한 시도들은 종교적 진술들을 배제하려는 원칙들을 돈독하게 하려고 했지만, 이러한 돈독하게 된 설명들은 더욱더 과학적 진술들을 배제한다는 사실을 발견한다. 사실, 어느 누구도 입증주의 이론에 대한 해석을 자유로운 것으로 진술할 수 있는 사람은 없다. 과학적 주장들에 대한 의미를 허용하기에 충분할 정도로 자유롭고,

동시에 어느 누구도 종교적 신념들을 배제하기에 충분할 정도로 제한적이었다고 진술할 수 있는 사람도 없다.[14] 따라서 비록 몇몇 잘 알려진 철학자들만이 종교적 신념들이 경험적으로 검증되지 않는다는 이유로 인식적으로 무의미하다고 주장한다. 하지만 왜 종교를 믿는 자들이 상당한 우려를 표명하면서 그런 비난들을 간주해야 하는지는 이해하기가 어렵다.[15]

누구도 유신론을 자기-모순적이거나 인식적으로 무의미하다고 증명한 사람들이 없다는 점에서 유신론의 합리성을 지속적으로 검증하는 것은 적절한 것처럼 보인다. 결국에는 만일 우리가 유신론이 참이라고 믿을 만한 좋은 이유를 가지고 있다면, 우리는 유신론이 논리적으로 일관적이고, 유신론의 주장들이 의미가 있다고 생각할 좋은 이유들을 가지고 있는 것이다.

그러면 우리가 유신론의 신이 존재한다고 믿는 근거는 무엇인가?

5. 자연신학

우리가 이미 지적한 대로 유신론은 기독교, 유대교 및 이슬람교

---

[14] 입증주의 이론의 가능성 있는 해석을 발전시키려는 많은 시도들(그리고 실패들)에 대한 논의를 위해서 Carl G. Hempel, "The Empiricist Criterion of Meaning," *Logical Positivism*, ed. A. J. Ayer (1959, Westport, Conn.: Greenwood Press, 1978), pp. 108-29, 다음과 같은 제목으로 제출판된 "Problems and Changes in the Empiricist Criterion of Meaning," *Semantics and the Philosophy of Language*, ed. Leonard Linsky (Urbana: University of Illinois Press, 1952), pp. 163-85를 참조하라. 또한 Alvin Plantinga, *God and Other Minds* (Ithaca, N.Y.: Cornell University Press, 1967), pp. 156-68를 참조하라.

[15] Kai Nielsen, *An Introduction to the Philosophy of Religion* (New York: St. Martin's Press, 1982), 특히 pp. 18-19와 6장을 보라.

에 의해 공통적으로 주장되었다. 유신론과 기독교와 같은 한 특정 종교와의 관계는 다음과 같다. 만일 기독교가 참이면, 유신론도 참이다. 그 반대—즉 기독교의 진리는 유신론의 진리로부터 따라오지 않는다—는 일어나지 않지만, 만일 유신론이 참이라면, 기독교는 참일지 모르며, 그리고 심지어는 우리가 기독교가 참이라는 것의 개연성이 높아진다고 주장할지 모른다. 적어도 만일 유신론이 참이라면 기독교가 거짓이라고 생각하는 한 가지 이유가 배제된다.

그러므로 기독교와 같은 특정 종교의 합리성에 몰두해 온 철학자들은 종종 유신론의 진리를 명확히 하려고 시도함으로써 전행해 나아간다. 이같은 생각은 누구나 첫째로 유신론의 진리를 세워야 하는 것처럼 보이고, 그런 다음에, 만일 신이 있다면, 유신론적 종교가 참이라는 것을 명확히 하면서 전개해 가야 한다.

첫째, 우리는 신이 존재하는지 명확하게 전개해야 하고, 그런 다음에 신이 스스로를 특정한 사건들과 사람들을 통하여 드러내어 왔는지를 물어야 한다. 한 특정 종교의 관점을 가정하지 않고서도 유신론의 진리를 명확히 하려는 이 같은 시도를 우리는 자연신학(natural theology)이라고 부른다.

자연 신학자는 독립적으로 어떤 특정한 종교적 권위의 신에 대하여 알려진 것을 이해하고자 한다. 종교적 변증을 위한 자연신학의 잠정적 가치는 명백하다. 만일 신이 존재한다고 이전부터 알려진 (혹은 있음직한) 것이 자연신학이라면 어떤 개인이나 책이 신으로부터 나타난다고 주장하는 것이 더욱 쉽기 때문이다.

자연신학이 추구해야할 가치가 있을지라도, 자연신학이 신을 이해하는 최상의 방식인지는 확실치 않고 유일한 방식인지도 분명치 않다. 전형적으로 신앙인들은 기독교나 또 다른 유신론적 종교를 믿게 된 결과로 (혹은 과정으로서) 신을 믿게 된다. 그 결과로 우리는 기독교를 유신론적 종교의 예로서 취급할 것이다. 다루기 어려운 말이나 "어떤 다른 유신론적 종교"는 생략되지만, 그럼에도 그것을 넌지시 비치고 있다.

신앙인들은 예수를 계시된 신의 존재로 받아들임으로써 신을 믿게 될지 모른다. 우리가 신을 먼저 믿고 나중에 기독교인이 되는 것은 아니다. 두 가지가 동시에 일어날지 모르고, 또 논리적으로 유신론이 참이라고 생각하는 이유들이 기독교가 참이라고 여기는 이유가 될지도 모른다.

자연신학의 성공이 종교적 신념에 결정적이지 않다는 것은 분명하다. 수많은 기독교 신학자들, 특히 개신교인들은 실제로 자연신학에 불쾌감을 드러낸다. 그런 불쾌감이 때로는 1장에서 논의되었던 신앙주의와 같은 유형으로부터 유래하고, 또한 정말로 신앙주의와 자연신학을 거부하는 것은 종종 혼란스럽게도 함께 일어난다. 그런데 신앙인은 자연신학을 신앙주의가 아니라고 해도 거절할 수 있다.

믿는 자에게 있어서 신앙주의를 피하기 위해서 유일하게 필요한 것은 모든 증거에 비추어서 그리고 대안적 견해들과 비교하여 그것들을 분석함으로써 사람의 신념들에 대해 비판적 성찰의 적법성을 수용하는 일이다. 별개로 중심적인 신념들을 취급하거나 개인의 종교에 대한 명확한 신념들을 무시하는 방식으로 종교적 신념들(기독교와 같은 신념들)의 전적인 체계로부터 핵심적인 신념들(유신론)을 분리하도록 요구하지 않는다.

사실, 자연신학과 계시신학을 구분하기란 생각처럼 쉽지 않다. 흔히 자연신학을 거부하는 신앙인은 신에 대하여 안다고 주장한다. 이는 그가 신을 경험했기 때문이거나 신이 그 자신에게—직접적이든 아니면 특정한 사람을 통해서든, 사건이든 혹은 성스러운 문서이든, 다른 특이한 징표들이나 기적들에 의해서 수반되었던—나타났기 때문이다. 하지만 만일 경험들과 계시들이 일어난다면, 그러한 것들을 신의 존재를 위한 증거로 여기는 일은 가능하다. 그리고 실제로 많은 자연 신학자들은 신의 존재를 논증하기 위해 기적들이나 종교 경험들로부터 전개했다.

원칙적으로 그런 논증들이 어떤 특정 종교나 종교적 권위의 진리를 전제하지 않고 전개되었고, 그러므로 그러한 논증들은 우리의 정의에 따라서 자연신학으로 구체화할 수 있다. 만일 이러한 추론이 건전하다면, 그것은 자연신학의 개념이 그렇게 완전히 명확하지 않을 뿐만 아니라 자연신학과 다른 유형의 신학과의 날카로운 구분도 없다는 것을 함축하고 있다.

이것이 그러한 경우가 될지는 모르지만, 자연이나 인간 경험의 일반적인 특징을 그들의 출발점으로 취하는 논증에 근거하여 신을 믿는 것과 아주 독특한 경험이나 사건들에 근거하여 신을 믿는 것 사이에는 여전히 최초의 어떤 중요한 구분이 있는 것처럼 보인다. 비록 후자 유형의 증거가 논증으로 만들어질 수 있을지라도, 대부분의 자연 신학자들은 전자에 초점을 맞추어왔다.

또한 거기에는 더 중요한 차이가 있다. 흔히 자연의 일반적인 특징에서 시작하는 자연 신학자들은 종교적 신념들의 부분 집합이 유신론이라고 불렀던 것에 도달하기 위해서만 목표를 세우고 있다. 기적을 수반한 역사적 계시의 근거에서 신을 믿는 사람은 유신론을 더욱더 포괄적인 신념 체계의 부분으로 받아들이는 경향이 있다.

어떠한 경우라도 우리는 이 장의 남은 부분과 다음 장에서 인간 경험의 일반적 특징들에 호소하는 신 존재를 위한 논증의 전통적인 측면 속에 있는 자연신학을 살펴볼 것이다. 그런 다음에 4장에서 우리는 종교적 경험과 신을 알게 하는 다른 "특정한" 수단들을 살펴볼 것이다.

6. 신 존재 증명

형성되어온 자연신학의 기획은 신 존재가 증명될 수 있는가 하는 문제 속에 있다. 많은 철학자들은 그런 증명들을 주장하는 논증들을 전개해 왔다. 그 외의 많은 철학자들은 이러한 논증들 속에 허점들을 발견하고자 시도해 왔다.

이러한 논증들 중 약간의 논증들을 설명하려고 시도하고 증명함으로써 논증들의 성공을 평가하기 전에 논증에 대하여 어떤 것을 말하는 것과 그것들이 어떻게 성공적이었는가를 평가하는 것이 필요하다. 철학자들은 흔히 논증을 진술들이나 명제들(전제들)의 체계로 생각한다. 진술들이나 명제들은 다른 진술이 참인가를 보여주고 그것의 결론이 참으로서 가능한지를 제시한다. 논증들은 연역적이 아니면 귀납적일 수 있다. 훌륭한 연역적 논증은 전제들이 결론을 수반한다.

이와 같은 연관성은 모든 전제들이 완전히 참이라면 그 결론이 거짓이라는 것이 불가능한 경우를 주장한다. 훌륭한 귀납적 논증은 전제들의 결론이 참일 가능성이 있도록 하는 논증이다. 전제가 진리인 경우에 개연적으로 결론이 참일 확률이 높고, 그것이 더욱 귀납적 논증을 강하게 한다. 귀납적 논증이 소수의 현대 철학자에게 제시되었지만, 철학자들이 제시한 대부분의 신 존재를 위한 논증들은 연역적 논증이었다.

적어도 한 특정 연역적 논증의 가치를 평가하는 세 가지 명확한 방식들이 있다는 것을 확인하는 것은 중요하다. 이 세 가지 방식들은 우리에게 하나의 논증에 대해 제시되는 세 가지 문제를 보여 준다.

여기서는 그것이 타당한가?

그것이 건전한가?

그 논증이 성공적인 증명으로 기능할 수 있는가?

우리는 순서대로 이 기준들을 평가할 것이다.

"타당성"(validity)은 논증의 형식적 구조를 평가하기 위해 논리학자들에 의해 사용된 용어다. 만일 전제가 참이라면 결론이 진리일 때만 그 논증이 타당하다. 다시 말하면, 전제들이 결론을 수반하는 경우에만 그 논증이 타당하게 된다. 타당한 논증의 예는 다음과 같다.

(1) 조지아의 모든 사람들은 남부 사투리로 항상 말한다.
(2) 스티븐 에반스는 조지아의 사람이다.
(3) 그러므로 스티븐 에반스는 항상 남부 사투리로 말한다.

비록 이러한 논증이 그 자체로서는 타당하다고 할지라도, 스티븐 에반스는 좀처럼 남부 사투리를 사용하지 않기 때문에 그 결론은 거짓이다. 따라서 이 경우에 전제 (1)은 거짓이다. 만일 논증이 타당하려면 그 논증이 건전해야 하고, 논증의 모든 전제들도 참이어야 한다. 만일 논증이 건전하면, 결론도 참이다. 추측컨대 신 존재를 증명하기를 원하는 사람들은 최소한 건전한 논증들을 원할 것이다.

그러나 타당성과 건전성의 논리적 기준은 신 존재에 대한 성공적인 증명을 특징지으려는 것으로는 충분하지 않다는 것은 분명하다.

건전한 논증이 성공적인 증명으로 되지 못하는 경우는 다음 두 가지의 밀접하게 연관된 방식들에 해당한다.[16]

첫째, 건전한 논증인지 아무도 모른다 할지라도 어떤 논증은 건전할 수 있다. 예를 들어, 어떤 논증의 진리-가치가 알려지지 않았다는 전제 속에서 이런 일은 발생할 수 있다. 아래의 진술을 생각해 보자.

(1) 아직 발견되지 않은 비밀스러운 행성의 궤도를 두 위성이 돈다.
(2) 그러므로 아직 발견되지 않은 비밀스러운 행성의 궤도에는 하나 이상의 위성이 돈다.

분명히 위의 논증은 타당하다. 그리고 그 전제는 참이 될 수 있다. 만일 한 논증이 참이라면, 정의에 따르면 그 논증은 건전하다 (참된 전제들과 함께 타당하다). 그럼에도 불구하고, 적어도 어느 누구도 이 논증이 설득력이 있다고 생각하지 못할 것이다. 이는 그 누구도 어떤 입장에서 첫 번째 전제가 참이라고 생각할 사람이 없을 것이 확실하기 때문이다. 그 논증은 문제의 행성이 현재에 알려지지 않았다는 전제에서 성립된다.

이처럼, 신 존재를 위한 건전한 논증은 그 전제들이 참으로 알려지지 않는다면 유용하지 않게 된다.

둘째, 건전한 논증이 실패할 수 있는 두 번째 방식이 있다. 다음의 진술을 고려해 보자.

---

16 특히 첫 번째 저서에서 나타난 것처럼 다음 단락은 George Mavrodes, *Belief in God* (New York: Random House, 1970), pp. 17-48.

(1) 인간들이 존재한다.

(2) 인간 존재들이 존재하거나 신이 존재한다.

(3) 따라서 신은 존재한다.[17]

이 논증은 논리적으로 타당하다. 다음의 논증 형식도 타당하다.

(1) p이거나 q이다.

(2) p가 아니다.

(3) 그러므로 q이다.

또한 이 논증은 형식적인 면에서 추론가능하다. 더욱이 그 논증은 건전할 수 있고—만일 신이 존재한다면 그 논증은 확실히 옳다—그리고 어떤 사람들은 그것이 건전한지를 알 수 있을지 모른다. 신이 존재한다고 알고 있는 사람은 이 논증이 건전하다는 것을 알 수 있다. 그럼에도 불구하고, 그와 같은 논증은 어느 누구도 설득하지 못한다. 이러한 논증에서 무엇이 잘못된 것인가를 명확히 말하기는 어렵다. 직관적으로 그와 같은 문제는 매우 분명하다.

오직 두 번째 전제를 받아들이는 사람만이 논증의 결론을 이미 받아들인 사람이다.[18] 그러나 설득력이 있으려면 전제들이 결론과는 별도로 어떤 근거들에서 진리로 판명되어야만 한다. 오직 이런

---

17 Philip L. Quinn, "Divine Command Theory," *The Blackwell Guide to Ethical Theory*, ed. Hugh LaFollette (Malden, Mass.: Blackwell, 2000), p. 66에서 인용.

18 이 논증에 관해 논평을 보여주는 퀸(Quinn)은 그 논증의 문제점은 "그 논증과는 별도로 두 번째 전제가 결론보다 더 인식론적 정당성을 가질 수 없는데, 이는 성공적인 입증으로서 그 논증이 할 수 없는 경우는 그것의 전제들에서 그 결론으로부터의 인식론적 정당성을 알리는 것이기 때문이다"(ibid).

방식으로 논증은 다른 사람의 마음을 움직일 수 있고 이미 가진 견해에 확신을 더할 수 있다. 이런 방식으로만 논증이 합리적이 될 수 있고 성공적인 증명으로 기능하게 된다. 다음의 두 가지 교훈을 이 사례들로부터 유추할 수 있다.

첫째, 만일 논증이 결론과 같은 정도로 논란이 되는 (혹은 더욱 결론보다 더욱 논란이 되는) 전제들을 전개한다면, 그 논증은 설득력 있게 증명되지 않는다.

둘째, 마치 전제들이 어떤 사람들에 의해서 알려지는 것처럼, 전제들도 의도된 청중—논증이 제시되어 설득하는 개인들—에 의해서 알려지지 않을 경우, 그 논쟁은 실패한다.

그런데 우리는 논증이 성공적인 증명을 보여주는가의 문제가 논증이 논리적으로 건전한 것인가에 의존하고 있으며 논증이 어떻게 누구에게 건전해야 하는가에 의존하고 있는 것을 보았다.

만일 논증이 성공적인 증명이 되려면 그 논증은 합리적으로 누구를 설득해야 하는가?

한 사람을 합리적으로 설득하는 논증은 어쩌면 특정한 사람에게 유익한 논증이다. 만일 한 증명에 대한 정의가 받아들여지면, 신 존재가 정말로 증명될 수 있다고 주장하는 것처럼 여겨진다. 그 이유는 차후 3장에서 다룰 것이다.

그런데 많은 철학자들은 이와 같은 증명의 정의에 대해 만족하지 않는다. 종종 그들은 각자가 자신의 신념 속에서 오류를 범하고 있다는 생각으로 난처해 한다. 만일 한 개인이 합리적으로 설득력이 있는 신 존재를 위한 논증을 찾으려고 요구하지만, 어느 누구도 합리적으로 설득할 수 있는 논증을 찾을 수 없으면, 확실히 그 논증은 개인이 오류를 범하는 것처럼 여겨진다.

이러한 철학자들은 참된 증명이 모든 사람에게 혹은 적어도 그 논증을 신중하게 고려하는 기회를 가져온 모든 건전하고 합리적인 사람들에게 합리적으로 설득력이 있어야 한다고 주장하고 싶어한다. 만일 우리가 모든 건전하고도 합리적인 사람들에게 합리적으로 설득력이 있는 논증으로서 신 존재에 대한 증명을 정의한다면, 우리가 보게 되는 것처럼 신 존재에 대한 증명들은 제시되지 않는다.

아무튼 이러한 결론은 중립주의를 거부했던 사람들에게는 흥미롭지도 혼란스럽지도 않다. 논쟁이 증명으로 입증되지 않으면, 논쟁은 지속적으로 전개하고 다른 방식을 찾아야 한다. 더욱이 어떤 것을 알기 위해 우리가 "증명"의 두 번째 의미에서 그것을 증명할 수 있어야 한다는 주장은 중립주의에 대한 함의적인 신뢰를 가져다준다. 이는 그것이 효과적인 면에서 모든 건전하고 합리적인 사람들이 받아들이는 이러한 진리를 받아들이면서 완전히 편견이 없는 출발점을 가지도록 요구하기 때문이다.

어떠한 흥미로운 종교적 주장들이 이런 방식으로 알려지거나 입증될 수 있다는 것은 (그 이유들이 제시된 것처럼) 가능하지 않은 것 같다. 따라서 신 존재에 대한 증명을 이끌어내지 못한다고 해도, 어느 누구도 신에 대한 정당화된 신념들을 무너뜨릴 수는 없다. 또한 그것은 어떤 사람들이 합리적으로 설득력이 있는 논증을 제시할 가능성은 배제하지 못한다. 우리가 어떤 특정한 논증들을 검증하듯이, 우리는 이것의 가능성을 3장에서 살펴볼 것이다.

제3장
신 존재를 위한 고전적 논증들

　신 존재를 위한 다양한 논증들이 전개되어 왔다. 대부분의 논증들은 상대적으로 아주 소그룹이나 영역으로 분류되어 있다. 우리는 가장 중요한 고전적 논증들 중 네 가지 논증으로서 존재론적, 우주론적, 목적론적 및 도덕론적 논증을 살펴볼 것이다.
　여기서는 유일한 우주론적 논증이나 유일한 목적론적 논증과 같은 것만이라고 주장하는 논증은 없다고 인식하는 일이 중요하다. 비록 어떤 철학자들이 실수로 이러한 논증들을 유일한 논증의 사례들로 가정해 왔지만 말이다. 이러한 논증들 중 여러 다른 해석들이 제시되어 왔는데, 그 중 어떤 논증들은 동일한 범주 속에 있는 서로 다른 논증들과는 현저한 차이를 보인다. 이러한 이유에서 우리는 이러한 종류의 논증들 중 어떤 한 논증의 최종적 논박을 보여줘야 한다는 주장에 대해 주의하여야 한다. 하나의 반론이 논증의 모든 형식들에 적용시키기는 어려운 문제이고, 심지어는 그 반론이 적용될 수 없기 때문에 어느 누구도 논증의 어떤 해석을 결코 고안할 수 없을 것이다.

아래의 논의에서 우리는 각 유형의 가능한 다양한 해석들을 고려할 것이다. 제시되어 왔던 여러 논증들과 제기되어 왔던 온갖 반론들을 주의 깊게 검토하는 일은 분명 불가능하다. 그래서 각자의 사례에서 우리가 논증의 "유사성"에 대하여 몇 가지 일반적인 논평들을 제시한 후에 논증의 단순한 해석들을 더욱 상대적으로 고려하는 것이 좋을 것 같다. 그런 다음에는 이와 같은 논증이 합리적으로 모든 사람들에게 설득력이 있는가를 살펴볼 것이다. 하지만 물론 우리가 고려하는 특정한 논증이 설득적이지 않을지라도, 이것은 그런 유형의 논증이 어느 누구에게도 성공하지 못할 것이라는 사실을 입증해 내지 못할 것이다.

1. 존재론적 논증

존재론적 논증은 신에 대한 개념이나 생각이 그의 실재를 암시한다는 것을 보여주려는 시도이다. 즉 신을 분명히 인식할 수 있다는 것은 신이 실제로 존재한다는 것을 뜻한다. 일반적으로 이 논증을 고안했던 최초의 사람은 11세기의 캔터베리의 주교 안셀름(Anselm)이고, 그에게 그 공을 돌려야 한다. 존재론적 논증은 데카르트와 라이프니츠와 같은 유명한 철학자들에 의해서도 변론되면서 설명되었다. 20세기에는 찰스 하츠혼(Charles Hartshorne), 노먼 맬콤(Norman Malcolm) 및 알빈 플란팅가(Alvin Plantinga)와 같은 철학자들이 존재론적 논증에 대한 서로 다른 설명을 제시하면서 크나큰 관심을 재현했다.

안셀름의 최초 설명은 그의 『프로슬로기온』(*Proslogion*)에서 "어리석은 자는 그 마음에 이르기를 하나님이 없다"고 말한 것을 성찰의 과정으로 전개했다. 신의 존재를 부정하는 어리석은 자는 신의 관념을 이해하여야 한다고 안셀름은 추론한다. 신은 적어도 어리석은 자의 이해 속에서 하나의 관념으로 존재한다.

신의 관념은 무엇인가?

안셀름에게 신은 가장 위대한 가능한 존재, 즉 "그보다 더 위대한 존재를 상상할 수 없는 실재"이다.

안셀름은 이해(즉, 어떤 사람의 정신 속에 있는 단순한 관념과 같은) 속에 존재하는 것보다는 현실 속에 존재하는 것이 더 위대하거나 더 낫다고 주장한다. 안셀름이 말하기를, 신은 가장 위대한 가능한 존재로 정의되므로 어리석은 자의 이해 속에서만 존재하는 신은 불가능하다. 왜냐하면 이 경우에는 신보다 더 위대한 존재, 즉 이해와 현실 속에 있는 존재가 쉽게 상상될 수 있기 때문이다. 순서대로 나열하자면, 그 논증은 아래와 같다.

(1) 신은 가장 위대한 가능한 존재이다.

(2) 신은 적어도 생각 속에 존재한다.

(3) 생각 속에서만 있는 어떤 존재는 생각 속에 있는 다른 존재와 마찬가지로 현실 속에 있는 존재보다 더 위대하지 않다.

---

1 안셀름의 『프로슬로기온』은 얼마 간의 인쇄본들을 이용할 수 있다. 존재론적 논증에 관한 매우 중대한 부분은 2장과 3장에서 발견되고 종교철학의 모음집 속에 상당히 많이 포함되어 있다. William L. Rowe and William J. Wainwright에 의해서 편집된 *Philosophy of Religion*: Selected Readings, 3rd ed. (New York: Oxford University Press, 1998), pp. 95-96를 참조하라.

(4) 만일 생각 속에서만 존재한다면, 그는 가장 위대한 가능한 존재가 되지 않을 것이다.

(5) 따라서 신은 생각 속에서 존재하는 것과 마찬가지로 현실 속에서도 존재하여야 한다.

이와 같은 논증은 예측대로 많은 반대에 부딪치게 되는데, 어떤 사물의 존재가 그것의 정의로부터 단순히 추론될 수 있다고 주장하는 것은 대부분의 사람들에게 받아들여지기가 어렵기 때문이다. 안셀름과 동시대 사람인 가우닐로(Gaunilo)는 하나의 완전한 섬—"그보다 더 위대한 것을 상상할 수 없는 섬"—이 존재해야 한다는 것을 입증하려고 시도했던 한 논증을 비유적 풍자로 표현했다. 이 풍자에 대하여 안셀름은 근본적으로 신의 관념은 고유한 것이라고 반박했다. 섬이나 다른 유한한 사물들과는 달리 신은 필연적 존재(a necessary being)이다. 이 의미는 "가장 위대하거나 최고로 완전하고 가능한 섬"의 관념이 일관성이 없다는 것이다.

우리는 아마도 우리가 상상하는 어떤 섬을 더 완전한 섬으로 언제나 상상할 수 있을 것이다. 하지만 오로지 필연적 존재만이 가장 위대하고 가능한 존재가 될 수 있다. 안셀름의 대답이 중요한 것은 간략하게 입증될 수 있기 때문이다.

임마누엘 칸트와 그외 다른 사람에 의해 주장되어 왔던 또 하나의 유명한 반론은 우리가 합법적으로 "존재"를 하나의 속성으로 생각할 수 없다는 것이다. 즉 어떤 실체가 다양한 정도들을 가질 수 없을 뿐만 아니라 갖지 않을 수도 있다는 것이다. 존재하는 어떤 것을 말한다는 것은 "붉다는 것"과 같은 어떤 속성을 갖는다는 의미다. 하지만 그것은 모든 속성들과 함께 의문을 갖는 실체의 개념이 구체화되었다는 것이다.

다시 말하자면, 그러한 관념은 현실 속에 어떤 사물을 통해 예증된다는 것이다. 우리가 사물을 생각할 때 우리는 항상 그 사물이 존재한다고 암시적으로 생각한다. 그러나 만일에 존재가 하나의 속성이 아니라면, 그것은 그 논증에 의해 요구된 신의 위대성에 더해지는 하나의 속성이 될 수 없다. 존재가 일반적인 속성이 아니라고 주장하는 것이 안전한 것처럼 보인다고 할지라도 존재가 속성(혹은 "존재하는 것"이 타당한 술어인지)이라는 논쟁은 우리가 여기서 해결할 수 있는 성질의 것이 아니다.

안셀름의 논증에 대한 또 다른 유명한 반론은 우리가 신을 어떻게 정의할 수 있는가 하는 것이다. 그것은 우리가 정의한 어떤 것을 만족시킬 수 있는지 말할 수 없다. 안셀름은 우리에게 말하기를, 우리가 아주 적절하게 신에 대해 생각할 때, 우리는 현실적 존재로 신을 생각하고, 심지어는 필연적으로 현실적인 존재, 즉 반드시 있는 존재로서 신을 생각한다. 그렇지만 다른 정의와 마찬가지로 그와 같은 정의는 신이 그가 존재해왔던 것처럼 존재할 것이라고 말한다. 그 정의도 그가 존재한다는 사실을 주장할 수 없다. 이는 우리에게 있어서 신의 관념이 현실적 세계 속에 예증되는지 말할 수 없기 때문이다.

그 논증의 현대적 설명들은 안셀름이 가우닐로에게 답하면서 그의 『프로슬로기온』 3장에서 전개했던 필연적 존재의 관념에 초점을 맞추었다. 노먼 맬콤과 같은 어떤 철학자들은 안셀름이 실제로 두 논증들을 발전시켰다고 주장해 왔다.

존재가 속성이 아니기 때문에 첫 번째 논증이 존재를 "위대하게 만드는 속성"으로 강조했다. 맬콤은 그것이 오류라고 생각한다. 두 번째 논증은 필연적 존재 개념을 가정했다.[2] 맬콤이 형식화하듯이, 두 번째 논증의 요지는 아래와 같다. 정의에 의하면, 신은 단순히 우연히 존재하지 않는 어떤 존재다. 존재할 수 있었던 존재가 단순히 신이 아닐 수 있기 때문에 신은 존재하지도 사멸하지도 않는 존재이다. 이러한 추론으로부터 따라오는 것은 신이 존재한다면 그의 존재는 필연적이라는 사실이다. 만일 신이 존재하지 않는다면, 그의 존재는 불가능하다.

하지만 신이 존재하거나 존재하지도 않기 때문에 신의 존재가 필연적이지도 불가능하지도 않다. 신의 존재가 불가능하다고 말하지 못하므로 그의 존재는 필연적이라는 사실이 따라온다. 그 논증은 더욱 형식적으로 표현하자면 다음과 같다.

(1) 만일 신이 존재한다면, 그의 존재는 필연적이다.
(2) 만일 신이 존재하지 않으면, 그의 존재는 불가능하다.
(3) 신은 존재하거나, 존재하지 않거나 한다.
(4) 그러므로 신의 존재는 필연적이거나, 아니면 불가능하다.
(5) 신의 존재는 가능하다(불가능하지 않다).
(6) 그러므로 신의 존재는 필연적이다.

우리는 어떻게 이 논증을 평가할 수 있을까?
위의 논증은 형식적으로 타당한가?

---

2 Norman Malcolm, "Anselm's Ontological Arguments," *Philosophical Review* (January 1960): 41-62, John Hick에 의해 재편집된 *The Existence of God* (New York: Macmillan, 1964), pp. 47-70을 참조하라.

위의 논증은 확실히 타당한 것처럼 보인다. 그러면 그 논증은 건전한가?

건전하기 위해서는 그 전제들이 모두 참이어야 한다. 전제들 중, 가장 의심스러운 하나는 전제 (5)이다.

우리는 신의 존재가 정말로 가능한지를 어떻게 알 수 있는가?

그 전제는 충분히 불쾌감을 주지 않는다. 이는 신이 존재할지 모른다고 우리가 단순히 말하고 있는 것처럼 보이기 때문이다. 그러나 만일 신이 필연적이라면 신의 존재가 가능하기 때문에 그 전제는 다소 강하게 주장하는 것처럼 보인다.

무신론자는 왜 전제 (5)를 부정하고 그 문제가 완전히 이해될 때까지 신의 존재가 불가능한 것처럼 보일 수 있다고 주장하는가? 무신론자는 신이 실제로 존재하지 않기 때문에 신은 결코 존재하지도 않고 또 그렇게 존재할 수도 없다고 논쟁한다. 더욱이 어떤 시간 속에서 신이 존재하고 있다는 것을 내포하는 세계가 가능한 방법은 없다.

반면에 신이 실제로 존재한다고 믿는 사람은 이 전제가 참이고 그런 논증이 건전하다고 판단하여야 할 것이다. 신이 존재한다는 가능성은 확실히 그의 존재의 현실성에서부터 따라온다. 여전히 우리는 성공적으로 증명하는 것이 단지 건전하다는 그 이상이 되어야 한다는 점을 생각하여야 한다. 여기에서는 그 논증이 성공할 수 없는 듯 보인다. 이는 무신론자가 왜 전제 (5)를 부정하지 않고 확고하게 신의 존재에 대한 불가능성을 주장하는지 이해하기가 어렵기 때문이다. 또한 유신론자들이 그 논증을 건전하다고 판단할지라도, 유신론자들이 어떤 점에서 신의 존재가 그의 실제적인 존재로부터 그것을 추론하지 않고서도 가능한지를 알 수 있다면 그것은 유신론자들을 합리적으로 설득하게 될 것이다. 2장에서 우리의 논의에서 전제들을 합리적으로 설득하기 위해서는 논증이 결론과는 별도로 어떤 근거에서 합리적으로 믿을 수 있고 인식되어야 한다는 점을 우리는 기억하여야 한다.

그렇지만 논증이 증명을 합리적으로 설득하기 위해 살핀다고 해도, 그 논증은 여전히 다른 과제들을 성취하여야 할지 모른다. 존재론적 논증의 현대적 해석을 옹호하는 알빈 플란팅가는 논증이 입증되지 않을지라도 신을 믿는 것이 합리적이라는 사실을 보여 준다고 주장한다. 비록 신의 존재가 알려지지 않다고 해도, 신의 존재가 가능하다는 결정적인 전제는 합리적으로 받아들일 수 있는 명제라는 것이다.

그와 같은 논증은 유신론을 "합리적으로 받아들일 수 있다는 것"을 보여 준다.[3] 이것은 건전하게 보이지만, 무신론도 아마도 유사한 주장을 전개할 수 있다는 점에서 주의하여야할 필요가 있다. 신의 존재가 불가능하다고 주장한다는 것을 추론하는 것과는 분명히 대조되지 않는다. 사실, 모든 무신론자가 정말로 필요로 하는 것은 신이 존재하지 않는다는 것이 가능하다는 점을 주장하는 것이다. 이 전제와 더불어 무신론자는 존재론적 논증을 무신론을 위한 논증으로 수정한다. 그 논증은 다음과 같다.

(1) 만일 신이 존재한다면, 그의 존재는 필연적이다.
(2) 신이 존재하지 않다는 것도 가능하다.
(3) 그러므로 신의 존재가 필연적이지 않다.
(4) 그러므로 신은 존재하지 않는다.

---

3 Alvin Plantinga, *God, Freedom, and Evil* (Grand Rapids: Eerdmans, 1977), p. 112를 참조.

칼 바르트(Karl Barth)는 안셀름의 논증을 하나의 입증으로서가 아니라 신 존재가 믿음으로 받아들여진 것이라는 사실을 더욱 깊게 이해하기 위한 시도로서 해석한다.[4] 이와 같은 논증을 제안하는 안셀름의 목적은 그 논증을 반론해 왔던 현대 철학자들과는 매우 다른 것임을 아주 그럴 듯하게 보여 준다. 어떤 경우에는 존재론적 논증이 입증으로서의 가치가 있음에도 불구하고, 존재론적 논증에 대한 성찰은 필연적 존재로서의 신에 대한 우리의 평가를 높인다.

존재론적 논증도 무신론을 "몰아내는" 기능으로 작용한다. 신이 존재한다는 사실을 부정하고 싶어 하는 사람은, 논증이 타당하려면, 신의 존재가 불가능하다고 주장하여야만 한다. 하지만 우리는 신의 존재를 처음부터 부정하고 싶어했던 문제의 사람보다 더 강력한 논증을 제시해야 할지 모른다. 바로 그 부분이 도덕적 쟁점으로 일반화시켜야 모든 유신론적 논증들로 적용될 수 있을 것이다. 이 같은 논증들은 거절될 수 있지만, 논증들을 거절하는 사람은 값을 지불해야 한다.

왜냐하면 한 명제를 부정하는 것이 논리적으로 다른 명제를 주장하는 것과 동일하기 때문이다. p를 부정하는 것은 p가 아닌 것(~p)을 주장하는 것이다. 어떤 경우에도 유신론적 논증들을 거절하려고 요구했던 주장들이 문제를 일으키는 것들—우리가 이 장에서 여러 번 논쟁했던 것을 보는 것—이 될지 모른다.

---

[4] Karl Barth, Anselm: *Fides Quaerens Intellectum,* trans. Ian Robertson (Richmond, Va.: John Knox Press, 1960). 이 작업으로부터의 핵심적인 편집은 *The Many-Faced Argument,* ed. John Hick and Arthur C. McGill (New York: Macmillan, 1967), pp. 119-161를 참조.

2. 우주론적 논증들

우주론적 논증은, 이 이름이 암시하듯이, 우주나 세계의 존재로부터 신의 존재를 추론하려는 시도이다. 대체로 우주론적 논증은 논증의 출발점으로서 우주의 존재, 독특한 물체들의 존재나 개별적인 사물의 존재를 다루고 있다. 이러한 논증들을 종종 제일 원인 논증(first cause argument)이라고 불렀다. 우주론적 논증은 신이 우주의 궁극적 원인이거나 제일 원인으로 존재해야 한다는 것을 추론하기 위한 시도이기 때문이다.[5]

우주론적 논증의 역사적 근원은 고대 철학자들인 플라톤과 아리스토텔레스에서 출발하지만, 중세시대에 토마스 아퀴나스와 둔스 스코투스에 의해서 전개되고 더욱 정교하게 다듬어졌다. 『신학대전』(*Summa Theologica*)에서 아퀴나스가 제시한 신 존재를 위한 다섯 가지 논증들 중, 처음 세 가지 논증들이 우주론적 논증에 대한 해석들로 나타난다.

근대 초기에는 사무엘 클라크와 고트프리트 빌헬름 라이프니츠가 그들 자신들의 해석들을 변론했다. 현대에서는 우주론적 논증이 리처드 테일러(Richard Taylor)와 리처드 스윈번(Richard Swinburne) 및 그 외의 여러 철학자들에 의해서 변론되었다.[6] 스윈번은 강한 연역적 논증보다는 귀납적 논증이나 개연적 논증의 방식을 다룸으로

---

5 실제로 어떤 철학자들은 제일 원인 논증들과 우주론적 논증들을 구분하는 사람들도 있다. 이 구분은 특별히 도움이 되지 않는다. 일반적으로 그와 같은 구분은 인과성의 상이한 개념들을 전개하고자 우주론적 논증들의 다른 두 유형들 사이에 있다.
6 Richard Taylor, *Metaphysics*, 4th ed. (Englewood Cliffs, NJ.: Prentice Hall, 1992), pp. 99-116와 Richard Swinburne, *The Existence of God*, 2nd ed. (Oxford: Oxford University Press, 2004), pp. 133-152를 보라.

써 다소 신선한 방식으로 우주론적 논증을 변론했다.

우리는 우주의 존재를 하나의 전제로서 대체로 받아들이는 해석들과 그 해석들의 출발점으로서 취하고 있는 우주의 부분들에 대한 존재를 구분하는 것이라고 이미 언급해왔다. 우리는 이것들을 전체적 논증(whole argument)과 부분적 논증(part argument)이라고 각각 부를 것이다. 이것 외에 우주가 시간 속에 하나의 시작을 가지고 있었다고 전제하는 논증과 하나의 시작을 가지고 있지 않다고 전제하는 논증에 대한 해석들도 구분하는 것이 중요하다. 우리는 전자를 시간적 논증(temporal argument)이라고 부를 것이고, 후자를 비시간적 논증(nontemporal argument)이라고 부를 것이다.

우주론적 논증의 시간적 해석들은 우주가 하나의 시작을 갖는다고 말하고, 모든 존재는 최초 순간을 가져야 한다고 주장하거나 가정하고 있다.[7] 한 원인은 최초의 순간에 있는 존재를 설명하는 것이 필요하고, 신이 그 최초의 원인이라고 가정하는 것이다. 이러한 해석에서 신은 시간적인 의미에서 "제일 원인"이다. 신은 일련의 사건들을 시작하였고, 우주를 구성했던 최초의 사물들을 존재하게 함으로써 우리가 부르는 우주를 존재하게 만든 창조자이다. 이 논증은 스스로 신의 이신론적 개념을 요구하는 것처럼 보인다. 하지만 신의 이신론적 개념을 주장하는 사람도 신이 그의 창조 속에서 포함한다는 것을 계속하여 주장함으로써 유신론을 수용할 수 있다.

우주가 시간 속에 하나의 시작을 가졌다는 것은 여러 다양한 방

---

[7] William Lane Craig, *The Kalam Cosmological Argument* (London: Macmillan, 1979)을 참조. 이 논증의 보다 간명하고 용이한 입문서는 J. P. Moreland and William Lane Craig, *Philosophical Foundations for a Christian Worldview* (Downers Grove, Ill.: InterVarsity Press, 2003), pp. 463-481에서 발견된다.

식으로 논쟁되어 왔다. 더러는 우주가 영원하다면 과거와 같은 실제적이고 무한한 시간적 연속이 불가능할 것이라고 주장한다.[8] 더러는 빅뱅 이론과 같은 과학적 이론들이 증거로서 우주가 가질 수 있는 하나의 시작을 가졌다는 것을 제시하고 있다고 주장하기도 한다.[9]

이러한 주장들이 더는 지속될 수 없는데, 이는 우주론적 논증을 변론해 왔던 대다수의 철학자들은 우주가 시작을 가졌는지의 문제와 상관없이 우주론적 논증이 건전하다고 주장해 왔기 때문이다. 아퀴나스, 클라크 및 테일러는 비시간적 해석을 변론해 왔다. 그들 모두는 우주가 존재해 왔다고 해도 지금의 이 우주가 존재하고 있다는 점에서 신이 우주의 존재의 필연적 원인이라고 주장했다. 우주가 오래되었는지, 그렇지 않은지 혹은 셀 수 없을 만큼 오래되었는지, 아무런 상관이 없이 신은 우주의 존재 이유다.

우주가 하나의 원인을 요구하고 그 원인이 신이어야 한다고 주장하는 근거는 무엇인가?

상투적인 대답은 우주의 우연성에 의존하는 것이다. 만일 우리가 우주의 주변을 돌아보면, 우리가 보는 각 물체(또한 집단적으로 각 물체의 군집)가 존재하고 있지만 존재하지 않은 종류의 물체들도 드러난다. 우주의 물체들이 왜 존재하는지 혹은 우주가 왜 거기에 있어야 하는지에 대한 자연적 원인을 규명하지 못한다. 즉, 자연의 법칙

---

8   사실상 일련의 무한한 시간성을 부정하는 사례를 위해서는 Stuart Hackett, *The Resurrection of Theism* (Grand Rapids: Baker, 1982), pp. 293-295를 보라. 이 견해의 역사적 근거들은 Craig, *The Kalam Cosmological Argument*에서 발견된다. 크레이그도 여러 다양한 반론들에 반대하는 논증을 변론한다.
9   빅뱅이론이 유신론을 지지한다고 주장하는 경우를 위해서는 William Hasker, *Metaphysics* (Downers Grove, Ill.: InterVarsity Press, 1983), pp. 116-117를 보라(또한 이 주제와 연관된 추가적인 강독을 위해서 해스커의 각주를 참조하라).

에 따라서 어떠한 이유가 주어지는 것은 아니다.

간단히 말해, 우리는 자연의 질서 속에서 아무것도 없지 않고 무엇이 거기에 있는가에 대한 설명을 찾지 못한다. 우리가 보는 사물들은 존재해 왔던 사물, 필연적으로 존재하는 사물들로 나타나지 않는다. 오히려 모든 사물들은 모두가 우연적이다. 모든 사물들은 존재하고 있지만 그 이유를 알지 못한다. 그럼에도 그것들이 왜 존재하고 있는지 궁금해 하는 것은 자연스럽다.

사물들이 존재하는 원인은 무엇인가?

만일 한 사물의 원인이 우연적인 어떤 것이라고 가정하게 되면, "어떤 것"(something)의 존재에 대한 하나의 설명이 요구된다. 궁극적으로 필연적 존재—존재할 수 없는 한 존재, 즉 모든 우연적 존재들의 존재 원인인 한 존재—의 인과적 활동으로 끝나지 않는다면, 어떠한 우연적 존재가 있다는 것을 단순히 설명하는 것으로는 충분하지 않을 것이다. 한 필연적 존재는 그 존재의 형태가 무엇인지를 더 설명할 수 없는 존재다.

간단히 말해, 한 필연적 존재가 있는 한에서 우연적 존재가 있다는 것이 궁극적 설명이다. 우리는 아래와 같은 논증 속에서 주요한 요소들을 형식화할 수 있다.

(1) 어떤 우연적 존재들이 존재한다.

(2) 만일 어떤 우연적 존재들이 존재한다면, 한 필연적 존재도 존재해야 한다(왜냐하면 우연적 존재들이 그들의 궁극적 원인으로서 한 필연적 존재를 요구하기 때문이다).

(3) 그러므로 한 필연적 존재(우연적 존재들이 존재한다는 것의 궁극적 원인)가 존재한다.

많은 비평가들이 지적했듯이, 우주론적 논증에 대한 해석은 신 존재를 증명하지 못한다. 왜냐하면 만일 이 논증이 성공을 거두려면, 모든 우연적 존재들의 원인인 어떤 필연적 존재가 있다는 것을 증명하여야 하기 때문이다(그 논증은 그런 유일한 존재가 있다는 것을 설정하지 못한다). 이 논증은 이와 같은 어떤 필연적 존재가 전능하고 전지하며 완전히 선한 존재—신이라면 가져야 하는 존재의 속성들—라는 것을 가정하지 못한다.

그럼에도 불구하고 필연적 존재와 우주의 창조자가 되기 위해 유신론자들에 의해 받아들여진 신으로부터 성공적인 우주론적 논증은 분명히 유신론을 위한 누적적 사례의 중요한 부분을 구성할 것이다.

다시 한 번 말하자면, 우리는 형식적으로는 타당해 보이고 우리 앞에 놓여있는 이 논증을 지지한다. 하지만 우주론적 논증이 건전한지 또는 그 논증이 성공적으로 입증할 수 있는 방식으로 기능하는지는 아주 흥미로운 물음들이다. 하지만 이러한 물음들에 대답하기 전에 우리는 먼저 우주론적 논증의 세 가지 통상적이고도 일반적인 반론들을 다루어야 한다. 이 반론들은 우주론적 논증의 어떤 해석들에 대해 반대하는 힘을 가지고 있다.

하지만 그러한 반론들의 인기에도 불구하고 그 반론들은 우리가 고려하고 있는 해석들의 문제로는 부적절하게 보인다. 이것을 지적하는 이유는 실제적인 쟁점들에 초점을 맞추고 있기 때문이다.

반론 1. 우주는 항상 존재해 왔다.

대답: 이 반론은 그 논증의 시간적 해석에 적용하고 있다. 우리의 해석은 우주의 나이에 대한 어떤 것을 추정하지 않는다. 그것은 우주가 항상 존재해 왔다는 가능성과 양립한다. 그런 논증의 목표는

우연적 사물들이 현재 존재한다는 것은 한 필연적 존재가 있다는 것을 요구하는 것이다.

반론 2. 만일 어떤 것이 우주의 존재를 설명하기 위해서 하나의 원인을 요구한다면, 신도 자신의 존재를 설명하기 위해서 하나의 원인을 요구받게 된다.

대답: 이 반론은 잘못된 인식에서 비롯되었다. 왜냐하면 모든 것이 그것의 존재를 위해서 어떤 원인을 요구한다는 명제는 논증의 전제가 아니기 때문이다. 전제 (2)에서는 모든 우연적 존재들이 그들의 존재를 위해 하나의 원인을 요구한다는 하나의 명백한 가정과 심지어는 아마도 우연적 존재들이 요구하는 원인과 같은 종류에 대한 어떤 명백한 가정들이 있다. 그러나 신은 우연적 존재가 아니다. 신이 원인을 갖는다는 것을 부정하는 것은 독단적이지 않다. 왜냐하면 신이 하나의 원인을 갖게 되면, 그는 신이 될 수 없기 때문이다. 우리가 2장에서 논의했듯이, 유일하게 자존적이거나 필연적 존재는 "신"의 명칭으로 타당하고, 따라서 그러한 존재의 원인에 대하여 묻는다는 것은 아무런 의미가 없다.

반론 3. 우주론적 논증은 누군가가 어떤 집합의 개개의 부분들이 어떤 속성을 가지고 있다고 관찰하고 대체로 그 집합이 어떤 속성을 가져야 한다고 추론할 때에 발생하는 구성의 오류(fallacy of composition)를 범한다. 예를 들어 전체로서의 가족은 그 가족의 모든 개별적 구성원이 200파운드보다 덜 나간다는 근거 위에서 200파운드보다 덜 나간다고 추론하는 일종의 오류와 같은 것이다.

이와 같이, 설령 우주 속에 있는 모든 개별적 물체가 하나의 원인을 가지고 있다고 하더라도, 우리는 전체로서의 우주가 하나의 원인을 가지고 있다고 추론할 수 없다. 우주 속에 있는 각 물체의 존재가 다른 물체들에 비추어서 설명될 수는 있어도, 전체의 존재를 다 설명할 필요는 없다.

대답: 이 반론도 적절치 않다. 이는 우리가 제시해 왔듯이 논증은 전체 논증(이러한 용어들이 앞서서 정의되었던 방식을 상기해 보라)이라기보다는 부분적인 논증이기 때문이다. 다시 말하자면, 우리가 고려하고 있는 그와 같은 논증의 해석은 모든 우연적인 사물들의 집합이 아니라 개별적인 우연적 사물들을 가리킨다.

더욱이 우주론적 논증의 여러 해석들이 전체로서의 우주가 우연적이고 하나의 원인을 요구한다고 주장함으로써 시작한다고 해도, 이 전체 논증들이 오류를 범하는지는 분명하지 않다. 우주의 부분들에서부터 전체의 구성에 대하여 추론하는 것은 항상 오류라고 말하기 어렵기 때문이다. 우리는 미합중국이 대체로 북미에 위치해 있는 북반구에 미합중국의 모든 주들이 있다는 사실로부터 타당하게 추론할 수 있다. 우주의 모든 물체가 우연적이라고 한다면, 전체로서의 우주가 우연적이라는 것은 개연적이다. 우주 속에는 수많은 우연적 물체들이 있다는 단순한 사실은 확실히 전체의 집합이 필연적임을 스스로 수반하는 것이 아니다. 그럼에도 우리가 고려하는 그와 같은 논증의 해석은 "부분에서 전체로"의 방식을 사용하지 못한다. 그래서 우리는 반론 (3)을 안전하게 제쳐둘 수 있다.

이 세 가지 부적절한 반론들의 방식에 대하여 우리는 이제 논증의 건전성을 살펴볼 수 있다. 이것은 논증이 두 전제들만을 갖는다는 사실에 의해 상당히 용이하게 만들어진다.

전제 (1)은 어떤 우연적 사물들이 존재한다고 단순히 말한다. 이것은 상당히 개연적인 것처럼 보이지만, 모든 사람에 의해 받아들여지지는 않았다. 어떤 사람은 우주 속에 있는 물질(혹은 에너지)이 영원하다고 주장할지 모른다. 특정한 물체들은 있다가 사라지지만, 질량 에너지 보존의 법칙에 따르면 물체들이 구성된 물질은 창조되는 것도 아니고 파괴되는 것도 아니다.

이제까지 이것은 우주 속에 있는 질량의 영원성과 일관적이라는 논증에 대한 실제적인 반론이 아니다. 그러나 우주를 구성하는 물질이나 질량이 영원한 것뿐만 아니라 필연적으로 존재한다고 더 나아가 주장하는 사람을 생각해 보자. 즉 우주는 존재할 수밖에 없었다. 만일 이 사람이 실제로 존재하는 유일한 물체들이 물질을 영원히 구성하는 것이라고 더 나아가 주장했다면, 그는 전제 (1)을 부정하는 것이 될 것이다.

이 결론이 얼마나 과도한지 이해하는 것이 중요하다. 엄밀히 말하자면, 거기에는 의자들도 없고, 인간의 신체들도 없으며, 식물들도 없고, 영원히 구성된 질량—대부분이 자명한 거짓임을 생각하게 하는 주장—외의 다른 어떠한 물체들이 존재하지 않는다. 이 마지막 조항(영원한 물체들이 실재라는 것)이 없다는 반론은 보다 있음직한 것처럼 보이지만, 이 경우는 엄밀히 말해 그 논증을 강조하지 않는다. 왜냐하면 반론자의 견해가 여전히 복잡한 우연적 존재들의 원인으로서 필연적 실재의 존재를 암시하기 때문이다. 그렇지만 이 경우에 그와 같은 원인은 물질 그 자체일 것이다.

물질의 영원한 구성요소들은 "필연적 존재들"이 될 것이고, 따라서 논쟁의 결론에 대한 요구를 만족시킬 것이다. 어느 경우든 적어도 물질을 "필연적"으로 생각하는 사람은 유신론적 신의 특성들 중 하나가 실제로 자연세계의 한 특성이라는 점을 암시한다. 우주로부터 구별되는 한 인격으로서의 신의 존재가 부정되듯, 신의 존재를 부정하는 것은 아니라고 사람들은 말할지 모른다. 물질이 필연적으로 존재한다(혹은 약간의 질량이 필연적으로 존재하는)는 주장에 나타난 분명한 사실은 많은 부분이 범신론과 연관성을 가지고 있다는 것이다.

사실, 그 논증을 거절하는 사람은 물리적 우주가 항상 존재해 왔지만 우주(적어도 우주의 궁극적 부분들)가 어쩌면 존재할 수밖에 없었을 것이라고 단순히 말하는 것은 아니다. 그 다음에 전제 (1)을 거절하면 큰 희생을 치루어야 한다. 기껏해야 그것은 범신론적이거나 그와 유사한 경쟁적인 형이상학의 관점에 맡기게 될지 모른다.[10]

---

[10] 우주론적 논증의 비판가에게 이 같은 결론을 피할 수 있는 방법이 있다. 하지만 그 방법은 다른 문제를 일으킨다. 누구나 필연적 존재들(질량의 파편들을 포함하고 있는)이 존재하지 않는다고 주장할 수는 있어도, 아무것도 존재하지 않는 것은 불가능하다고 주장한다. 다시 말하자면, 비판가는 존재하는 모든 것—혹은 존재 가능한 모든 것—이 우연적이지만, 어떤 우연적 존재(들) 혹은 다른 존재들이 존재한다는 것은 필연적이라고 주장한다. 그러한 생각을 예증하기 위해서는 우주의 세 가지 근본적인 질량의 덩어리들에 A, B 그리고 C가 존재했었다는 것을 가정한다. 비판가의 견해는 세계가 존재해 왔었다는 가능한 방식이 있다는 것이다. 하지만, A, B 그리고 C가 존재하지 않는다. 그 시나리오에서 D, E 그리고 F가 아마도 존재할지도 모른다. A, B 그리고 C가 존재하지 않을 가능성도 있기 때문에 이러한 것들(현실적 세계를 본질적으로 구성하는 것들)은 필연적 존재가 아니다. 그러나 비판가는 나아가 아무 것도 존재하지 않을 수도 없었다—즉 어떤 것이 존재한다는 것을 주장한다. 비록 존재하거나 존재가 가능한 모든 것이 우연적이라고 해도 말이다. 따라서 그 해결책은 왜 아무것도 없지 않고 어떤 것이 있는가의 물음에 대답하는 것을 제공하지만 범신론의 유사한 형태를 피하려고 한다. (대답은 이렇다. 아무것이 존재하는 것은 불가능하다). 그렇지만 불행하게도 비판가들에게 있어서 그 견해는 다른 문제와 마주한다. 비판가는 이제 우연적 존재들(질량의 파편들이 없는)이 존재하지 않아야 하는 것은 불가능하다는 주장—상당히 있음직하지 않는 것처럼 보이는 주장—에 대하여 어떤 설득력이 있는 논증을 만들어야 한다. 왜 우리는 세계가 질량을 포함하고 있지 않은 완전히 무여야 한다는 것을 받아들여야 하는가? 만일 비평가가 이 주장에 대하여 하나의 설득력 있는 논증을 만들어낼 수 없다면, 그의 반론은 무시될 수 있다. 문제는 그와 같은 논증이 앞으로 나올 가능성이 없다는 것이다. 어떤 질량이 존재하여야 한다고 생각할 좋은 이유가 없다. 물론, 만일 누군가가 실

우주론적 논증에 대한 현대 서구의 비평가들이 어떤 우연적 존재들이 존재하고 있다면 필연적 존재는 존재해야만 한다는 전제 (2)와 논쟁을 벌일 가능성이 더 많아 보인다. 왜냐하면 한 우연적 존재는 궁극적 원인으로서 한 필연적 존재를 요청하기 때문이다. 이 가정은 복잡한데, 두 가지 방식으로 거절될 수 있다.

첫째, 더러는 어떤 경우에 우연적 존재가 있다는 것이 원인이 있어서 일어나는 것이 아닐 수 있다고 주장할지 모른다.

둘째, 더러는 모든 우연적 존재가 자신의 존재를 위해 한 원인을 요구한다고 할지라도 거기에는 그것의 원인으로서 다른 우연적 존재(혹은 존재들)를 가지는 우연적 존재들의 무한한 연속성이 있다고 주장할지 모른다. 요약하자면, 우리는 어떤 우연적 존재들이 원인을 가지지 않거나 또는 거기에는 우연적 원인들의 무한의 연속성이 있다고 주장함으로써 전제 (2)를 거절할 수 있다.

첫 번째 혹은 "원인이 없다"는 주장에 대한 반론은 근본적으로 어떤 우연적 사물들을 설명할 수 없다고 주장하는 것이다. 우연적 사물들은 단순히 그냥 존재하고 있다. 우연적 사물들이 존재한다는 것은 종종 "맹목적 사실"이라고 부른다. 어떠한 우연적 존재가 있다는 것은 단순히 맹목적 사실이라고 주장하기 때문에, 우주론적 논증을 옹호하는 사람은 그것이 이치에 맞지 않다고 대답할 것이다. (이것을 주장하는 옹호자의 대답들은 일시적으로는 명백할지 모른다).

두 번째 대답―"원인들의 무한한 연속성"의 견해―은 약간 다르다. 왜냐하면 이 반론을 찬성하는 사람은 개개의 사물이나 모든

제로 존재하는 질량이 필연적으로 존재한다고 믿지 않는다면 말이다. 본문에서 논의되었던 그 견해는 정확히 범신론으로 이끌어갈 위험이 있다.

우연적 사물이 하나의 원인, 즉 어떤 다른 우연적 존재나 사물의 체계를 가지고 있다고 주장하기 때문이다. 연속성이 무한하다고 해서 개별적 존재나 사물의 원인이 존재하지 않는 것은 아니다. 우주론적 논증을 지지하는 사람은 무한한 연속성을 두 가지 방식으로 다룬다.

첫째, 그는 각자 또는 모든 개체적 우연적 사물이 하나의 설명을 갖는다는 점을 인정하지만, 설명되지 않은 사물은 연속성 전체의 존재라고 주장한다.

왜 우연적 사물의 무한한 연속이 없지 않고 거기에 존재하는가?

이것은 부분적인 논증에서 전체적인 논증으로서 우주론적 논증을 효과적으로 이끈다. 이것이 우주 전체의 우연성이 우주의 모든 부분의 우연성에서부터 타당하게 추론될 수 있다고 주장하기 위해서는 논증의 방어자를 요청한다는 것을 보여 준다.

그와 같은 논증을 찬성하는 사람을 위한 두 번째 선택은 무한한 연속성 견해에 의해 제시된 존재의 해석이 만족스럽지 않다고 주장하는 것이다. 이는 우연적 원인들의 무한한 연속성들이 결코 어떤 우연적 존재가 있다는 사실에 대하여 궁극적 설명을 제공하지 않기 때문이다. 우연적 사물 A는 우연적 사물 B가 존재하기 때문에 존재한다. 하지만 동시에 B의 존재가 우연적이기 때문에 B가 왜 존재하는가에 대하여 묻는 것은 자연스럽다. 이 물음이 대답될 수 없다는 점에서 우리는 A의 존재가 완전히 설명되지 않았다고 결론을 내릴 수 있다. 이것은 설명이 충분할 만큼 일반적이고 실제적인 목적들을 더할나위 없이 충족하지 못한다는 것이다. 그럼에도 그와 같은 설명이 어떤 면에서 불완전하다는 뜻은 아니다.

이것이 바로 우주론적 논증을 찬성하는 사람에게 있어서 무한한 연속성의 견해에 대한 오류를 발견하는 이유이다. 한 특정한 우연적 사물들의 존재를 설명하는 무한한 연속성을 추정하는 것은 최종적이고 결정적인 설명을 실제로 보여주지 않는다는 것을 인정하는 것이다. 이런 방식으로 무한한 연속성에 대한 견해는 똑같이 비원인적 견해(no-cause view)와 공유하고 있다는 사실을 실제로 나타낸다. 무한한 연속성의 견해와 비원인적 견해는 둘 다 우연적 존재들이 존재한다는 것—우연적 존재들을 선택하든 혹은 대체로 우연적 존재들의 전체적이고 무한한 연속성을 선택하든—이 어떤 결정적인 원인을 갖지 않는다고 주장한다.

그러므로 양자는 최종적인 본성에서 그와 같은 존재들이 존재한다는 하나의 완전한 설명을 보여주지 못한다는 것이 따라온다. 반면에 우주론적 논증을 찬성하는 사람은 충분 이유의 원칙(principle of sufficient reason)이라고 부르는 어떤 해석을 받아들인다.[11] 그는 거기에는 궁극적으로 온갖 독특한 우연적 존재 및 우연적 존재들의 완전한 연속성에 대한 타당한 설명이 있어야 한다고 주장한다. 우연적 존재들이 존재한다는 것—개별적이든 혹은 집단적이든—은 그러한 존재들이 스스로 그들의 존재를 설명할 수 없기 때문에 맹목적 사실로 이해되지 않는다는 점이다.

그러므로 우주론적 논증의 전제 (2)를 부정하는 사람은 충분 이유의 원칙을 부정하는 사람이다. 그는 (적어도 어떤) 우연적 사물들이 존재를 위한 궁극적 이유를 가지고 있지 않다고 주장한다. 우연적 사물들은 단지 그냥 존재한다. 다시 말하지만, 그 논쟁을 부정하

---

11 이 원칙의 포괄적인 취급과 변론을 위해서 Alexander R. Pruss, *The Principle of Sufficient Reason: A Reassessment* (New York: Cambridge University Press, 2006)을 보라.

게 되면 어떤 희생을 치르게 될 것이 분명하다. 우주론적 논증을 부정하는 전형적인 동기는 사람이 하나의 경쟁하는 형이상학적 체제, 말하자면, 자연주의를 선호하기 때문이다.

자연주의는 자연적 질서가 "그 자체로" 혹은 스스로 존재한다는 견해이다. 자연주의자는 우연적 존재가 있다는 것이 궁극적으로 맹목적 사실이라고 주장함으로써 우주론적 논증을 부정한다. 어떤 존재가 왜 있는지에 대한 예시적이고도 부분적인 설명들은 물론 다른 유한한 존재들에 비추어서 제시될 수 있지만, 왜 거기에 유한한 존재와 같은 존재들이 있어야 하는지의 이유를 제시하는 궁극적 설명이 주어지지 않는다는 사실이다. 이것이 자연주의자에게 붙여지는 일종의 댓가다.

만일 우리가 왜 거기에 어떤 존재들이 있느냐고 묻는다면, 자연주의자는 거기에는 이유가 없거나 그러한 질문에 답하는 것이 무의미한 것이라고 대답할 것이다. 어떤 자연주의자들은 후자의 입장을 받아들인다.[12] 다른 사람들, 특히 무신론적 실존주의자들 중 더러는 전자의 추론을 받아들인다. 장-폴 사르트르와 알베르 까뮈와 같은 작가들은 세계가 존재하는 어떠한 이유가 제시될 수 없다는 의미로서 부조리라고 묘사했다. 세상은 어떤 설명을 가져야 하는 사물의 형태라고 해도, 사실은 그럴수 없다는 것이다.[13]

우주론적 논증은 합리적으로 설득력이 가능한 논증인가?

어떤 사람에게는 그럴 수 있다. 대부분의 사람들은 우주 안에 있

12　Paul Edwards, "The Cosmoloigcal Argument," *Rationalist Annuel* (1959): 63-77, Rowe and Wainwright, eds, *Philosophy of Religion*, pp. 136-148에서 재편집.

13　Albert Camus, "An Absurd Reasoning," *The Myth of Sisyphus and Other Essays* (New York: Random House, 1955), pp. 3-48를 보라.

는 그들 자신의 존재를 포함하여 사물의 우연성이라고 부르는 강력한 경험들을 가져야 했다. 비록 유한한 사물들에 대한 우리의 익숙함이 정말로 경멸을 가져다 주거나, 아니면 적어도 그 사물들에 대한 경이로움이 사라질지라도, 대부분의 사람들은 존재하는 사물이 갑자기 어마어마한 신비로움—이 특이한 사물들이 존재하는 신비로움—으로 깨닫게 되는 경험들을 상기할 수 있다. 우리는 이것들을 "우주적 신비로움의 경험들"이라 부른다.

우주론적 논증에 대한 사람의 평가는 그 경험들이 어떻게 해석되고 평가되는가에 따라 크게 달라질 수 있다고 말한다. 만일 누군가가 그와 같은 경험을 무의미하고 사소하며 또는 비현실적이라고 일축해 버리면, 그는 사물들이 존재하는 이유에 대한 물음을 무의미하고 사소한 것이고 또는 비현실적인 것으로 일축해 버리는 것이다. 만일 누군가가 그와 같은 경험을 의미 있는 것으로 받아들이게 되면, 그는 우주론적 논증을 통해 제시된 물음이 의미가 있는 것이라고 수긍할 것이다.

우리는 왜 우주가 존재하고 있는가라는 물음을 의미심장하게 물을 수 있다. 여기에서의 논점은 인간들이 하나의 대답을 받아들이는 것이 옳은가—어떤 면에서 우주가 이해가 되는가—하는 문제일 것이다. 사실상, 이것은 충분 이유의 원칙이 참인가 하는 문제이다.

문제는 만족할만한 답을 가지고 있다는 사실을 입증할 방법이 없다는 데 있다. (물론 누구나 다른 상황 속에서도 충분 이유의 원칙을 거절하는 결과들로 받아들일 수 없음을 보여주려고 시도할지 모른다). 따라서 만일 "입증"의 의미가 사람들에게 합리적으로 설득하는 논증이라고 한다면, 우주론적 논증은 확실히 실패한다. 그러나 우주론적 논증은 신과 우연적 존재들 간의 관계에 대한 유신론적 견해를 강력하게 불러일으키는 것이라고 말한다. 왜 거기에 어떤 것이 존재하고 있는가 하는 물음을 의미가 있는 것으로 찾으려는 사람과 그런 물음에 만족할만한 대답이 없다는 사실을 기꺼이 받아들이려고 하지 않는 사람은 우주론적 논증이 설득이 있다는 것을 찾을지 모른다.

확실히 우주론적 논증은 유신론의 성격을 잘 이해하고 있고, 유신론이 경쟁하는 견해들로부터 어떻게 다른지를 이해하는 데에 도움을 준다. 신이 존재하는가의 문제는 스코틀랜드 북서부의 호수에 네스호(Loch Ness)라는 괴물이 존재하는가와 같은 물음이 아님을 알게 되는 데에 도움을 준다. 신에 대한 물음은 단지 다른 실재들에 대한 물음이 아니다. 대신에 신의 물음은 대체로 우주의 성격에 관한 물음이다. 우주론적 논증을 부정하는 것은 범신론이나 자연주의와 같은 경쟁적인 형이상학적 견해에 대한 연관성을 암시적으로 보여 준다. 궁극적으로 그와 같은 문제는 신의 존재가 증명될 수 있는가 하는 문제가 아니다. 유신론자는 유신론이 진짜로 우주를 이해하는 합리적인 방식이라는 확신을 정의하는 데에 그 논증이 도움이 될 수 있음을 발견한다.

우주론적 논증이 도달하려는 결론을 어떻게 제한할 것인지 되풀이하는 것은 가치가 있다. 우주론적 논증은 그 자체로 우주의 원인인 필연적 존재가 존재한다는 것을 보여주는 것처럼 보이기 때문이다. 이것이 신의 유신론적 개념에 대한 여러 핵심적인 요소들을 포함할지라도 분명한 것은 몇 가지 중요한 요소들을 무시하는 것이다. 그와 같은 결론은 신에 대한 많은 견해들과 양립한다.

그래서 그것이 성공적이라면, 우주론적 논증은 신의 지식 속으로 진입하여 쐐기와 같은 토대 그 이상을 이루지는 않을 것 같다. 만일에 누군가가 그와 같은 결론을 받아들인다면, 그가 받아들여야 할 적절한 태도는 확실히 신을 더 많이 배울 수 있게 할 것이다. 그런 사람은 어떻게 그가 신에 대한 추가적인 지식을 얻을 수 있는지에 대한 민첩한 반응을 보여주어야 한다.

3. 목적론적 논증

넓은 의미에서 목적론적 논증은 우주론적 논증이다. 목적론적 논증 역시 우주의 존재에서 시작하기 때문이다. 하지만 이 논증은 단지 우주의 존재로 시작하는 것뿐만 아니라, 질서정연한 세계로서의 우주의 특성으로 시작한다는 데 있다. 목적론적 논증은 종종 설계로부터의 논증(the argument from design)으로 간주되고 있다.

우주론적 논증과 마찬가지로 목적론적 논증은 고대 그리스에서 그러한 근원을 찾는다. 또한 중세시대에 신 존재를 증명하는 아퀴나스의 "다섯 가지 방식들" 중 다섯 번째 방식 속에 분명히 나타나 있다. 그런데 유명한 논증에 비추어서 보면 목적론적 논증이 절정을 이룬 시기가 18세기와 19세기 초였다고 보인다. 특히 한 유명한 해석은 영국 신학자 윌리엄 페일리(William Paley, 1743~1805)에 의해 전개되었다. 현대의 논의 가운데 목적론적 논증은 리처드 테일러, F. R. 테넨트 및 리처드 스윈번에 의해서 옹호되었다.[14] 특히 테넨트와 스윈번은 엄격한 연역적 입증으로서가 아니라 유신론의 개연성

---

14 Taylor, *Metaphysics*, pp. 109-115, Swinburne, *The Existence of God*, pp. 153-191, and F. R. Tennant, *Philosophical Theology* (Cambridge: Cambridge University Press, 1928-1930)를 참조.

을 보여주는 한 시도로서 목적론적 논증을 전개했다.

목적론적 논증은 자연 세계가 목적이 있는 질서나 계획을 보여주고 있으며, 따라서 자연 세계의 원인이 어떤 지성적 설계자가 존재한다는 것을 보여 준다.

그 논증에 대한 아퀴나스의 해석이 하나의 훌륭한 예이다.

> "다섯 번째 방식은 세상의 통치로부터 받아들여진다. 우리는 자연 천체들, 목적을 위한 행동과 같은 지식이 결여한 사물을 본다. 이것은 그들의 행동하는 것으로부터 자명하고 또한 동일한 방식으로 최상의 결과를 얻기 위해서는 거의 항상 자명하다. 따라서 사물들은 우연히 그렇게 놓여있는 것이 아니라 계획적으로 그들의 목적을 성취하는 것이 분명하다. 이제 지식이 결여한 것이 무엇이든지, 사물들이 지식과 지성으로 부여된 어떤 존재에 의해 방향되어지지 않았다면, 하나의 목적을 향해 움직여지지 않을 것이다. 마치 화살이 화를 쏘는 사람에 의해 움직이듯이 말이다. 그러므로 어떤 지성적 존재는 모든 자연적 사물을 그 목적대로 움직이도록 만들었고, 우리는 이 존재를 하나님이라고 부른다."[15]

여기에서 아퀴나스는 자연 속에는 어떤 목표나 목적(telos)을 위

---

15 토마스 아퀴나스의 "다섯 가지 방식들"은 그의 『신학대전』(Summa Theologica), 1, 2, 3권에서 발견된다. 이 부분은 여러 모음집들로 출판되었다. 여기에서 인용한 부분은 Rowe and Wainwright, eds., Philosophy of Religion, p. 128에서 발췌했다. 『신학대전』의 저렴한 간행물은 이미지 북스 출판사(Image Books Press)에서 출판하는 책을 이용할 수 있다. 이 출판사의 총편집자는 토마스 길비다.

해 수많은 사물들이 활동하고 있다고 주장한다. 그는 사례들을 제시하지 않지만, 사례를 제시하는 일은 그렇게 어려워 보이지 않는다. 이를테면, 대부분의 동물들은 자기 규제적 메커니즘으로 나타나고, 그들 자신의 존재를 보존하도록 계획되어 있으며 또한 그들 스스로를 재생산한다. 동물들의 수많은 신체들도 보다 특정한 목적이나 목표를 실현함으로써 대체로 그러한 목적을 달성하는 데에 기여한다. 호흡기관인 폐들(lungs)은 이산화탄소를 산소로 바꾸도록 설계되어 있고, 심장은 신체를 통하여 혈액을 내보내도록 설계되어 있다.

아퀴나스는 자연 속에서 설계를 다같이 암시하는 두 가지 특징들을 언급한다.

첫 번째 특징은 질서(order)다. 자연 속에 있는 사물들은 "항상 움직이거나 거의 일정한 방식으로 활동한다."

두 번째 특징은 가치(value)다. 자연의 질서는 좋은 결과를 가져온다. 우리는 이와 같은 질서를 이로운 질서(beneficicial order)라고 부른다. 분명히 아퀴나스는 지적 설계를 다루고 있는 이로운 결과를 성취하는 규칙적이고 질서정연한 과정이 그러한 증거라고 생각한다. 그가 말하기를, 이로운 질서는 우연히 발생하지 않는다.

아퀴나스는 어떻게 이 사실을 아는가?

이로운 결과를 가져오는 질서정연한 과정들은 왜 우연의 산물이 될 수 없는가?

테일러와 스윈번과 같은 목적론적 논증의 현대 옹호자들은 이러한 과정들이 우연에 의해 발생하는 것이 논리적으로 불가능하다는 사실을 인정해 왔다. 따라서 그들의 견해에 비추어보면, 목적론적 논증은 엄격한 연역적 입증을 통해서는 증명되지 못한다. 그렇지만 그 논증이 아마도 우연에 의해 그런 결과들이 발생하는 것이 가능하다고 할지라도, 그들은 그것이 있음직하지도 개연적이지도 않다고 주장한다.

따라서 목적론적 논증은 유신론이 일리가 있거나 개연적이라는 사실을 보여주는 좋은 방식이다. 다시 말해, 유신론은 우리가 관찰하는 증거에 대한 설명이 거의 그럴듯하다는 사실을 제공한다는 것이다. 이 같은 추론은 "최상의 설명에 대한 추론"[16]이라고 말한다.

이로운 질서가 우연의 결과가 아니라는 결정적인 주장을 옹호하는 방식(유일한 방식이 아닐지라도)은 우리의 경험을 유비적 실재에 호소하는 것이다. 시계와 사진기와 같은 복잡한 기계들은 자연의 사물들이 이로운 질서를 보여주듯이 똑같이 복잡한 종류들을 보여 준다.

우리는 이러한 기계들이 지적 설계의 결과라는 것을 알고 있고, 자연의 물체들이 이러한 기계들과 유비적이라는 결론을 유추하는 것은 타당하다. 즉, 자연의 물체들은 유비적 방식으로 아마도 설명이 가능할 것이다. 페일리의 유명한 논증은 이런 방식으로 전개하고, 데이비드 흄의 『자연종교에 대한 대화』는 목적론적 논증의 잘 알려진 진술을 유비의 형식으로 제시하고 있다. 흄은 그와 같은 논증에 대하여 강력하게 비판하는데, 그 중 얼마간의 비판들은 지금 살펴보려고 한다.

우주론적 논증과 마찬가지로 목적론적 논증이 자연의 전체로 시작하는 것과 자연의 부분으로 시작하는 것으로 구분될 수 있다고 언급하는 것은 가치가 있다.

전자는 전체로서의 자연이 하나의 목적론적 체계로서 이해되어

---

[16] 양쪽이 개연적 추론의 형태를 전개하고 있다고 해도, 2장에서 논의되었던 귀납적 추론과 더불어 최선의 설명에 대한 추론을 혼동하지 않는 것은 중요하다.

야 한다는 것을 보여주기 위한 시도이다. 후자는 그것의 출발점으로서 자연 속에 있는 특정한 목적론적 체계의 존재를 취급한다.

"전체적" 유형이 갖는 논증의 장점은 결론을 자연 전체의 원인을 보여주는 존재가 분명히 있다고 말하는 것이다. 전체적 유형에 대한 단점은 전체로서의 우주가 어떤 목적이나 목표를 지향하고 있음을 보여주는 것이 어렵다는 데에 있다. 우주가 목표를 지향하는 것처럼 보일 수는 있지만, 실상은 그렇게 보이지 않는다. 그러므로 "부분적" 유형의 논증이 오히려 변론하기가 훨씬 쉽다.

그런데 만일 우리가 주의하지 않는다면, 그 논증은 구성적 오류를 범할 수 있는데, 즉 구성적 오류는 자연 전체의 원인에 대한 추론을 자연의 어떤 부분들의 특징에 대한 관찰로부터 끌어올 수 있다는 것이다. 우리가 보겠지만, 그러한 오류는 논증을 통해 보여주는 최상의 설명에 대한 추론 방식의 이유를 회피한다. 하지만 그런 관심들은 결론의 가능성에 대해 문제를 제기할지 모른다.

이제 목적론적 논증의 몇 가지 해석들을 형식화하여 그러한 해석들의 장점들과 단점들을 고려해 보자. 매우 단순한 해석은 아래와 같다.

(1) 자연 속에 이로운 질서의 수많은 예들이 존재한다.
(2) 이로운 질서는 지적 설계자의 결과로 가장 잘 설명된다.
(3) 그러므로 자연은 아마도 지적 설계자의 결과다.

그와 같은 결과는 두 가지 이유에서 개연적이라고 보인다.

(1) 자연 전체에 대한 추론은 자연의 부분들에 대한 관찰로부터 끌어온다.

(2) 이로운 질서가 지성으로만 올 수 있다는 것은 분명치 않다.

이 논증에 대한 대부분의 비판들은 전제 (2)에 초점을 맞추고 있다. 우리는 설계자의 활동으로서 자연의 이로운 질서가 존재한다고 설명해야 하는가?

이 논증의 대안적 형식은 그 비판을 다른 어떤 방향으로 눈을 돌리게 한다. 예를 들어, 목적론적 논증은 다음과 같이 기술될 수 있다.

(1) 자연은 설계의 수많은 예증들을 내포한다.
(2) 설계된 사물들은 어떤 설계자의 결과다.
(3) 그러므로 자연은 아마도 어떤 설계자의 작품이다.

이 형식은 두 번째 전제를 사실상 논리형식 때문에 참이라고 인정하는 동어반복의 명제(tautologous)를 주장하지만, 비판가는 첫 번째 전제의 진리에 이의를 제기할지 모른다.

자연 속에 있는 설계의 외형이 진짜 설계인가?

아니면 그것이 단순한 외형적 설계인가?

첫 번째 전제가 "자연은 외형적 설계의 많은 예들을 내포하고 있는" 것처럼 읽는다면, 자연의 진리는 부정할 수 없는 것처럼 보인다. 하지만 이 같은 논증은 타당하지 않을 것이다. 그와 같은 결론―자연이 한 설계자의 작품이다―은 전제들에 의해서 주어지는 것이 아니다. 이는 자연 속에서 우리가 찾는 이로운 질서가, 아퀴나스의 표현처럼, 단순히 "우연한" 것이 아니라는 것을 어떻게 알 수 있는가 하는 문제를 들어내기 때문이다.

언급했듯이, 목적론적 논증에 대한 해석은 이 문제로부터 정면으로 맞선다. 예컨대, 우리는 다음과 같이 논쟁할 수 있다.

(1) 자연의 물체들은 그것들의 부분들이 다같이 어떤 목표나 목적을 성취하려는 한에서 사람이 만든 기계들과 유사하다.
(2) 사람이 만든 기계들은 지적 설계의 결과다.
(3) 유비적 효과들은 유비적 원인들을 가지는 경향이 있다.
(4) 그러므로 자연 속에 있는 물체들은 아마도 지적 설계와 상당히 유사한 결과다.

우리가 이것에서부터 이해하듯이, 유비에 호소하는 것은 자기-함유적 논증을 만들 수 있다. 대안적으로 여기에 호소했던 내용들은 우리의 원래 논증에서 논의의 여지가 있는 두 번째 전제를 지지하기 위해 전개될 수 있다. 일반적으로 목적론적 논증에 대한 비판들은 두 진영으로 양분될 수 있다.

첫 번째 진영은 지적 설계가 우주의 질서를 설명하는 데 불필요하다고 주장함으로써 목적론적 논증의 장점들을 공격하는 이러한 비판들을 포함한다.

두 번째 진영은 목적론적 논증이 추론하는 지적 설계가 유신론의 신과 동일한가의 문제를 제기하면서 논증의 종교적 가치에 초점을 맞추고 있다.

두 진영의 비판들은 흄의 『자연종교에 대한 대화』에서 제시된 고전적 진술들이다.

첫 번째 흄의 공격 유형을 생각해 보자.

흄은 유비적 형식으로 목적론적 논증을 주로 살핀다. 따라서 그의 비판 중 대다수는 자연적 질서와 인간이 만든 기계의 유비가 가진 장점에 초점을 맞추고 있다. 하나의 비판에서 그는 우주가 너무 이례적이라고 해서 그것의 원인에 대한 가설들을 세울 수 있는 하나의 현상이라는 주장에 반대한다.[17]

우리가 주장하는 우주는 경험하지 못하기 때문에 우주의 원인에 대한 대안적 가설을 시험하는 방법이란 존재하지 않는다. 그렇지만 만일 흄이 바로 이것을 비판한다면, 유비로부터의 논증은 어떠한 가치도 갖지 못하게 된다. 만일 유비적 추론, 즉 이 경우에 우주가 직접적인 경험을 반복하지 않는다면, 흄은 사실상 어떤 유비를 신뢰할 수 없다고 주장할지 모른다. 하지만 만일 우리가 그런 직접적인 경험을 했다고 한다면, 유비적 추론은 불필요하다.

그런데 더욱 심각한 반론은 우주의 질서에 대한 대안적 설명들이 가능하다는 것이 흄의 주장이다. 아마도 우주 안에서의 질서는 어쩌면 물질 속에 나타날지 모른다.[18] 아마도 우주의 질서가 실제로 맹목적인 기계적 과정들의 결과이기 때문이다.[19] 흄이 다윈보다 앞서 있었다고 해도, 우리가 다윈의 진화론에 비추어서 생각해 보면, 흄의 반론은 전적으로 영향력이 있어 보인다.

자연주의적으로 해석했던 다윈주의 진화론은 유신론적 설명에 경쟁적인 우주의 질서에 대한 설명을 제공하고 있다. 다윈주의의 해석에 관해서는 자연의 질서에 대한 사실들—예를 들어 피조물들이 그들의 환경에 너무나 잘 적응하거나 피조물의 기관들이 상호 의존적이므로—은 무작위 변이와 "적자생존"의 원리에 의해 설명된다.

---

17 David Hume, *Dialogues Concerning Natural Religions*, ed. Norman Kemp Smith (Indianapolis: Bobbs-Merrill, 1947), pp. 148-50.
18 Ibid., pp. 146, 174.
19 Ibid., pp. 182-85.

세심하게 조사하지 않아도 기본적인 생각은 이것이다. 무작위 변이에 대한 어떤 설명은 자연 속에서 발생하고 있다는 것이다.

현대의 용어로 말하면, 이 변이가 일어나는 한가지 공통적인 방식은 성적으로 재생산하는 유기체가 그들의 자손에게 유전적 자원을 전달할 때에 유전적으로 재결합하는 것이다. 변이가 발생하여 한 피조물이 그것의 경쟁자들에게 어떤 경계를 제공할 때, 그것은 번식기에 생존하려고 할 것이고, 따라서 적합한 변화(유전자 구성으로 부호화된)를 자식에게 전달할 수 있을 것이다. 오랜 시간을 거쳐 설계하여 나타나는 변화는 기계적으로 설명될 수 있다. 진화론은 분명 다른 어떤 것보다 더욱 인기있는 이론이다. 진화론은 전통적인 목적론적 논증의 신뢰성을 훼손해 왔다.

진화론의 도전에 대응하는 세 가지 대답들이 가능하다.

첫 번째 대답은, 더러는 "무에서부터"의 신의 창조가 우월한 과학적 설명을 제공한다고 주장하면서 진화론 그 자체를 직접적으로 공격하는 것이었다. 이 대답은 "창조 과학"의 가르침을 진화에 대안으로서 옹호해 왔던 사람들의 입장이다.

두 번째 대답은 하나의 진화 과정이 일어났다고 인정한다고 해도, 그 진화 과정이 순수하게 기계적으로 설명되거나 이해될 수 있는 것이 아니라고 주장한다. 우연 변이와 자연 선택은 진화된 질서를 설명하기에는 부적절하다. 대신에 어떤 점에서 지적 설계에 의해 어떤 것이 이끌어져왔던 과정을 이해하는 것이 적어도 더 개연적인 것처럼 보인다.

세 번째 대답은 다윈주의나 신다윈주의의 타당성을 우주의 질서에 대한 과학적 설명으로서 인정하지만, 하나의 최종적인 설명이 요구하는 것인지는 여전히 의문시하는 부분이다. 만일 어떤 결과—말하자면 구두를 생산하는—를 얻으려고 갈망하는 한 사람이 그 결과를 달성하기 위해 기계를 설계하려면 두 가지 설명들이 가능하다. 하나는 기계의 작동에 비추어서 구두의 외형을 기계적으로 설명할 수 있다. 그러나 물론 그 기계가 작동하는 것처럼 작동되어야 하고, 기계는 그 결과를 달성하는 수단이다. 기계는 그렇게 돌아가도록 설계되었다. 따라서 기계의 설계자의 목적에 비추어보면, 결과가 그런 방식으로 작동되어진다는 보다 완전한 설명은 타당하고, 기계가 그것의 이로운 결과를 달성하는 것은 우연이 발생하지 않는다.

유사한 방식으로 목적론적 논증의 옹호자는 진화 과정이 기계적 과정이라고 해도 진화 과정은 단순히 지적 설계자인 신이 그의 목적들을 구체화하는 수단이라고 말한다. 진화 과정이 정말로 일어난다면, 자연 법칙들이 행하는 것처럼, 그 진화 과정은 작동에 따라서 일어난다. 이러한 자연 법칙들은 궁극적 결과가 이로운 질서를 스스로 갖는 질서의 분명한 예이다.

그러므로 목적론적 논증의 옹호자는 진화가 우주의 이로운 질서를 결코 감소시키거나 그 질서를 설명할 필요가 없다고 주장한다. 오히려 진화는 우리에게 복잡성과 독창적인 수단을 이해하게 만들어준다. 그로 인해 설계자인 신은 그의 목적들을 구체화한다.

세 번째 대답과 같은 것을 평가해 볼 때, 우리가 던질 수 있는 질문은 우주의 기본 질서—자연 속에 있는 명백한 설계를 야기하기 위해 작동해 왔던 자연 법칙(만일 진화가 참이라면)—가 맹목적 사실인가 하는 것이다. 자연 법칙과 물리적 상수들(즉, 전자의 장, 빛의 속도, 플랑크의 상수들 등)은 우연적인 것이 확실해 보인다. 그러한 것들은 차이가 있다.

그러면 왜 우리가 행하는 그 법칙을 가지고 있는가?

목적론적 논증을 비판하는 사람은 어떠한 설명을 제시할 수 없다고 주장하는 것처럼 보인다. 그러나 목적론적 논증을 지지하는 사람에게 있어서 그런 법칙들이 단순히 맹목적 사실들이라고 말한다고 해서, 그것이 독단적이고 개연적이지 않은 것처럼 보인다.

이론 물리학의 최근 발전은 이 목적론적 논증을 옹호하는 사람의 불신을 확증하는 것처럼 들린다. 물리학자들은 어떤 면에서 이제 우주가 어떠했는지를 측정할 수 있고, 여러 가지 법칙들이나 물리적 상수들이 서로의 차이를 보였다는 것을 보여 준다. 그들이 우리에게 말해 주는 것은 확고한 가치들이 미세하게 차이가 있었다면, 생명의 출현—진화 혹은 다른 인식할 수 있는 자연 수단들을 통해—은 인식하기가 불가능해 왔다는 점이다.

사실상, 생명의 출현을 가능하게 하는 그런 가치의 결합체를 가짐으로서 단순히 활동하는 유일무이한 우주의 기이함은 미세할 정도로 아주 작다. 이런 이유에서 우주는 "미세 조정된"(fine-tuned) 것처럼 보인다. 즉 우주는 우리 자신들과 같은 살아 있는 존재들의 (궁극적) 출현을 위해 의도적으로 설계되었다는 것이다. 미세-조정 논증은 설계로부터의 논증에 대한 논의를 부활시켰는데, 많은 사람들이 다윈의 진화론을 결정적으로 잠재울 수 있는 대안으로 여겼던 논증이다.

하지만 이 "새로운" 설계 논증을 비판하는 사람들은 아무런 반응을 보이지 않고 그냥 넘어가는 사람들이 아니다. 그들 중 더러는 생명의 "올바른" 가치를 갖기 위해 단순히 발생한 하나의 우주의 가능성이 정말로 매우 작다고 지적한다. 하지만 그들은 자연 및 물리 상수들의 다른 법칙들과 함께 매우 많은—아마도 무한히 많은—실제적인 우주들이 있다면, 누군가가 적어도 우주에 생명을 출현하도록 허용하는 "올바른" 조합을 가져야 하는 것이 거의 불가피하다는 것도 지적한다.

물론 우주는 우리 자신의 우주다. 이 가능성이 내포하고 있는 여러 방식들이 있다. 아마도 우주의 역사는 빅뱅의 영원한 순환일 수 있다. 빅뱅은 뒤이은 우주를 위하여 법칙의 다른 체계 및 물리적 상수들을 임의적으로 발생하는 개개의 빅뱅과 더불어 궁극적으로 큰 파열을 통하여 만들어졌고, 그것은 다시 다른 빅뱅 등에 의해 허용되면서 또 다른 빅뱅(큰 파열)을 만들었다. 그리고 우리가 살고있는 우주는 아마도 법칙들의 특정체계와 물리적 상수들로 인하여 인과적으로 또는 시공간적으로 독립된 우주들의 무한한 수 가운데 하나라고 이해한다. 그래서 이러한 가능성들이 배제될 수 없었지만, 설계 논증은 결론이 나지 않은 채로 여전히 남겨 두고 있는 문제이다.[20]

그렇지만, 설계 논증이 결론을 도출할 수 없다고 말하는 것이 합리적으로 설득적인 힘을 가지고 있지 않다고 말하는 것은 아니다. 다시 말해, 설계로부터의 논증—어떤 훌륭한 유신론적 논증과 마찬가지로—은 그 논증의 결론을 거절하게 되면 지불해야 할 희생이 크다는 사실을 보여 준다. 이 경우에 무신론이 지불을 강요해 왔던 그 값은 이것인데, 그가 사실 한 두 가지 형식으로 다른 물리적 법칙들이나 상수들과 함께 무한한 수의 현실적 우주들이 존재하고 있다고 주장해야만 한다는 것이다.

언뜻 보기에 공격적으로 주장하는 것 외에도 이 견해의 문제는 경험적 증거에 의해 입증되지도 않고, 현재까지 적어도 가장 이론적

---

20 "새로운" 설계 논증의 훌륭한 논의와 이 논증에 반응하는 유형을 위해서 Peter van Inwagen, *Metaphysics*, 3rd ed. (Boulder, Colo.: Westview Press, 2009), pp. 169–208를 보라.

이라는 데 있다. 자연주의자에게는 더 심각한 문제가 있는데, 자연주의자는 전형적으로 자기 자신을 스스로 철저한 과학적 견해를 주장하고 있다는 자만심을 드러낸다. 자연주의자는 경험적 지지가 없으면서 수용하고 그리고 이념적 추론들(특히 그의 자연주의를 유지하려는 욕망)에 의해 고무되면서 수용하는 물리적 세계를 주장한다.

이런 방식으로 목적론적 논증은 자연주의자에게 맹목적 믿음을 과학이라고 속이는 일종의 "신앙고백"을 강요하도록 밀어붙인다. 이것이야말로 그들이 정말로 지불해야 하는 큰 희생이다.

더욱이 다중 우주 이론(the many-universe theory)을 지지하기 위해서는 본질적인 경험적 증거가 있다고 한다면, 미세-조정 논증은 상당한 효력을 가지게 될 것이다. 이것이 대부분의 있음직한 다중의 우주에 근거하고 있기 때문에 그럴 수 있다. 그러나 이 견해에도 작동할 수 있는 "다중 우주의 발생자"에 대한 조건들이 있어야 하는 사례를 가져야 한다. 그런데 우리가 묻는 것은 선호하지 않는 다른 조건들이 있어 왔던 것(다수의 우주들이 있을 수 없다는 경우)에서 이 선호하는 조건들도 왜 그 장소에 있는가 하는 것이다.

설계에 호소하기 위해 필요한 설명조차도 다중 우주의 가설의 어떤 해석의 문제를 분명히 남겨두고 있다는 것이다.[21] 그래서 목적론

---

21 이 견해에 대하여 더 보려고 하면, Robin Collins, "Evidence for Fine-Tuning," *God and Design: The Teleological Argument and Modern Science,* ed. Neil Manson (Milton Park, U. K.: Routledge, 2003), pp. 178-199를 참조하라. 더 인기 있는 논제는 Robin Collins, "A Scientific Argument for the Existence of God: The Fine-Tuning Design Argument," *Reason for the Hope Within,* ed. Michael Murray (Grand Rapids: Eerdmans, 1999), pp. 47-75에서 발견된다. 또한 노틀담 대학교에서 행한 러시아-앵글로 아메리카 학회에 발표하는 논문인 Del Ratzsch, "Saturation, World Ensembles, and Design," *Faith and Philosophy* 22, no. 5 (2005): pp. 667-686를 참조하라.

적 논증이 결론적이지 않을지라도, 목적론적 논증을 생각하는 모든 사람들에게 합리적으로 설득하면서 어떤 설계자의 가설이 가능하다는 것을 보여주려는 시도로서 이해되게 된다면 상당히 효과가 있다는 하나의 결론을 내린다.

두 번째 흄의 공격은 무엇인가?

우리가 앞서 언급했듯이, 흄은 종교적 근거에서 목적론적 논증을 반대하고 있다. 그는 목적론적 논증이 유신론의 신이 존재한다는 것을 실제로 보여주지 못한다고 말한다. 세계의 설계자는 여러 방식으로 기독교, 유대교 및 이슬람교의 신과 유사하지 않을 수 있다. 설계자는 힘과 지식 혹은 선함에 있어서 정말로 전능하지 않을지 모르지만, 그는 다양한 방식에서 제한적인 존재인지 모른다.[22] 정말로 흄이 말하듯이, 설계자는 유일한 존재가 아니라 여러 존재들 중 한 존재인지 모른다.

유신론의 가정은 흄이 고려하는 "유한한 신(들)보다 더 개연적"이라고 주장함으로써 리처드 스윈번은 이러한 반론에 답했다. 왜냐하면 유신론이 좀 더 단순하기 때문이다.[23] 우주의 질서를 유지하는 자연법칙이 보편적이라는 사실은 수많은 원인보다는 한 원인을 가리킨다. 스윈번은 비록 제한된 힘이긴 하지만, 무한한 힘과 지식을 가진 신을 가정하는 것이 더욱 단순하다고 말한다. 하나의 제한된 신의 가설은 왜 이 존재가 힘과 지식의 양을 가지는가의 문제―답할 수 없는 문제―를 필히 제기할 것이다.

---

22 Hume, *Dialogues Concerning Natural Religions*, pp. 165-169. 흄도 설계자가 설계에서 불완전하기 때문에 전적으로 선하지 않을 것이라는 것을 반대한다. 우리는 이 문제를 악의 문제를 다루는 7장에서 고려할 것이다.
23 Swinburne, *Existence of God*, pp. 145-147를 보라.

그러나 스윈번이 옳다면, 흄의 반론은 처음부터 개연적이었던 논증의 결론에 대한 확실성을 축소할 것이다. 그런데 이것은 우주론적 논증과 마찬가지로 목적론적 논증도 신이 매우 제한적임을 보여주고 있다. 그 논증을 받아들였던 합리적인 사람도 그러한 신의 존재에 대하여 그다지 만족하지 않을 것이다. 하지만 그는 신에 대하여 더 많이 배우려고 할 것이다. 만일 이 목적론적 논증이 성공할 수 있다면, 자연신학은 가능한 특별계시와 종교경험으로부터 얻을 수 있는 신의 구체적인 지식을 제공할 수 있다고 가정한다.

그렇지만, 어느 정도까지는 우주론적 및 목적론적 논증들의 결점들은 서로 제거할 수 있다. 우주론적 논증은 우주의 원인인 한 필연적 존재가 존재해야만 한다고 결론을 내지만, 이 원인이 표면적으로 인격적이어야 한다는 점은 보여주지 못한다. 목적론적 논증도 우주의 원인이 지적인 존재여야 하고, 따라서 그 존재가 인격적이라는 것을 보여주려고 시도한다. 하지만 그 논증은 표면적으로 그 존재가 바로 필연적 존재여야 한다는 것을 보여주지 못한다. 분명히 이 두 논증들은 서로 보완적이고, 그러므로 서로 분리된 논증들로서가 아니라 유신론의 개연성을 위한 일반적인 경우로서 이해될 수 있다.

물론 어떤 사람은 이 두 논증들의 결론들이 서로 다른 존재들을 언급하고, 그래서 다같이 이용될 수 없을 것이라고 주장할지 모른다. 여기에서 우리는 스윈번의 생각으로 대답할 수 있는데, 이것은 그럴듯하지 않은 것보다는 논리적으로 가능한 것처럼 보인다. 자연질서의 모든 사물에 책임이 있다는 것은 구석구석 스며있는 독특하고 특유한 성격에 궁극적으로 책임이 있지 않을 것이라고 추측하는 것은 억지로 갖다 붙인 것처럼 보인다.

그럼에도 불구하고, 만일 누군가가 목적론적 논증이 모든 사람들에게 합리적으로 설득력이 있다는 의미에서 신 존재를 위한 증명을 제시할 수 있는가를 묻는다면, 그 대답은 확실히 부정적이다. 그러나 그 결론은 아마도 "증명"이라는 개념에 의해 설정된 높은 기준—아마도 너무 높아 유신론에 대한 증명이 원리적으로 달성될 수 없는—을 단순히 보여 준다. 아마도 이런 점에서 철학의 중대한 주장들은 증명될 수 없을 것이다. 만일 이것이 사실이라고 해도, 신 존재 증명에 대한 실패가 확실히 무신론에게 문제가 되는 것은 아니다.

4. 도덕론적 논증

도덕론적 논증을 구성하는 근거는 철학적으로 모든 실재와 진리의 근원이 "선의 이데아"여야 한다는 플라톤의 확신에까지 소급해 가며, 종교적으로는 도덕적 의무들이 우리에게 신의 요구와 연관된 것에 비추어서 이해되어야 한다는 성경적 가르침에 까지 소급해 간다. 도덕론적 논증은 철학자들 사이에서는 별로 인기있는 논증이 아니다. 하지만 이 논증은 다른 어떤 사람들보다도 아마도 "일반인들"(비철학자들)에게 보다 설득력을 보여주는 논증이다. 많은 사람들은 여전히 양심의 소리를 신의 소리로 여긴다.

비철학자들이 좋아하는 것과는 달리 철학자들 사이에서 그렇게 인기가 없는 이와 같은 논증은 강력한 비판을 받고 있지만, 사실은 그렇지 않다. 철학 안에서도 유행들이 생겨났다가 사라지곤 한다. 그래서 어떤 논증이 현재에 인기가 없다는 사실은 그 논증 자체가 매우 중요하지 않다는 의미는 아니다.

그런데 만일 신이 존재하고, 그리고 인간 존재들이 신에 대해 아는 것이 중요하다면, 신은 그를 알고 싶어 하는 일반 사람들에게 이해될 수 있어야 한다. 도덕론적 논증이 진리의 놀라운 증거가 아님에도 불구하고, 숙련되지 않은 비전문적인 사람들에게 종종 설득력이 있다는 것은 확실히 그러한 주장을 반대하지 못하게 한다.

칸트(Kant)는 18세기 후반에 도덕적 논증의 유형을 발전시켰다. 하지만 그의 논증은 다양한 방식 가운데 독특한 방식이다.[24] 칸트는 도덕성의 존재가 유신론적 진리의 이론적 증거가 아니라 오히려 합리적이고 실천적 존재로서 도덕의 의무 아래에 있는 인간 존재의 상황이 신의 존재를 가정하려면 그와 같은 인격이 필요하다고 주장했다.

기본적인 생각은 이것이다. 즉 우주 안에 있는 도덕적 이상들을 실현하려고 시도하는 것은 적절하지 않고, 또한 도덕적 이상들의 결과들이 달성된 법칙들은 도덕성과는 무관하다는 것이다. 합리적 도덕의 행위자는 도덕적 노력의 영역으로서 우주를 이해하여야 하고, 그래서 도덕적 실재는 자연의 질서를 초월해 있다고 믿어야 한다.

요약하면, 우리가 도덕적 우주 안에 살아가고 있다면, 도덕을 행하기 위해서는 이성의 요구에 주의하는 것이 합리적이다. 또한 신이 존재한다면 우리가 도덕적 우주 속에 살아간다는 생각은 이해가 된다. 따라서 우리는 신을 믿는 믿음에 대한 합리적—그것들이 이성의 요구로부터 일어나는 "합리적"—이성을 소유하고 있다.

도덕적 논증의 발전된 이론적 해석은 19세기 후반과 20세기에 유행했다. 가장 유행했던 도덕론적 논증은 영문학 교수출신인

---

24 칸트의 논증과 구조에 대한 구체적인 논의를 보려면, C. Stephen Evans, *Subjectivity and Religious Belief* (Washington, D. C.: University Press of America, 1982), pp. 15-73 참조.

C. S. 루이스의 변증론적 작품 속에 발견되는데, 그는, 다른 작품들에서도 마찬가지이지만, 『순전한 기독교』(Mere Christianity)라는 그의 작품에서 도덕론적 논증을 전개했다.[25]

목적론적 논증과 마찬가지로 도덕론적 논증은 추론의 방식으로 최상의 설명을 제공하기 위해 신 존재를 위한 한 논증으로서 잘 제시되었다. 기본적인 생각은 신의 존재가 분명한 사실이라는 것, 즉 이 경우에 도덕적 의무의 현실성을 가장 있음직하고 개연적인 설명으로 제공할 수 있다는 것이다. 간단한 해석은 아래와 같다.

(1) (아마도) 신이 없다면, 객관적으로 구속력이 있는 도덕적 의무들은 존재하지 않을 것이다.
(2) 객관적으로 구속력이 있는 어떤 도덕적 의무들이 존재한다.
(3) 그러므로 (아마도) 신이 존재한다.

많은 사람들은 도덕론적 논증이 설득력이 있다고 생각하지 않는다. 이는 그들이 객관적으로 구속력이 있는 도덕적 의무들이 존재하지 않는다고 주장함으로써 전제 (2)를 부정하기 때문이다. "A라는 사람은 그가 유익하지 않는 경우에도 진리를 말해야 할 의무가 있다"와 같은 명제들은 다양한 방식으로 물론 해석될 수 있다. 더욱 인기 있는 견해들 중 하나는 문화적-상대주의(cultural relativism)의 견해이다.

문화적 상대주의는 사회적으로 동의하고 또 동의하지 않는 것에 비추어서 도덕적 의무들을 해석한다. 모든 사회는 특정한 행동들에

---

25 C. S. Lewis, *Mere Christianity* (London: Collins, 1955), pp. 15-38.

대하여 인정하기도 하고 인정하지 않기도 한다. 인정하는 것과 인정하지 않는 것은 젊은이들에게 이러한 행동들을 "옳음"과 "그름"으로 생각하도록 훈련함으로써 표현한다. 옳고 그름의 행동들은 한 문화에서 다른 문화에 이르기까지 차이가 있다. 그러므로 신의 존재(혹은 그의 요구들)를 위해 설명할 수 있는 초월적 도덕적 의무들은 없다. 도덕성은 전적으로 인간 문화의 산물에 불과하다.

문화적 상대주의는 심각한 문제들과 맞딱뜨린다.

첫째, 도덕적 상대주의자는 상이한 문화들 가운데서 발견된 상대주의의 정도를 과장한다는 데 있다. 전세계에 걸쳐서 문화의 기본적인 도덕 신념들에는 널리 알려진 유사점들이 있다. 특히 누군가가 도덕적 불일치로 나타나는 많은 경우에 실제로 비도덕적 사실들과 불일치하고 있다는 것을 깨닫는데, 이것은 사실이다.

두 문화들은 가족의 구성원들을 죽이거나 먹는 행위는 나쁜 일이라고 동의할지 모른다. 하지만 어떤 문화(사랑하는 죽은 소가 환생한다고 믿는 사람)에서는 소를 도살하여 먹는 행동을 한다면 죽음을 각오해야 한다고 믿지만, 다른 문화에서는 죽음을 각오해야 할 필요가 전혀 없다고 믿는다.

따라서 어떤 문화는 소고기를 먹은 것이 불멸한다고 여기는 반면에, 다른 문화에서는 전혀 그렇지 않다고 여긴다. 이런 경우에 사랑하는 동물을 죽이고 먹는 것을 허용할 것인가의 도덕적 쟁점에 관해서도 일치하지 않는다. 하지만 (어떤 다양성에 대한) 환생이 진리인지의 사실적 쟁점에 관해서는 도덕적으로 논의할 수 있다.

더 많은 부분을 언급하자면, 문화들 가운데서도 도덕적 불일치들이 있다는 것은 도덕이 널리 만연해 있는지를 간주하지 않고서 객관적 도덕적 진리가 존재한다는 사실은 따라오지 않는다. 문화 X는 행동 A가 옳다고 말하는 반면에, 문화 Y는 행동 X가 잘못이라고 말한다는 것을 가정해 보라.

왜 우리는 A가 객관적으로 옳지 않고 객관적으로 잘못이라고 말하지도 않는 이 사실에서부터 결론을 내려야 하는가?

어떤 문화는 옳고 어떤 문화는 잘못이라고 추론하는 것이 합리적인가?

대신에 두 문화가 다 잘못이고, 두 문화가 부분적으로 옳을 수도 있다. 어느 경우이든 도덕적 신념과 실천에서 나타나는 상대성은 도덕적 진리가 상대적이라는 사실을 뜻하지 않는다.

문화적 상대주의에 대한 가장 심각한 문제는 문화들을 도덕적으로 평가하기에는 불가능하게 만든다는 것이다. 문화보다 더 높은 도덕적 기준이 없기 때문에 한 특정 문화가 영아살해, 인종차별 혹은 집단학살을 허용한다고 해도, 우리는 그러한 행동들이 부도덕하다고 비난할 수 없다. 혼란스러운 이러한 사실을 이해하는 것은 나치 독일과 같은 문화를 떠올리게 한다.

히틀러—나치 문화의 기준들 내에서 행동했던—가 부도덕하지 않았다는 주장을 누가 받아들일 수 있을까?

또한 문화적 상대주의는 도덕적 진보의 개념을 불가능하게 만든다. 도덕적 진보의 개념은 다른 실천들보다 더 나은 어떤 실천들이 참으로 가능하다는 사실을 전제로 한다.

둘째, 우리가 부정하는 또 다른 유행하는 방식은 더욱 극단적 상대주의인 개인주의적 상대주의(individual relativism)를 수용하는 일이다. 이 개인주의적 상대주의의 견해는 개인들이 옳다고 받아들이는 것이 무엇이든지 그에게는 그것이 참이라는 사실이다. 이론적으로는 차이를 보이지만, 동일한 실천적 결과를 가지는 한 특정한 견해가 있는데 그 견해가 바로 윤리적 정서주의(ethical emotivism)이다. 정서주의자는 실제적인 (객관적으로 구속력이 있는) 도덕적 의무들이 존재하지 않는다고 말한다. 어떤 한 사람이 한 행위가 잘못이라고 말할 때, 그는 사실을 말하고 있는 것이 아니라, 그 행동에 대한 그 사람의 개인적인 정서나 태도를 표현하고 있다는 것이다.

상대주의나 정서주의의 어떤 형식을 일관적으로 실천한다고 주장하는 것은 상당히 어렵다. 실제적인 도덕적 의무들은 존재하지 않는다. 하지만 대부분의 사람들에게 도덕적 의무들은 다른 어떤 사람들에 의해 잘못되어졌을 경우에 그런 행동이 정말로 잘못이라고 어쩔 수 없이 믿는다고 말하기가 쉽지 않아 보인다.

어떤 사람이 당신에게 찾아와 아무런 이유없이 당신을 악의적으로 조롱한다면, 그 사람은 당신에게 잘못을 범한 것처럼 보이고, 그가 그렇게 행했다는 것은 하나의 객관적 사실이다. 당신을 찾아왔던 사람이 그런 행동을 잘했다고 생각하여 그런 행동이 그에게 옳은 행동이라고 말한다면, 그것은 옳지 않다. 그런 행동은 분명히 잘못된 것이고, 그 사람은 이 사실을 깨달아야 하고 자신의 행동에 대하여 뉘우쳐야만 한다. 비록 그가 그런 정서를 느끼지 않는다고 해도 말이다. 만일 그를 찾아온 사람도 그가 방문하여 그것을 보게 된다면 동일하게 그의 행동이 잘못이라고 지적하게 될 것이다.

이제까지 우리는 "객관적으로 구속력이 있는 도덕적 의무들이 있다"는 전제 (2)를 부정함으로써 도덕론적 논증을 비판하는 이러한 견해들을 검토해 보았다. "(아마도) 만일 신이 존재하지 않는다면, 객관적으로 구속력이 있는 도덕적 의무들이 없을 것이다"라는 전제 (1)은 어떤가?

사르트르와 같은 어떤 비유신론자들은 도스토예프스키의 『카라마조프가의 형제들』에서 "만일 신이 존재하지 않는다면, 모든 것이 허용된다"고 말한 등장인물 이반(Ivan)에 동의하면서 이러한 전제를 받아들인다. 사르트르는 신이 없다면 객관적 도덕적 의무들도 없을 것이라고 말하고, 따라서 개인주의적 상대주의의 한 형태로 나타나는 개인들의 사적인 선택들에서 도덕성을 근거짓는 것에 동의한다.

아무튼 다른 비유신론자들은 전제 (1)를 기꺼이 허용하지 않을 것이다. 예를 들어, 자연주의적 인본주의는 신이 없다고 해도 도덕적 의무들은 존재할 수 있다는 사실을 보여주려고 시도한다. 이러한 시도는 두 가지 방식으로 말해졌다.

(1) 사람은 도덕적 의무의 존재가 설명이 필요없는 궁극적 사실이라고 그저 주장할 수 있다.
(2) 사람은 도덕적 의무들을 위한 자연주의적 설명을 제공하기 위하여 시도할 수 있다.

후자가 더욱 인기 있는 대안이다. 자연주의자들이 도덕성을 설명해 왔던 대안적 방식들을 간략하게 보여주는 것은 불가능하지만, 일반적인 견해들 중 세 가지 견해가 있다.

첫째, 도덕적 의무들은 자기 관심에 근거되어 있다.
둘째, 도덕적 의무들은 자연적 본능 속에 근거되어 있다.
셋째, 도덕적 의무들은 진화의 결과로서 설명되고 있다. 우리는 순서대로 이러한 견해들을 간략히 살펴보려고 한다.

첫 번째 견해는 기본적으로 도덕성이 "보상하는" 요구를 강조하는 견해다. 사람은 도덕적이어야 한다. 왜냐하면 사람은 자신의 관점에서 도덕의 관심을 드러내는 인격적 존재이기 때문이다. "왜냐하면"이라는 말이 여기에서는 중요하다. 그러한 주장을 포함하는 수많은 대안적 견해들은 도덕적이라는 것이 실제로 자신의 최선의 관심 속에 있지만, 사람이 왜 도덕적이어야 하거나, 혹은 도덕적 의무들이 근거라는 것을 부정한다. 이러한 견해에서는 사람이, 예컨대, 자애로와야 하고 정직해야 한다.

만일에 어떤 사람이 다른 사람에게 잔인하거나 부정직하다면, 결국에는 그들에게 그것에 상응하는 값을 치루게 한다. 누구에게나 이러한 한 값을 치루어야 할 일들이 일어나기를 원치 않기 때문에, 그는 다른 사람들이 원하는 것을 존중하여야 한다. 이 견해에는 두 가지 결정적인 문제를 내포하고 있다.

첫째, 사람의 도덕적 의무에는 자기 자신을 위한 순수한 유익의 결과로 가능한 볼 수 없는 행위처럼(추측해 보면, 사후의 삶을 믿지 않는 자연주의자들이 하는 것처럼), 적어도 자신의 생명을 드리는 것과 같은 어떤 희생을 요구하는 어느 정도의 사례들이 있는 것처럼 보인다. 그래서 흔히 도덕성이 보상한다고 할지라도, 항상 보상하는 것은 아니다.

둘째, "이기심" 혹은 "자기-관심"의 견해에서부터 따라오는 것은 누군가가 다른 동료에게 항상 도덕적이 되기를 갈망해야 한다는 것은 아니다. 누군가가 도덕적인 문제를 피할 수 있다고 확신할 때, 그는 그의 도덕적 의무들을 무시한다.

더러는 도덕성이 자기 자신을 위해 보상하지 않지만, 도덕성은 모든 사람들에게 최선을 다하는 것에 근거되어 있다고 생각한다. 그러나 그것도 도덕성의 일부에 불과하다. 도덕성이 모든 사람들에게 선에 근거되어 있다고 말하는 것도 도덕성에 대한 설명이 아니라 혼란스러운 설명을 필요로 하는 도덕성이 무엇인가에 관한 진술이다.

내가 가진 한 개인의 도덕적 의무는 내 자신을 위해 단지 최선을 다하는 것이 아니라 모든 사람을 위해 최선을 다해야 하는 것인가?

두 번째 자연주의적 입장은 타인들을 위한 동정심을 느끼는 충동과 같은 자연적인 본성들에 근거된 도덕적 의무가 다른 사람을 돕기 위해 필요하다는 것을 보여주려는 시도이다. 분명 그런 본능들은 존재한다. 하지만, 어떻게 그러한 본능들이 존재한다는 것이 도덕성의 적절한 설명이 될 수 있는가 하는 문제는 이해하기가 어렵다. 본능들이 있는 "자연적인" 것 또는 일반적인 것에도 불구하고, 거기에는 본능들이 존재한다. 그것은 행동하기에는 (예를 들어 인종차별에 대한 본능과 같은) 비도덕적인 것처럼 분명히 보인다. 사실, 대부분의 사람들은 그들의 강력한 본능들을 억제해야 한다고 요구하는 것처럼 도덕적 의무를 경험하는 듯하다.

이처럼, 다른 본능들은 (모든 순간적인 고통이나 불안을 느끼는 자신의 아이들을 보호하고자 하는 본능과 같은) 전적으로 좋지도 않을 뿐만 아니라 전적으로 나쁘지도 않은 것처럼 보이고, 결과적으로 비판적 성찰이 한 특정한 경우에 그것들이 따라오게 하는지를 결정하도록 요구한다.

그러나 만일 본능을 평가하는 지고한 어떤 기준이 없다면, 어느 본능들이 도덕적이고, 어느 본능들이 비도덕적인지, 또는 어느 본능들이 주어진 상황에서 그렇게 행동하는 것이 타당하다고 보는 것인지, 아니면 다른 본능들이 타당하지 않는 것인지를 분류하는 근거는 존재하지 않는다. 그런데 그런 기준을 허용하는 것은 자연적 본능들이 문제가 되는 그 이론을 포기하게 하는 도덕성의 궁극적 근거가 아니라는 것을 인정하는 것이다.

도덕성을 설명하기 위해 자연주의자들이 시도하는 세 번째 방식은 진화론에 호소하는 것이다. 아주 간결하게 말하자면, 이 생각은 이렇다. 진화발달의 과정에서 인간 존재들이 친절하고, 이타적인 행동을 하는 등의 "의무"가 있었다는 특이한 개념들을 가지고 있었고, 그러한 개념들을 가진 인간 존재들이 자연선택의 과정 속에서 이타적으로 행동하는 이유가 경쟁하는 것보다는 생존하는 것이었기 때문이다. 이런 방식으로 진화는 도덕적 신념들이 널리 퍼져있다는 것을 설명할 수 있다고 여겼다. 그런 이타적인 신념들을 가진 사람들은 더욱 생존하고자 하였다. 그러나 진화가 어떻게 현실적으로 의무를 지닌 사람들을 설명할 수 있는지 이해하기가 쉽지 않다.

사실, 이 진화론을 받아들였던 사람은 현실적인 도덕적 의무들의 존재를 매우 일관적으로 부정했다. 그렇게 부정하는 사람들은 도덕론적 논증의 두 번째 전제를 부정하고, 따라서 그 도덕론적 논증의 결론을 피하기 위해 첫 번째 전제를 부정할 필요는 없다. 그렇지만, 이런 경우에 그들은 상대주의자처럼 여러 동일한 문제들과 마주하게 될 것이다.

그런데 도덕론적 논증의 핵심은 자연적 우주에는 도덕적 의무들이 존재하고 있다는 것을 매우 이상하다고 생각한다. 궁극적으로 시간, 우연 및 물리적 입자들의 산물인 세계에서 그런 사물들이 어떻게 도덕적 의무들로 이해되었는가?

아마도 자연주의자의 가장 강력한 대답은 도덕적 의무들이 다른 맹목적 사실이라고 단순히 주장하는 것이다. 그러나 이것도 확실히 자연주의 우주 속에 있는 맹목적 사실의 이상한 종류가 있는 것처럼 보인다. 수많은 유신론자들의 판단에는 도덕적 진리들이 존재한다는 것이 설명되어야 할 필요가 있지만, 자연주의의 설명도 그렇게 타당하게 설명되지 않는다고 주장한다.

그러나 신의 존재가 도덕적 의무들의 현실을 설명한다고 생각하는 것은 정확히 어떤 방식인가?

어떻게 이 이상한 부분이 제거되거나 축소되는가?

여기에서 유신론자들은 다양하게 대답한다. 가장 두드러진 대답들 중 하나는 특히 프로테스탄트 기독교인들 가운데 있는 대답으로서 도덕적 의무들이 신의 명령들 속에 근거되어 있다고 대답한다. 그 대답은 도덕적 명령을 내리는 신이 없다면, 도덕적인 의무들은 없을 것이다. 신명론(divine command theories)은 두 가지 일반적인 방식으로 전개되었다. 더욱 의욕적인 방식은 도덕적 선함과 도덕적 의무의 현실을 다같이 신의 명령들 속에 근거지우는 것이다. 이 견해는 여러 심각한—또는 연관된—반론들에 의해 포화를 맞았다.

우선, 신의 명령들이 독단적인 것으로 나타난다는 것이다. 신은 옳은 것을 우리에게 행하도록 명령할 수 없는데, 이는 그 명령이 옳지도 않을 뿐만 아니라 선하지도 않기 때문이다. 옳음과 선함의 질적 요소들은 신의 명령하는 행위에 의해서 결정된다. 따라서 이 견해는 신이 이웃을 미워하거나 살인하는 것보다 그 이웃을 사랑하도록 명령할 이유를 가지고 있지 않다는 것을 암시한다. 선함과 옳음이 똑같이 존재한다면, 신은 그 옳음이나 선함을 명령해야만 한다.

따라서 신은 어떤 것을 명령하는 도덕적 이유들을 결여하고 있다. 그의 명령들은 독단적이다. 그런데 더욱이 이것은 신이 어떤 것을 단지 명령함으로써 도덕적으로 의무적 어떤 행동—재미를 느끼기 위해 살인을 하거나 고문을 가하는 행위—을 절대적으로 행할 수 있었다는 것을 암시한다. 마지막으로 그와 같은 견해도 신의 선함을 유치하게 만든다. 이는 신이 자신이 행하거나 명령하려고 선택한 것을 문제삼기 위해 완전히 선함에 어떤 권한을 줄 것으로 보이기 때문이다.

그런데 신명론에 대해 더 변론할 수 있는 해석은 설명하고자 시도하는 데에 있어서 덜 의욕적이어야 한다는 것이다. 현대의 많은 신명론자들은 신이 명령하는 한 행위가 자신의 행위를 선하게 만든다—그 행위가 신의 명령들과는 독립적인 속성을 갖는다—고 주장한다. 하지만 그들은 명령이 도덕적으로 인간을 위한 의무(obligatory)라고 주장한다.

신은 선한 것이 무엇인지를 알고 우리에게 명령한다. 즉 그가 우리에게 무엇을 행하도록 명령하는 것은 이전에 선이라고 여겼던 것을 행하도록 우리에게 명령을 요구하고 있다는 것이다.[26] 따라서 신명론에 대한 이 같은 해석은 우리가 완전한 가치론을 이해하기 위해 선함의 어떤 독립된 이론에 의해 보완되어야 할 필요가 있다.[27]

또 다른 유신론자들은 신이 우리에게 옳은 것을 행하도록 명령한다는 것에는 동의하지만, 신명론을 도덕성에 대한 설명으로는 거부한다. 대신에 그들은 도덕성이 어쩌면 사물의 본성 속에 근거되어 있어야 한다고 주장한다. 유신론적 인간본성론에 따르면, 우리의 의무들을 이해하기 위해 우리는 인간의 목적을 이해하여야 한다. 즉 유신론적 용어로 표현하자면, 인간의 목적은 창조된 피조물들을 위한 신의 의도된 목적이다. 인간 존재는 우리가 신에 의해 창조되었던 방식에 따라서 (즉 신의 형상대로 지음을 받은 존재에 비추어서) 본래적 가치(intrinsic worth)를 가지고 있다.

결과적으로 인간 존재들이 취급해야 하고—또 취급되어야 하는—특정한 방식들이 있다. 다른 사람들에게 우리가 행할 도덕적 의무들은 개인적으로 또는 집단적으로 우리에게 달성하도록 허용하고 고무

---

26 Robert M. Adams, *Finite and Infinite Goods: A Framework for Ethics* (New York: Oxford University Press, 1999), pp. 231-276.
27 Adams, *Finite and Infinite Goods*의 1장인 "God as the Good," pp. 13-49를 참조.

하는 것에 의해 규정된다. 신은 도덕적 속성들과 함께 우리를 창조했다. 단순히 인간본성을 주의 깊게 성찰함으로써 우리가 어떻게 다른 사람들을 대하여야 하는지에 대한 신의 의도들을 분별할 수 있다.

원칙적으로 우리의 도덕적 의무들은 인간본성을 완전하고도 정확하게 묘사한 것에서부터 "읽어낼 수" 있다. 그렇지만 많은 사람들의 합리적 속성들이 다소 제한적이라는 사실—일반적으로 인간의 도덕적 속성들이 부분적으로 신에 의해서 부패되었다는 사실을 언급하지 않는—에 비추어서 신은 명령의 형식으로 이러한 수많은 의무들을 우리에게 보여주었다. 그러나 이 견해에서 신의 명령들은 우리가 도덕적 의무들을 야기하는 것보다는 이전에 행해야 할 의무가 무엇인지를 단순히 우리에게 보여 준다.

각 견해에는 좋은 점들이 많다. 예를 들어, 신명론은 각자의 의무들—타자들보다는 어떤 특정한 사람이나 집단을 결속하는—을 설명할 수 있는 장점들을 가지고 있다. 이는 신이 명령들을 내림으로써 단순히 나타나는 새로운 의무들을 가져올 수 있다는 것을 허용하고, 신이 그렇게 결정한다면 어떤 명령들의 범위들을 제한할 수 있기 때문이다.

인간본성론이 그런 의무들을 받아들일 것인지는 의문스럽다. 그러나 인간본성론들은 독립적으로 신이 내리는 어떠한 명령들에 앞서 우리를 결속하는 도덕적 의무들을 설명하는 장점을 가질지 모른다. 예를 들어, 이것은 복제와 같은 현대 윤리적 쟁점들에 관한 논의에서 상당히 유용한지 모른다. 이는 신이 우리에게 제시한 어떤 특정한 명령으로 되돌아갈 수 없는 의무들의 현실을 주장하는 자료들을 제공하기 때문이다.

신의 도덕성을 근거지우는 다른 많은 방식들도 가능하다. 모든 사람은 도덕적 의무들의 현실이 우주 안에서 이해될 수 있다는 것에 동의할 것이다. 즉 궁극적 실재는 인격들이 비인격적 힘의 중요하고 최근의 부산물이 있는 우주 속에서 행하는 도덕적 인격이라는 것이다. 도덕성의 많은 부분들은 단순히 인격들의 가치와 중요성을 존중하는 문제이고, 궁극적으로 "인격적"인 우주 속에서 더욱 합리적인 것처럼 보인다.

우리가 논의해 왔던 다른 논증과 마찬가지로 도덕론적 논증은 확실히 그것을 생각하는 모든 사람들에게 합리적으로 설득되는 것은 아니다. 분명히 우리는 상대주의가 거짓이라는 것을 결론적으로 보여주지 못했을 수도 있고, 자연주의자가 도덕적 의무들에 대한 설명을 제공하는 것이 불가능했을 수도 있다. 그러나, 다시 말하지만, 도덕론적 논증은 적어도 윤리의 어떤 견해들을 주장하는 사람들에게는 적어도 설득력을 갖는다는 사실이다.

또한 도덕론적 논증의 결론은, 거듭 말하지만, 우주론적 및 목적론적 논증들의 결론을 더욱 상호보완적일 수 있다고 지적하는 것도 가치가 있다. 도덕적 의무들에 대한 근거를 제공하는 신은 도덕적 존재, 즉 도덕적 가치들의 실현에 깊이 관심을 가진 존재로서 이해되어야 한다. 이것은 다른 두 논증들로부터 추론되기는 어려울 수 있다.

5. 결론: 유신론적 논증의 가치

위의 논증들을 살펴보면서 우리는 어느 논증들이 모든 사람들에게 합리적으로 설득력이 있는가 하는 의미에서 신 존재의 성공적인 증명이 될 수 있을 것인지는 판단할 수 없다는 결론을 내린다. 그와 같은 논증들이 특정 사람에게 합리적으로 설득력이 있는가의 문제는 각 경우에 어떤 중심적인 전제나 전제들을 기꺼이 받아들여야 하는가에 달려있다. 한 전제나 전제들은 자명하지도 절대적으로 확실한 것도 아니다.

반면에 우리는 이러한 논쟁적인 전제들 중 어떤 논증에 대해 더 많은 것을 말할 수 있고, 여러 사람들은 그 논증들을 진리로 알고 주장하거나 적어도 그 논증들을 대안적인 것보다 더욱 합리적인 것으로 볼 수 있다고 주장한다. 그 논증들은 개인적으로 또는 집단적으로 그것의 경쟁자들과 적어도 상대적인 유신론의 합리성을 위한 하나의 경우를 주장할 수 있었다고 보인다.

만일에 이러한 결론들이 맞다면, 그 결론들은 의미가 있다. 그렇지만, 그 결론들의 의미가 과장되지 않아야 한다. 어떤 사람에게는 개혁주의 인식론이라고 불렀던 두드러진 반대 견해를 선호한다. 개혁주의 인식론은 자연신학의 논증들이 종교적 신념들을 정당화하기에는 불필요한 논증이라고 주장한다. 우리는 개혁주의 인식론에 대한 논의를 8장에서 검토하게 될 것이다.

비록 자연신학이 종교적 신념을 정당화하는 데에 본질적인 역할을 한다고 판명될지라도, 자연신학은 여전히 신의 본성과 행함에 대해 많은 것을 배우는 데에는 상당한 제한성이 있다는 문제와 마주한다. 이러한 논증들에 의해 획득한 신의 빈약한 지식에도 만족해 사람은 너무 쉽게 만족할지 모른다. 다른 제한성은 자연신학이 크게 이론적이라는 데 있다. 그것은 신에 대한 신념들, 즉 명제적 신념들로 이끄는 것처럼 보인다. 그런 논증들의 근거 위에서 우리는 신이 존재한다고 믿게 된다. 하지만 우리는 대부분의 종교가 신에 대한 믿음(8장에서 이 부분에 대하여 더욱 언급하겠지만)을 말하는 데에 가치

있는 개인적인 믿음 같은 것을 자동으로 요구하지 않는다.

    그런데 자연신학은 유신론의 합리적인 변론을 입증하기에 유익하지만, 이론적 추론과 가설의 단계에서 작용하며 스스로 신의 실재를 발견하는 수단으로는 다소 부족해 보인다. 만일 우리가 신에 대하여 직접적인 경험을 했거나, 아니면 신이 어떤 특별한 방법으로 인간들에게 자신을 계시했다면, 우리는 아마도 신의 더 구체적인 지식과 마찬가지로 신에 대한 살아 있는 믿음을 더욱 확실하게 알게 될 것이다. 자연신학의 가장 위대한 철학적 옹호자들 중 한 사람인 아퀴나스는 자연신학의 가치에 대해 다음과 같이 평가한다.

> "만일 우리가 신의 지식에 개방하는 유일한 방식이 이성의 방식이라면, 인간은 무지의 가장 어두운 그림자들 속에 남겨지게 될 것이다. 특히 인간들에게 완전하고 선한 것을 부여하는 신의 지식이 소수의 사람들에 의해 소유하게 될 것이고, 이 소수의 사람들이 신의 지식에 도달하기 위해서는 많은 시간을 요구할 것이다."[28]

    따라서 자연신학의 제한은 우리에게 종교경험과 특별계시―이제 우리가 관심을 가지게 되는 문제―를 생각하게 한다.

---

[28] Thomas Aquinas, *On the Truth of the Catholic Faith* (Summa Contra Gentiles I. 4) (Garden City, N.Y.: Dobleday, 1955), pp. 67-68.

제4장

종교경험

유신론적 신념의 합리성에는 다양한 방법들이 있다. 어떤 사람은 신에 대한 신념 체계를 세계종교들의 좀더 구체적인 신념으로부터 어떤 특정 종교의 진리와는 독립적으로 존재하는 핵심적인 신념에서 장점을 찾으려고 한다. 이것은 근본적으로 자연신학에 관한 기획이다. 그렇지만, 이것은 또한 기독교의 진리나 다른 특정 종교를 믿는 결과로서 어떤 사람이 신을 믿는 것이 가능한 것처럼 들린다.

어떻게 이러한 종교경험들이 일어나는가?

기독교, 유대교 및 이슬람교는 모든 인간 존재들—적어도 그들 중 더러는—이 그들에게 신을 가르치는 신의 경험들 혹은 특별한 체험을 강조하는 종교들이다. 예언자들과 다른 성자들 및 성녀들이 신—꿈, 소리, 영감을 받은 말들—과 대면했다. 신을 인식하는 이 두 번째 방법을 고려하기 위해서는 종교경험과 특별계시, 그리고 그것과 연관된 주제들을 검토하는 것이 필요하다. 우리는 4장과 5장에서 이 문제를 살펴볼 것이다.

1. 종교경험의 유형들

종교경험의 주제는 독특하거나 신비로운 체험들에 대한 생각에만 한정할 수 없다고 이해하는 것이 중요하다. 신을 진정으로 믿는 사람들은 종종 그들이 그들의 일상적인 삶 속에서 지속적으로 "신을 대면하고 있다"고 느낀다. 더러는 거의 모든 면에서 "영적으로" 경험하는 것처럼 보이기까지 한다. 매일의 양식은 은총과 같아서 감사함으로 받아들인다. 질병은 시험이나 형벌의 형태로서 기꺼이 받아들인다.

종교적 확신이 경험의 전체를 알릴 수 있는 방식을 강조하기 위해서는 종교경험의 차원뿐만 아니라, 경험의 종교적 차원을 말하는 것도 도움이 된다. 어떤 사람들에게는 경험의 종교적 차원이 중요하게 보인다. 아마도 거기에는 거의 모든 사람의 경험에 대한 보다 작은 종교적 차원이 존재하기 때문일 것이다. 우주론적 논증이 설득력이 있다고 생각하는 사람은 그들이 지고한 힘에 의존하고 있다고 선포하면서 이 세계의 유한한 사물들을 근본적으로 우연이라고 느낀다.

목적론적 논증이 설득력이 있다고 생각하는 사람도 선함과 아름다움이 우발적으로 일어난 것이 아님을 깨닫고 목적을 가진 실재로서의 자연을 질서정연한 것으로 느낀다. 도덕론적 논증이 설득력이 있다고 생각하는 사람의 경우에도 객관적 의무 아래에 자신을 놓음으로써 어떤 상황들을 인식하여 유한한 인간과 지고의 인격 사이의 관계를 연관지음으로써 "도덕적으로 책임을 지닌 존재"로 해석한다.

그러나 우리가 경험의 종교적 차원이라고 불렀던 것 외에도 거기에는 적절하게 "종교적"이라고 불렀던 독특한 경험들이 있다. 실제로 다양한 경험들의 상당한 종류는 "종교적인" 것으로 묘사되고 있다. 그런 경험들을 유용하게 분석하여 제시되기 전에, 상이한 종류의 몇 가지 경험들이 열거되어야 어떤 종류의 경험들을 이야기하고 있는지 합리적으로 분명하게 알 수 있다.

개별적 경험들은 신적 경험과 결합하는 종교경험의 한 종류이고, 신과 자기 자신 간의 구별을 경험하는 것 사이에는 또 하나의 중요한 구분이 있다. 많은 사람은 자발적으로 혹은 오래된 훈련과 훈육의 결과로서 온갖 것들을 강조하는 신중한 연합을 인식하고 경험하는 것처럼 여긴다. 때로는 이 연합이나 하나됨이 완전하고도 절대적인 것으로 이해된다. 일상 경험의 부분인 구별과 차이가 없어지거나, 아니면 완전히 실재적인 것보다 덜 한 것—심지어는 완전히 환상적인 것—으로 인식한다. 따라서 이와 같은 연합이 궁극적 실재, 즉 진정으로 신적인 것으로서 간주한다.

절대적 일원론(absolute monisim)을 지지하는 사람은 근본적으로 모든 것이 이 유일한 실재의 한 부분이고, 특히 한 개인의 정신이나 의식이라고 주장한다. 힌두교의 경전인 『우파니샤드』의 표현처럼, "당신과 나는 하나이다." 신과의 연합을 경험하는 것이 계시적이고 해방적인 것으로 이해된다.

어떤 사람은 범신론적 혹은 범재신론적 종교들 안에서 현저하게 나타나는 그런 경험들을 기대할 것이고, 그리고 이것은 사실이다. 그런데도 그런 경험들은 항상 일원론적으로 혹은 범신론적으로 해석되지 않는다. 유신론도 인간 자아를 포함하여 신이 존재하는 모든 것을 강조하는 단일한 실재라고 믿는다. 정통 유신론자들은 신과 다른 사물들 간의 연합이 결코 완전하거나 절대적이지 않다는 단서와 더불어 그런 경험들을 신에 대한 체험들로 해석하려는 경향이 있다.

힌두교 안에서도 신이나 브라만을 진정한 의미에서 그들과 하나라고 할지라도 그의 피조물과 절대적으로 동일시할 수 없는 궁극적이고 인격적 실재로 이해하는 두드러진 사상가들이 있다.[1] 또 다른 유신론자들은 경험의 절대적이고 단일한 유형을 신의 경험으로서가 아니라 온갖 특정한 성질들을 벗기는 순수한 자아나 의식처럼 영혼의 정신으로 해석하기도 한다.

신과 연합하는 경험은 때때로 "신비적 체험"으로 묘사되고, 신의 구별성이나 타자성이 강력하게 표면화하는 경험과 대조가 된다. 후자의 경험 종류가, 루돌프 오토(Rudolf Otto)의 용어를 사용하자면, 초자연적이고 신비한 체험인 "누미노스"(numinous)로 묘사된다. 오토는 그의 『성스러움의 개념』(The Idea of the Holy)에서 그런 경험을 전통적인 표현으로 제시했다. 다른 사람들은 보다 넓은 의미에서 경험의 두 종류들을 단일적 신비주의와 유신론적 신비주의로 묘사하면서 "신비주의"(mysticism)라는 용어를 사용하고 있다.

우리는 누미노스의 경험이 하나됨의 어떤 의미를 필연적으로 배제하지 않는다는 것을 강조해야 한다. 경험의 누미노스 유형에서 지배적인 요소가 신의 위대함과 신과의 관계성에서 자기 자신의 무가치함이나 불결함을 인식한다고 할지라도, 누미노스 경험은 자신과 신의 밀접한 관계라는 의미를 포함하고 있다. 오토는 스스로 경험의 모호한 성격을 강조한다. 신은 두렵고 매혹적인 실재이면서 동시에 경외와 두려움과 같은 것, 또는 욕구의 대상으로 보고 있다.

고전적인 예는 지고하고 전능한 여호와에 대한 이사야의 환상—

---

1   라마누자(Ramanuja)의 사상이 하나의 훌륭한 예가 된다. 이 쟁점에 대해 언급하는 라마누자에 관한 논의를 위해서 Peter A Bertocci, "The Logic of Creationism, Advaita, and Visishtadvaita: A Critique," *The Person God Is* (New York: Humanities Press, 1970), pp. 223-37와 Stuart C. Hackett, *Oriental Philosophy: A Westerner's Guide to Eastern Thought* (Madison: University of Wisconsin Press, 1979), pp. 157-178를 참조하라.

전율을 느꼈던 이사야가 "화로다! 나는 망하게 되었도다. 나는 입술이 부정한 사람이요"(사 6: 5)라고 소리쳤던 그 환상―에서 찾을 수 있다.

아마도 우리는 일반적인 용어로 종교경험을 신의 의도된 의식으로 단순히 특징지을 수 있다. 종교경험의 전형적인 요소들은 세 가지로 특징짓는데, 신과 연합(union)의 의미, 신에 대한 의존(dependence)의 의미 그리고 신으로부터 구별(separateness)의 의미이다.

범신론적 및 단일적 신비의 경험들은 이러한 요소들 가운데 첫 번째 요소를 강조한다. 일반적으로 유신론적 경험은 한 요소가 지배적이라고 해도 세 가지 요소를 모두 다 포함하고 있다. 따라서 유신론자들은 지배적 주체가 신과 하나됨의 의미라는 신비적 경험으로 이해한다. 유신론자들은 또한 지배적인 주체가 매혹적 실재이면서도 두렵고 경외의 대상으로 인식되는 신과의 완전한 분리의 의미인 누미노스 경험들로도 이해한다.

이 구분은 결코 엄격하고 심오한 것이 아니다. 사실, 가장 "일상적인" 유신론의 종교경험은 전형적으로 체험의 "연합하는" 측면이 한 절대적 연합을 단일적으로 해석하지 않을지라도 아마도 신비적이면서도 누미노스적 요소들을 동시에 포함하고 있다. 대신에 유신론자는 사랑과 헌신으로 연합된 두 인격 사이에서 가능한한 신과의 경험된 연합을 향유한다고 주장한다. 그러나 이 같은 연합은 죄성을 지닌 피조물과 절대적으로 성스러운 존재 사이에 있는 거대한 간격이 있는 것과 마찬가지로 인간과 신, 피조물과 창조자 사이에 넘을 수 없는 거대한 간격이 존재한다고 인식함으로써 적법성을 갖는다.

우리의 주된 목표가 유신론적 유형을 가지고 있는 종교들의 합리성에 관한 것이기에, 본서에서 우리는 유신론적 유형의 경험에 관해 따라오는 것에 초점을 맞출 것이다. 절대적 일원론자의 경험은 흥미로운 연구 주제이면서도 상당히 어려운 주제이기도 하다. 이는 일원론자가 너무나 빈번히 그의 경험이 설명과 분석을 무시한다고 주장하기 때문이다. 어떠한 경우에서든 신비주의의 특징인 "일자"(oneness)에 대한 경험은 다양한 해석들, 즉 유신론과 양립하는 해석들이 가능한 것처럼 보인다. 신비주의 유형의 경험이 유신론을 그것과 경쟁하는 세계관에 맞서 정당화하기 위해 사용될 수 있을 것 같지 않지만, 그렇다고 그런 경험들이 유신론적 신념들의 합리성을 강조할 수는 없었을 것 같다.

유신론적 경험을 논의할 때 보다 일상적인 경험들로부터 표면적으로 드러난 초자연적이고 기적적인 경험들을 구분하는 일은 더욱 유용하다. 많은 사람들은 그들이 신을 알게 되었다고 받아들인 경험들로 환상을 보았다거나 소리를 들었다고 주장한다. 다른 사람들은 동정녀 마리아나 어떤 성자들 또는 천사들을 보았거나 그들의 소리를 직접 들었다고 주장하기도 한다. 이러한 경험들은 특정한 문제를 일으킨다. 하지만 여기에서 우리는 "유신론적 일상의 경험들"이라고 부르는 것에 초점을 맞출 것이다.

2. 경험을 이해하는 두 모델

유신론적 경험을 분석하기 전에 우리는 우선 어떤 것에 대한 경험의 의미가 일반적으로 무엇인지를 더 명확하게 할 필요가 있다.

"경험"이란 용어는 일상적 사용에서 매우 정확하거나 분명한 것은 아니다. 경험이라는 말은 가끔 사람이 자기 자신과 독립하여 존재하는 어떤 실재를 인식하는 하나의 사건으로 묘사하기 위해 사용한다.

"수잔은 사무실에서 과장이 말하는 것을 들었다"와 "짐은 감독이 문을 나서는 것을 보았다"와 같은 문장들은 이런 의미에서 경험의 전형적인 예들이다. 그러나, "경험"이란 용어는 또한 사람의 주관적인 정신 상태나 심리적 과정을 묘사하기도 한다. 말하자면, 경험이 사람과 별도로 존재하는 어떤 것에 의해 원인이 되기도 하고 그렇지 않기도 한다. 이러한 말의 사용에서, 감독이 문을 나서는 것을 목격한 짐의 경험이 그의 정신 역사의 부분으로 발생하는 청각적이고 시각적인 사건들의 체계를 구성한다.

"경험"이라는 용어의 두 번째 사용을 묘사할 때, 어떤 사람이 경험했다고 말하는 것은 그가 경험한 것이 어떤 독립된 실재를 알고 있다는 것을 암시하지 않는다. 이러한 사실을 언급하는 것은 매우 중요하다. 따라서 짐이 감독을 "보고 있다"는 경우에 짐이 하나의 환영(幻影)을 보고 있다면, 그의 경험은 정상적인 지각의 경우에서처럼 주관적으로 동일할 수 있다. 여기에서 "경험"은 객관적으로 대응하지 않고 일어나는 주관적인 이미지나 감각을 가리킨다.

어떤 경험들은 분명 이런 방식에서 주관적인 것처럼 들린다. 꿈은 주관적 경험들의 전형적인 예이다. 꿈과 같은 경우에는 경험이 어떤 정신과 독립해 있는 실재를 나타내지 않는 정신적인 사건이다. 공정하게 말해, 이러한 경우들은 논쟁을 일으키지 않는다. 흥미로운 경우는 사람이 객관적으로 또는 독립적으로 존재하는 어떤 것을 인식하는 것처럼 보일 때이다. 이 때 그의 주관적 사건들은 어떤 객관적 실재를 나타내려고 의도하고 있다.

"경험"의 용어에 대한 두 번째 사용을 묘사할 때, 어떤 철학자들은 결코 외부 세계의 인식이나 직접적인 만남을 갖지 않는다고 주장해 왔다. 어떤 사람은 나무를 볼 때, 그가 정말로 본 것은 실제로 보이는 나무가 아니라 그의 두뇌를 통해 적절한 감각에 입력된 결과로서 형성된 감각이나 이미지의 체계를 보게 된다. 이처럼 주관적 이미지는 물리적 세계에서 실재하는 나무를 표상하는 데에 알맞게 되어 있다.

경험을 이렇게 바라보는 방식을 우리는 표상적 모델(the representational model)이라고 부를 것이다. "경험"의 다른 측면을 묘사하는 이 같은 대안적 견해는 직접적 실재론(direct realism)이다. 이 견해는 진정한 지각적 경험의 경우에 사람이 보고 듣는 것을 직접적으로 인식한다고 주장한다. 따라서 짐이 그를 본다고 주장할 때, 감독이 나타나지 않았다면, 짐은 실제로 그를 보지 못한 것이다. 짐은 감독을 보았다고 생각했지만 잘못 본 것이다. 따라서 직접적 실재론 모델은 짐이 X를 경험한다면 X는 존재해야만 한다는 그러한 경우를 받아들인다.

직접적 실재론자는 한 대상의 경험이 그 대상의 실재에 대한 인상적인 종류의 증거를 제공한다고 주장한다. 그렇지만 표상주의 모델의 경우는 간접적이다. 이는 그것이 대상의 실재를 믿는 신념의 반대 경험을 가지는 것에서부터 출발하기 때문이다. 종종 우리가 어떤 대상을 직접 경험하지 않기 때문에 추론의 종류가 요구된다고 주장한다. 표상주의자는 아래와 같이 추론한다. 나는 내가 "나무를 보고 있다고 부르는 경험(주관적 감각)을 가지고 있다." 정상적으로 이러한 감각들은 나에게 나무가 거기에 있음으로써 발생한다. 그러므로 아마도 드러나는 하나의 나무가 거기에 존재하고 있는 것이다.

종교경험에 관한 많은 분석은 이 표상적 모델을 따른다. 따라서 종교경험들은 믿는 사람에게 일어나는 주관적 감각들로 여겨진다. 이처럼 종교경험들이 존재한다는 것은 부정할 수 없다. 그렇지만 어려운 문제는 만일 있다면 그런 감각들이 일어나는 것에서부터 추론될 수 있는가 하는 것이다.

종교경험에 대한 논증은 종종 경험의 원인들에 대한 논쟁에 비추어서 시작한다. 어떤 사람이 용서, 수용 및 전인격의 깊은 의미를 느낀 대화의 경험을 예로 들어 보자. 정말로 누구도 부인하기 어렵겠지만, 이러한 감각들은 믿는 사람 속에 표상되어 있다. 하지만 회의론자는 이러한 심리적 변화들이 자연론적으로 설명될 수 있다고 주장할 것이고, 믿는 사람은 신의 행위가 느낌의 원인이라고 말할 것이다.

이러한 논쟁을 해결하는데에 어려움이 있다. 창조자로서의 신이 자연과정에 대한 책임이 있고 자연과정을 통해 그의 목적을 성취할 수 있기 때문에 이 문제는 자연적 심리과정들이 항상(혹은 언제나) 유신론적 설명들을 무효화한다는 것이 분명하지 않은 측면에서 더 복잡하다.

따라서 회의주의자들이 호소한 자연주의적 원인들이 종교적 설명을 무효화한다는 것도 분명하지 않다. (6장에서 보다 상세하게 다룰 것이다). 그렇지만 자연세계를 초월해 있는 어떤 사물을 설명할 필요가 없다고 보고, 신을 의문시하기에, 심리적 상태의 원인으로 보아야 한다고 주장하는 회의론자를 믿는 사람이 설득하는 일은 쉽지 않다.

그러나 이 표상적 모델 위에 종교적 신념들을 정당화하려고 종교경험을 사용하는 어려움은 종교경험의 어떤 특별한 문제들보다는 그것이 전개되는 방식이나 모델로부터 기인한다. 다른 영역들의 경우처럼, 경험의 표상적 모델을 적용하는 결과를 여기에서 보는 것이 유익하다.

만일 누군가가 경험의 표상적 견해를 끊임없이 지지하고 외부 세계에 대한 지식이 어떤 종류의 추론에 항상 의존한다고 주장한다면, 중대한 문제가 발생한다. 이는 우리가 주관적 감각의 경험에 제한되어 있고, 추측컨대 이러한 감각들을 원인 짓는 객관적 실재를 직접적으로 인식할 수 없기 때문이다.

그렇다면 감각들이 일어나는 것으로부터 실재를 어떻게 추론될 수 있을까?

그와 같은 경우 우리는 감각들의 원인에 대하여 경쟁하는 가설들을 시험하는 방식을 갖고 있지 않다. 회의론을 피하는 유일한 방식은 현실 세계가 일반적으로 그냥 나타난 것이라고 가정하는 것밖에는 다른 방도가 없다. 나무와 돌멩이 같은 사물들을 우리가 지각하는 원인들은 나무이고 돌멩이이다. 경험의 표상적 모델에 매력을 느꼈던 종교인들이 어떻게 유사한 가정을 주장할 수 없었는지는 이해하기 어렵다. 신의 활동이 나타나는 것은 적어도 신의 정상적인 행위 때문이다.

일상의 지각적 경험에 비추어서 그런 문제를 피하기 위해 많은 철학자들은 직접적 실재론의 모델에 매료되었다. 직접적 실재론자는 유신론적 경험들을 분석함으로써 그것을 약속할 수 있는 것처럼 보인다. 유신론자들은 종종 신의 임재, 그의 사랑과 용서를 인식할 수 있다고 주장한다. 그들은 신의 거룩함이나 위엄 그리고 신의 섭리적 인도함을 의식한다고 주장한다. 우리는 이제 직접적 실재론자의 모델에 대한 유신론적 경험을 검토하고자 한다.

3. 직접 및 매개로서의 신적 경험

종종 사람들이 신을 직접 경험했다고 주장하는 것은 불가능한 일이기에 부정되어 왔다. 그러나 일반적으로 부정하는 이유들은 탁월한 근거를 가지고 있는 것은 아니다. 더러는 유한한 존재가 무한한 존재를 경험하는 것이 불가능하다고 주장한다.[2]

왜 그런가? 그것은 아마도 무한한 존재에 대한 유한한 존재의 경험이 결코 철저하거나 완벽할 수 없기 때문이다. 하지만 참된 인식의 종류와 명백히 양립한다는 주장은 일리가 있다. 마치 어떤 사람이 슬퍼하지 않고도 슬픈 사람을 관찰할 수 있듯이, 어떤 사람의 경험이 무한한 능력을 지닌 존재를 경험하기 위해서는 무한할 필요가 없는 것과 같다.

또 다른 사람들은 경험의 유일하고도 적절한 대상이 감각적 성질들이라고 주장한다. 이 상황에서 그들이 의미하는 "감각적 성질들"(sensory qualities)이라는 말은 빨강, 노랑, 파랑, 또는 딱딱함이나 부드러움, 그리고 따뜻함이나 차가움과 같은 성질들—한 특정 감각적 기관과 분명히 연관된 성질들—이다. 그래서 신을 감각적 성질이나 그런 성질들의 집합으로 간주하는 것은 있을 법하지 않기 때문에, 우리는 직접적으로 신을 경험할 수 없다고 논쟁할지 모른다.

우리가 오로지 감각적 성질들과 같은 종류만을 경험할 수 있다고 가르치는 것에 의문이 든다. 일상적으로 사용하는 말에서 사람들은

---

[2] 알래스테어 맥킨타이어는 이것을 그의 논문 "환상"(Visions)에서 주장한다. *New Essays in Philosophical theology*, ed. Antony Flew and Alasdair Macintyre (New York: Macmillan, 1964), p. 256.

일반적으로 여러 사물들—단순히 감각적 성질들의 단순한 집합들이 아닌 영웅적 행위, 사랑스러운 몸짓, 역사적으로 중요한 유물들—을 경험할 수 있다고 이야기한다.

우리가 그와 같은 감각적 성질들만을 경험한다고 가르치고 지지하는 사람은 우리가 그런 것들을 직접적으로 행하지 못한다고 주장해야만 한다. 우리는 우리가 받아들이고 있는 것들로 해석하는 다른 성질들—색깔, 소음 등과 같은 것들—도 경험한다. 그러나 이것에 대한 반응은 어떤 해석이 없이 진행되는 것처럼 보일 수 있다. 사실 누군가가 감각적 성질들이 똑같은 것을 가능하게 만든다고 말하지 않고서도 어떤 대상을 특정한 종류의 대상으로 깨달을 수 있는 경우가 있는 것처럼 여겨진다.

어떤 사람이 한 여자를 볼 때, 그는 그 여자의 유사한 물리적 외형만을 보아도 다른 여자들과 구분할 수 있는 감각적 성질들을 통해 정확하거나 어렴풋이 자신의 여동생으로 인식한다. "정말로 경험된 것"과 경험을 해석한 것 사이를 구분하는 것은 간단하지만은 않다.

만일 누군가가 유사한 것 같지 않은 "원래 그대로의 경험"과 "해석" 간의 분명한 경계를 다루려고 한다면, 종교경험에 대한 편견을 갖게 된다는 것 역시 명확하지 않다. 우리가 세상이 이렇게 존재한다는 것의 증거로 받아들이는 가장 중요한 경험들은 아마도 이런 견해에서 해석의 한 요소를 포함할 것이다.

만일 이것이 맞다면, 종교경험들도 어떤 해석적 요소를 포함한다는 사실이 필연적으로 경험의 다른 중요한 종류들보다 덜 믿게 하지는 않을 것이다. 더 많은 경험은 어떤 것을 다른 것으로 경험하게 한다. 어떤 범주나 개념, 즉 배워야 하고 또 어떤 경우의 한 기술 아래에서 한 사물에 대한 지각을 포함한다고 인식하는 것은 특별한 훈련을 요구한다. (예컨대, 미생물학자가 박테리아의 특정 계통으로서 미생물을 통하여 보았던 외모나 색깔의 패턴을 인식하기 위해서 요구된 훈련을 생각해 보라). 그래서 많은 종교경험이 이와 같을 것이라고 생각하는 것은 놀랍지만, 위험스러운 것은 아니다.

사람들이 직접적으로 신을 경험하는 유신론자에 대한 세 번째 반론이 있는데, 이것은 아마도 우리가 살펴보았던 처음 두 번째 반론들 속에 숨겨진 근거때문에 생기는 것이다. 그들은 사람이 신의 활동의 결과이지 신 자신이 아닌 어떤 것을 경험할 수 있다고 인정한다. 예를 들어, 누군가가 하늘에서 "말씀하시는 분은 주님이시다"라고 말하는 소리를 들었다고 상상해 보라. 이 경우에 직접적으로 들었던 것이 어떤 음파(sound wave)를 타고 신이 일으켰던 소리라고 생각하는 것은 대부분 일리가 있다.

이 반론에 대해 우선 말할 수 있는 것은 이것이 너무 많은 것을 증명하고자 한다는 것이다. 다른 사람과 일상적인 대화에서 청자가 듣는 것이 다른 사람이 아니라 오히려 그 사람이 그의 목소리로 일으키는 음파라는 것이 따라온다. 이것은 그 반론이 잘못된 것이라는 것을 강조하는 데 도움을 준다. 우리가 어떤 것의 직접적인 경험에 대해 말할 때, 그 경험이 완전한 매개 없이 직접적이라고 이야기하지 않는다. 직접성은 경험의 심리적 특성이고, 또한 어떤 면에서 경험에 대한 책임있는 복잡하고도 간접적인 과정과 양립하고 있다.[3]

여기에서 혼란스러운 것은 경험을 가능하게 하는 인과적 설명과 함께 경험되는 것처럼 경험의 묘사를 융합한 결과로 발생하는 것

---

3 많은 부분이 조지 마브로데스에 상당히 의존하여 설명한다. George Mavrodes, *Belief in God* (New York: Random House, 1970), pp. 49–89.

이다. 어떤 사람이 창문을 응시하면서 아름다운 느릅나무를 보는 경험은 완전히 직접적이다. 의식에 나타나는 느릅나무에 대한 어떠한 추론이나 해석도 전혀 필요하지 않다. 사람은 단지 그 나무를 보고 있고, 그래서 나무가 거기에 있다고 믿을만한 좋은 이유를 가지고 있다.

이 모든 것이 경험이 일어나는 복잡한 이야기, 즉 빛을 발하는 광선과 작용하는 눈과 두뇌를 내포하는 이야기와 일치한다. 그 사람은 어떤 매개를 구성하는 일련의 복잡한 인과적 연쇄를 통하여 보고 있는 것이다. 하지만 그가 필연적으로 그 매개를 경험하고 있는 것은 아니다. 그는 빛의 광선이나 망막과 시력의 세포들이 어떻게 기능하는지에 대해서 아무것도 모른다.

일반적으로 말해, 심리적으로 직접적이지만 여전히 하나의 복잡하고 인과적 과정을 포함하고 있는 어떤 사물에 대한 경험을 갖는 것은 가능하다. 만일 누군가가 매개하는 과정을 포함하는 어떤 경험을 이끌고 있지 않는 것이라고 배제하려고 한다면, 결국에는 직접적으로 전달하는 경험이 존재하지 않을 가능성이 매우 높다.

또한 인간 존재들이 대상을 인식하는 매개로서 그들 자신의 감각적 기관들에 제한적이지 않다는 것도 주목할 만하다. 사람들은 종종 망원경이나 전화와 같은 확대된 매개를 통하여 사물을 인식한다. 실제로 친구가 전화로 이야기하는 것을 듣는 사람은 이 경우에 통화 매개가 전선을 타고 전달되는 전기 신호들을 포함한다고 할지라도 친구의 목소리를 듣고 있다고 말할 수 있다.

우리가 신을 직접적으로 경험할 수 있는 가능성을 독단적으로 제거하기 원하지 않는다고 하더라도—이것은 신비적 경험이 무엇인지를 말해주는—신에 대한 경험이 되도록 의도된 대부분의 경험들은 매개를 통하기는 하지만 직접적인 경험의 범주로 빠져들지 않는 것처럼, 우리에게는 그것이 그렇게 보인다. 만일 신이 존재한다면, 신은 궁극적으로 자연세계의 모든 것에 대한 경험을 일으킨다. 따라서 다른 어떤 대상을 통하여 신을 경험하는 것은 불가능한 것이 아니다. 그로 인해 인과적 과정의 복잡성도, 경험이 심리적으로 이끌어질 수 없다는 것도 암시하지 않는다.

어느 경우이든, 신을 믿는 사람들은 설교자의 소리를 통해 혹은 찬송 가사를 통해 그들에게 공통적으로 신이 말하고 있다고 이야기한다. 그들은 친구를 포옹하는 것과 같은 친밀함으로나 일몰의 장엄한 광경의 아름다움으로 신의 임재를 경험한다고 말한다. 신은 성스러운 책이나 시구(詩句)를 통해 말하기도 한다. 그런 경험들은 심리적으로 인도될 수 있다. 경험이 어떠한 추론이나 해석을 만들어낸다고 볼 수 없다. 그런 경우들은 매개이긴 하지만 신에 대한 직접적인 경험들로 분석할 수 있을 것 같다. 개인은 자신이 경험한 어떤 것 안에서 또는 통해 신을 경험하는 것이라고 스스로 받아들인다.

조지 마브로데스(George Mavrodes)는 그의 『신에 대한 믿음』(Belief in God)에서 종교경험에 적용하는 것처럼 보이는 매개된 경험들에 대한 흥미로운 특징을 지적하고 있다. 확대된 매개가 포함하는 경우에 전화나 반사망원경과 같은 사례에서 보면, 두 사람이 똑같은 감각적 자료를 가지고 있지만, 서로 다르게 경험하는 것은 가능하다.

홈통이 파인 곳을 망원경 거울로 점검하는 기술자는 망원경을 물끄러미 보면서 다양하게 반사되는 거울만을 볼 수 있다. 우주 비행사는 똑같은 조건에서 흥미로운 은하계를 응시하고 바라볼 수 있다. 어떤 개인은 매개물을 바라보고, 다른 개인은 그 매개체를 통해 다른 것을 바라볼 수 있다. 그들이 본 것은 부분적으로 기술과 그 사람이 바라보는 관심에 의존하고 있다.

만일 종교경험이 신의 참된 의식을 포함하는 것을 일으킨다면, 이 현상은 부분적으로 그런 경험들이 보편적으로 공유되지 않는 것을 설명하고 있는 모른다. 두 사람이 동일한 설교를 들을 수 있지만, 한 사람은 설교만을 듣고, 다른 사람은 설교를 통하여 신이 한 말로 듣는다. 우리는 종교경험들이 보편적으로 공유될 수 없는 다른 가능한 이유들을 다음에 취급할 것이다.

4. 종교경험은 진짜인가?

이와 같이 직접적으로 매개된 신의 경험들이 진짜로 경험될 수 있을까?

철학자들은 경험의 대상이 진짜 체험된 것으로 인식될 수 있는 경험이라고 부른다.

어떤 종교경험의 유형이 진짜 경험된 것이라고 논의해 왔는가?

이와 같은 질문은 전적으로 타당하다. 이는 모든 경험들이 진짜가 아니라는 것이 자명하기 때문이다. 오류, 환상, 심지어는 환영들이 일어난다.

많은 철학자들은 신을 직접적으로 경험한다고 믿는 자들의 주장에 대해서 회의적이다. 이런 회의론을 주장하는 이유들은 많다. 의심할 수 없는 하나의 이유는 그들이 신이 존재하지 않는다는 주장을 확신하기 때문이다. 분명히 신이 존재하지 않다면, 그에 대한 참된 경험은 불가능하다. 그렇지만 사람이 정말로 신이 존재하지 않다는 것을 알지 못한다는 근거에서 신 존재의 가능한 증거를 처리하기는 무척 어렵다.

반론하는 사람은 신이 존재하지 않는다는 강력한 이유가 있는데, 즉 종교경험 자체가 제공하는 증거를 충분히 무효화하는 이유가 있기 때문에 종교경험에 대한 그와 같은 반론은 합리적일 수 있다. 나중에 우리는 신이 존재하지 않는 증명들을 밝혀 온 논증들을 살펴볼 것이다.

이러한 의심의 보다 합리적인 근거는 상호 주관적으로 입증하기 위한 종교경험이 불충분하다는 것이다. 진짜 경험과 가짜 경험을 구별하기 위해 우리는 정상적으로 다양한 사람들의 경험을 비교한다. 만일 어떤 사람이 그의 사무실에서 보이지 않는 꼬마귀신을 본다고 말한다. 하지만, 그의 동료들이 꼬마귀신을 인식할 수 없다면, 그 차이로 인해 그녀는 존재하지 않는 사물을 환영으로 보고 있는 것이 틀림없다.

공적 검열 절차들(public checking procedures)은 경험이 사실인가에 의해 결정된다. 만일 누군가가 사무실에 꼬마귀신이 정말로 있는지에 대해 의문을 갖는다면, 그는 그 물체의 모습을 찍으려고 시도할 수 있고, 아니면 그가 꼬마귀신의 어떤 것을 보는지, 또 만일 그렇다면 그들이 본 것이 무엇인지를 다른 사람에게 물어볼 수도 있다.

비판가는 종교경험들에는 공적으로 검열 절차나 상호 주관적인 사실의 이와 같은 특성이 결여되어 있다고 주장한다. 잭이 설교자의 말을 신의 음성으로 들을 때, 메리는 단지 지루한 설교만을 듣는다. 어떤 군인이 참호의 고통스러운 순간을 신의 임재로 느낄 때, 그 옆에 있는 다른 군인은 추운 밤공기만을 느낀다. 다른 사람들이 그 경험을 느끼지 못하거나 표준 검열 절차들이 결여된 것은 경험의 주장들에 대한 신빙성을 허물어버린다고 생각한다.

여기에서 비평가가 경험적 주장들을 상호 주관적인 검열이 중요하다고 요구하는 것은 정당하다. 어떤 종교인들은 그들의 경험들이 어떤 면에서 오류가 없는지 혹은 수정될 수 없는 것인지에 대해 주장하는 그와 같은 검열 절차의 필요성을 거부해 왔다.

하지만 어떤 경험이 그런 상태를 요구할 수 있는지 어려운 문제이다. 그리고 이 주장이 논쟁될 수 있는가 혹은 변론될 수 있는가는 더더욱 어려운 문제이다. 만일 누군가가 매우 강하게 자신의 경험이 오류가 없다고 주장한다면, 그는 객관적 상태의 경험을 포기함으로써 맞이하는 위험에 처하게 된다. 정상적으로 오류가 없는 유일한 경험적 주장들은 자기 자신의 현재 상태와 주관적 정신 상태에 대한 주장들이다.

만일 어떤 사람이 방이 차갑다고 주장한다면, 그는 온도를 높이 맞추면 된다. 만일 그가 정말로 그에게 차가움을 느낀다고 말한다면, 그의 주장은 논쟁할 수 없는 것처럼 여겨진다. 하지만 믿는 사람은 종교경험이 단지 주관적 느낌 그 이상이기를 원한다.

여기에서 어떤 사람은 다음과 같은 것을 지적함으로써 비판가에게 대응을 시작할지 모른다. 즉 검열하는 절차들이 중요하다고 할지라도, 그것들이 경험을 의심하는 어떤 자명한 이유가 있는 경우에만 사용될 수 있다고 요구하는 것은 합리적이다. 모든 경험을 받아들이기 전에, 상호 주관적으로 입증될 수 있다고 주장하는 것은 합리적이지 않다. 이는 어떤 경험을 검열하는 과정(사진을 찍는다든지, 목격했던 어떤 것을 그 사람에게 물어본다든지) 자체가 당연히, 그리고 적어도 임시적으로라도 신빙성이 있는 경험들과 연관되어 있기 때문이다.

특이한 경우라도 경험들을 검증하는 것이 합리적이기 때문에, 철학자들 가운데 더러는 신빙성의 원칙(principle of credulity)이라고 불렀던 것을 받아들인다. 거칠게 말하자면, 누군가가 X가 나타나 확실한 어떤 모습을 보인 그대로 보는 경험을 했다면, X가 정말로 나타났고 X가 그런 모습을 가졌다는 것을 믿는 것은 합리적이다. 이런 경우 그가 믿을 수 없는 어떤 결정적인 이유들을 찾지 못하면 그의 감각은 믿을 수 없게 된다.[4]

신빙성의 원칙은 경험이 흔히 혹은 통상적으로 진짜인가를 추측함으로써 고무시킨다. 흔히 현상적으로 나타나는 사물들이, 적어도 어떤 사람이 X를 경험한다는 사실은 X가 실제로 나타났다는 어떤 증거를 제시한다. 이것은 경험이 오류가 없다는 주장과는 거리가 있어도 누군가가 그에게 경험을 의심하거나 믿지 못하게 하는 더 큰 증거가 있다면, 경험은 통상적으로 받아들이게 되는 자명한 증거를 제시하고 있는 것이다. 이런 경우 누군가 자신의 경험을 의심하는 이유를 가지고 있으므로 검열하는 절차들이 중요하다.

우리가 경험에 근거한 주장들을 의문시하거나 무효화하는 증거는 무엇인가? 두 가지 종류의 도전이 가능하다.

첫째 유형의 도전은, 대상이 경험되었다고 주장하고 믿는 훌륭한 이유를 가지고 있다는 사람은 실제로 그것을 경험하지 않을 수도 있다는 점이다. 예를 들어, 누군가가 유니콘(unicorn)이라는 동물이 존재하지 않는다는 것을 알았다고 해도, 사실은 유니콘을 보고 있다는 주장을 강조할 수 있다.

대안으로 어떤 사람은 대상이 그 사람에게 나타나지 않았다는 것을 알 수 있거나, 아니면 그 사람이 주장했던 경험을 가지고 있지 않은 타당한 입장 속에 있을 수도 있고, 있지 않을 수도 있다. 예컨

---

4 Richard Swinburne, *The Existence of God* (Oxford: Oxford University Press, 2004), pp. 303-322를 참조.

대, 누군가가 우연히 보았다고 주장한 어떤 사람의 증언을 믿지 않을 수도 있다. 하지만 우연한 때에 다른 도시에서 그런 일이 일어날 수 있다.

두 번째 유형의 도전은 귀납적 논증이다. 귀납적 논증은 어떤 경험이 과거에 경험적 주장들을 기만하거나 잘못되었다는 것이 자주 발생한 상황 속에서 일어났다는 것을 지적한다. 가령, 어떤 사람은 환각을 일으키는 것으로 알려진 마약 때문에 경험한 환상들은 믿을 수 없다고 논쟁한다.

두 가지 도전 가운데, 일반적인 유신론 경험에 대항하기 위해 어떤 것이 성공적인 도전으로 주장되는지 이해하기는 어렵다. 역시 신이 편재하기 때문에 어떤 사람은 신을 경험하는 자리에 있지 않았다는 것을 그가 어떻게 알 수 있었는지 이해하기 어렵다.

두 번째 유형의 도전은 자주 신비주의적 경험에 대항하기 위해 주장되었는데, 이는 신비적 경험이 단식과 같은 일상적 물리적 상태의 산물로 주장되었기 때문이다. 그런 상태가 환상의 경험일 가능성이 높다는 것을 비판가가 어떻게 알 수 있었는지 이해하기 어렵다. 그러나 어느 경우에서든, 단순히 그런 반론들이 일반적인 유신론적 경험들에 반대하기 위해 주장되지는 않았다. 유신론적 경험들은 종종 어떤 일상적, 심리적 혹은 생리적 상태들과 연관이 없었다.

그러므로 신빙성의 원칙에 따라서 신이 정말로 실재하고 있다는 자명한 증거로서 유신론자들의 경험들을 받아들이는 것은 합리적인 것처럼 보인다. 그렇지만 회의론자에게는 이 결론에 도전하는 일은 어렵다. 이는 그런 경험들의 타당성에 관해 모두 의심하는 것이 상대적인 것이 아니기 때문이다. 유신론자의 경우도 쉽게 드러난다. 보편적으로 공유되는 경험의 오류는 여전히 그것을 의심하게 만든다.

신빙성의 원칙에도 불구하고, 수많은 사람들은 누군가가 신을 경험하는 것에 대해 의심한다. 특히 이것은 그런 경험들이 부족한 사람에게도 참이지만, 동시에 믿는 자들에게도 참이다. 여기에는 신을 경험한다는 주장이 어떻게 검열될 수 있는가 하는 문제가 발생하기 때문이다. 이 문제를 보다 세심하게 살펴보는 것은 종교적 경험에 대한 의심들을 해소하고 그런 경험들은 더욱 증거의 가치를 가지게 함으로써 확립될 것이다.

5. 경험적 주장들을 검증하기

우리가 나무나 책과 같이 쉽게 관찰할 수 있는 대상에 주의하지 않으면 경험적 주장들을 검증하는 완전한 임무는 쉽지 않기 때문에 단호해야 한다. 이러한 대상들과 같은 단순한 예들과 함께 누군가가 그것을 복제함으로써 우리의 경험을 검증하는 것이라면 어떤 조건들이 달성될 수 있어야 한다는 것은 명백하다.

어떤 사람이 자신의 사무실에서 한 권의 책을 관찰했다고 가정해 보자. 이런 이유로 그가 자신의 경험이 진짜인지를 문제 삼는다고 가정해 보자. 수백만 마일이나 멀리 떨어진 곳에 사는 어떤 사람들이 그 책을 분명히 보지 못한다고 해서 그가 했던 경험의 진실성을 위협하는 것은 아니다. 사무실에 있는 책을 보기 위해서는 사람이 정상적으로 사무실에 있어야 한다. 이처럼 분명한 것은 책이 거기에 있어야 한다는 사실이다.

만일 그의 동료들 가운데 한 사람이 책을 빌려갔다면, 그 책을 나중에 확인할 수 없다는 것은 그의 최초 경험에 적절하게 반대되는 것은 아니다. 또한 그의 경험을 복제하기 바라는 어떤 사람은 상대적으로 정상적인 목격자가 있어야 하고, 빛의 밝기도 적절해야 한다. 또한 그가 책의 개념을 이해해야 하는 것이 가능하다면 그 사람은 그 책이 의미하고 있는 것을 인식할 수 있어야 한다.

요약하자면, 아무리 간단한 경우에라도 전달해야만 하는 성공적인 관찰을 만족시켜야 할 객관적이고 주관적인 조건들이 있다. 관찰자는 주관적으로 적합한 관찰자여야 한다. 관찰자는 필요한 능력과 관심을 가지고 있어야 한다.

또한 객관적으로 인식되었던 대상과 인식되었던 조건들이 적합해야 한다. 어떤 훈련받은 동물학자에 의해 관찰된 사나운 동물들이나 망원경을 통해 보았던 박테리아와 같은 물체의 경우에도 이러한 조건들은 아주 복잡할지 모른다. 사실, 엄밀하고도 완전하게 그런 조건들을 분류하는 일은 불가능할지 모른다. 어떤 사람이 분명히 그런 상황에서 경험을 복제하지 못하는 것은 최초의 경험이 필연적으로 환상이었다는 것을 의미하는 것이 아니기 때문이다.

신을 경험하는 것에 관한 상황도 이와 유사하게 복잡한 것처럼 보인다. 어떤 사람이 종교경험들을 체험하지 못하는 것은 경험들의 신빙성에 어떤 의심을 더할 수 있다. 그러나 성공적인 지각에 대한 객관적이고 주관적인 조건들이 충족되었다면, 이 사실은 하나의 결정적인 문제가 될 것이다.

종교경험들을 충족시켜 줄 수 있는 조건들은 무엇일까?

정확히 말하자면, 이 물음은 대답하기가 곤란하다. 그것은 이 경우에 있어서 어떤 사람이 자격이 있고 적법한 관찰자인가에 대한 많은 요인들이 나타나기 때문이다.

첫째, 개인은 세심한 주의를 기울여야 한다. 그는 신을 기대해야 한다. 우리가 매개된 경험을 고려하기 때문에 그런 경우들에 있어서 서로 다른 관심을 가진 두 사람이 매개를 통해 어떤 사물을 인식하는 것과 매개만을 바라보는 다른 동일한 감각적 입력을 받아들일 수 있다는 것을 기억할 필요가 있다.

둘째, 인식하는 기술들의 어떤 종류들이 필요하다. 사람은 어떻게 신의 활동을 인식하는가 하는 문제를 이해해야 할 필요가 있다.

셋째, 종교적인 사람들은 공통적으로 자신의 특징이나 삶의 질이 신을 이해하는 능력에 영향을 미친다고 주장한다. 정직과 성실 그리고 사랑과 거룩에 대한 열망은 종종 중요한 요인들이어야 한다고 주장한다.

이러한 주관적 요인들이 중요한 것은 적어도 그러한 종교들, 특히 기독교가 의미했던 것의 일부분이다. 기독교는 진실로 신을 아는 믿음의 필요성을 강조한다. 대부분 기독교인들은 신이 이기적인 상급을 기대하는 것이나 신의 힘을 두려워하는 것이 아닌 사랑으로 신을 자유롭게 섬기고 순종하며 선택하기를 원한다고 믿는다. 만일 신의 실재가 너무나 명백하다면, 신의 율법에 순종하기를 회피하는 이기적인 사람들은 어려움을 당하게 될 것이다. 이는 전능하고 전지한 존재에게 고의로 도전하는 것이 아주 어리석은 짓이기 때문이다.

그러므로 신은 자기를 섬기고 순종하지 않는 사람들이 자기의 실재를 모른 채 남겨두는 방식으로 사람들에게 자신의 임재를 알린다. 인간 정신의 복잡하고 우회적인 것에 비춰 본다면, 누가 신을 찾는 참된 구도자인지 말하기 어렵고, 누가 자격을 갖춘 관찰자인지도 말하기 어렵다.

만일 신을 경험하는 것에 대한 객관적 조건들이 있다면, 그런 객관적 조건들이 만족할 때가 언제인지를 말하기는 무척 어렵다. 문제는 신이 관찰되는 수동적 대상이 아니기 때문이다. 신은 C. S. 루이스의 『나니아 연대기』라는 책에 언급된 아슬란과 같다.

아슬란은 "길들인 사자"가 아니다. 나무나 책과 같은 사물들은 누군가가 자기를 보아 주기만을 기다리면서 단지 그곳에 놓여 있다. 사람이나 동물은 어떤 진취적인 정신을 가지고 있는데, 만일 그들이 보이기를 원하지 않는다면, 그들은 관찰자가 되고 싶은 이들에게 자신들을 숨기고 어렵게 할 수 있다.

그러나 전능하고 완전히 자유로운 신은 아주 높고 가능한 정신을 가지고 있다. 신이 어떤 것을 일으키고 싶지 않다면 누군가가 신을 경험해야 한다는 것이 불가능한 것처럼 보인다. 또한 신이 언제 이런 것을 일으킨다고 말하기도 우리에게는 어렵거나 불가능한 것처럼 보인다.

만일 신에 대한 의식이 일어나는 것이라면, 어떤 면에서 신이 진취적인 정신을 취해야 한다는 사실은 종교를 믿는 사람들에게 계시를 통해 오는 신의 지식에 대하여 이야기하게 한다는 사실은 의심할 수 없다. 만일 이전에 언급한 것들이 옳다면, 신에 대한 참된 경험은 신의 편에서 자기를 드러내는 활동인 일종의 계시다.

여기에서 추측컨대, 회의론자는 신이 모든 사람에게 자기 자신에 대하여 알기를 원하고, 그래서 모든 사람에게 자기 자신을 계시하기를 기대한다고 반박한다. 이 반박에 대하여 믿는 사람은 신이 모든 사람에게 자기 자신을 계시해 왔다고 대답한다. 신의 일반계시는 자연과 양심 속에 유효하다. 그러나 신이 특정한 인격적 존재이지만, "존재 그 자체"가 아닌 신 역시도 선택적으로 또 특별한 방식으로 자기 자신을 계시할 수 있다. 그는 아브라함을 이방의 나라에서 부른다. 그는 떨기나무 숲에서 모세에게 말한다. 여기에서 신의 활동은 우리에게 신비스럽고, 또한 신이 자기 자신을 계시하기 위해 행동하는 조건들을 구체화하려고 시도하는 것은 어리석을 수 있다.

대체로 사람들이 종교를 믿는 사람들의 경험을 복제할 수 없는 것은 그런 경험들의 사실에 상당히 반대하지 못하기 때문에 이는 성공적인 관찰이 상당한 확실성과 함께 예견할 수 있었던 조건들을 구체화하는 것이 가능하지 않았기 때문이다.

이 논의에서 우리가 가정한 것은 다른 사람들이 신의 경험들을 구체화하는 것이 가능하지 않다는 것이다. 하지만 이것도 보장할 수 없는 가정이 될 수 있다. 실제 종교를 가지고 있는 사람들은 전형적으로 다른 사람이 그들의 경험들을 복제하는 것이 가능하다고 추측한다. 그들은 종종 그들의 경험들을 공유하기 위해 다른 사람을 초대하는 데 상당한 노력을 기울인다. 그들은 다른 사람에게 적절한 태도를 가정하게 만든다. 그들은 "어디서 보아야" 하는지를 그들에게 보여주고, 신이 임재할 때 신을 알 수 있는 방식을 그들에게 가르친다.

또한 그들은 종종 이런 부분에서 성공을 거두는 것처럼 보인다. 종교를 믿는 사람들 가운데 신이 무엇이고, 어떤 상황에서 그가 발견되는지에 대해서도 일치하는 부분이 상당히 많다.

정말로 신을 경험했다고 주장하는 종교인들의 공동체가 존재한다는 것은 그런 경험들을 인격적으로 갖지 못하는 사람들에게 신의 실재에 대한 증거를 제시하는 것이다. 인간들이 알고 있는 많은 부분은 일차적인 경험을 통하여 얻게 되는 것보다는 다른 사람들의 증언으로 얻게 된다. 사람들의 증언도 종교적 지식을 위한 사례가 되어야 하지 않을까?

제5장

신의 특별 행위: 계시와 기적

사람이 신을 경험한다는 것은 신이 어떤 사건을 일으키는 것에 부분적으로 의존하기 때문에, 신을 정말로 경험하는 것이 신의 입장에서 자기 자신을 현현하는 행동인 계시의 일종으로 본다. 전통적으로 신학자들은 신이 그의 피조물을 통하여 두 가지 방식으로 자기 자신을 계시해 왔고, 또한 특정한 시간에 특정한 사람에게 특별한 방식으로 계시했다고 주장해 왔다.

첫 번째 방식은 일반계시(혹은 자연계시)이고, 자연신학이 관심을 갖는 대상이다.

두 번째 방식은 특별계시(special revelation)인데, 여기에서는 신이 "특별하게"—즉 그가 항상 행동하는 것처럼 단순히 행동하는 것이 아니라—행위하기 때문이다.

유대교, 기독교 및 이슬람교는 항상 어떤 예언자들이나 성현의 가르침들이 특별계시를 구성하고 있다고 주장한다. 문서형식으로 어떤 특별한 권한을 부여할 때, 그런 가르침들은 계시신학이라는 용어의 근거가 된다.

1. 특별 행위

앞 장에서 언급한 종교경험에 대한 설명에서 암시되었듯이, 신이 어떤 특정한 방식으로 자기 자신을 계시한다는 생각은 하나의 논쟁거리다. 그러한 생각은 어떤 사람들에게 예언자들로 권한을 부여하거나, 아니면 어떤 나라를 선택된 백성으로 구별하는 신으로 보여줄 때 하나의 지고한 인격적 신을 분명히 전제하고 있다. 기독교인들에게 있어서 신의 특별한 행위는 그가 역사에서 한 특정한 사람을 선택함으로써 절정에 이른다.

인격으로서의 신 개념을 너무 제한적이라고 생각하는 사람들은 그런 주장들을 받아들이기에는 어려움이 있을 것이다. 비록 신이 전통적인 견해에서 단지 여러 존재들 중 "하나가 더 있는 존재"가 아니라고 할지라도, 그는 뚜렷이 구별되는 성격들을 가지고 독특한 행위를 수행하는 특별한 존재다. 그는 단지 세상을 창조하고 그 속에서 자연법칙을 운행하고 있다고 주장하지 않는다. 상업적 은유를 사용하자면, 신의 행위들은 단지 도매급으로 수행하는 것이 아니라 소매급으로 수행한다.

특별계시의 주제는 본질적으로 종교경험의 주제를 확장하는 것이다. 이 장과 앞장 사이의 주요한 차이는 이 장에서 우리가 신의 계시하는 행위들 중 어떤 것이 믿는 자에게 특별한 권위를 갖게 되는지에 대한 어떤 가능성을 고려하는 것이고, 그리고 우리는 신이 수행하는 "특별 행위들"을 믿는 것과 관련된 어려움들—그런 행위들을 인식하는 것과 관련된 어려움들과 마찬가지로—에 대한 확장된 생각들을 제시할 것이다. 이것은 본질적으로 기적을 믿을 수 있는 것이 합리적인가 하는 문제이고, 그리고 만일 그것이 문제라면 어떤 기적을 받아들이는 것이 합리적인가 하는 문제이다.

특별계시와 기적에 대한 주제들은 다양한 방식들과 연결되어 있다.

첫째, 여러 설명에서 신의 특별계시가 기적의 유형이라는 것이다. 이 유형은 예언자들이나 성스러운 경전의 말들이 신적 영감의 결과였다고 주장하고 믿는 신앙인의 유형이다. 이런 계시들은 그 설명이 완전히 자연스럽게 제시가능한 사건으로 여겨지진 않는다. 그래서 기적들이 가능하지 않다면, 특별계시는 적어도 어떤 면에서 불가능하다.

둘째, 기적들은 흔히 특별계시의 한 유형이거나, 아니면 적어도 기적들은 그같이 특별계시의 기능을 한다는 주장이다. 우리는 나중에 "기적"에 대한 다양한 정의들을 살펴볼 것이다. 하지만 몇 가지를 정의하고 살펴 보자면, 기적들은 신의 행위들로 이해된다. 신의 행위들은 분명하게 신으로부터 시작되었고, 신이 자기 자신을 특이한 방식으로 계시하는 활동이다.

셋째, 유대교, 기독교 및 이슬람교를 통해 특별계시들이라고 주장되었던 문서들에는 수많은 의도된 기적들이 포함되어 있다. 기적을 믿는 것이 이성적이지 않다면, 이러한 계시들을 전적으로 믿을 수 있다고 생각하는 것 역시 이성적이지 않다.

넷째, 얼마의 사람들이 기적의 인격적 존재를 믿기 때문에 증거에 대한 연관성은 다른 방식으로 흘러갈지 모른다. 기적을 믿는 증거는 특별계시 속에 포함된 증언으로 구성되어 있다. 특정 기적들을 믿는 신념에 대한 타당성은 특별한 권위를 가지고 있는 것처럼 하나의 확고한 계시로 간주하는 합리성에 의존할지 모른다.

우리는 계시의 다양한 견해들을 살펴봄으로써 시작할 것이다. 그 가운데 더러는 기적의 성격이 제거되거나 불필요하게 주장된 것처럼 계시를 해석하고 있다. 이러한 경쟁적인 견해들을 비판한 후에, 우리는 더욱 전통적인 견해로 돌아올 것이고, 나아가 기적의 일반적인 문제들을 전개시킬 것이다.

2. 계시의 이론들

기독교 전통 안에서 계시에 대한 세 가지 주요한 견해들이 드러난다. 이러한 견해들은 다른 종교에서와 마찬가지로 반대 견해들을 가지고 있다. 따라서 기독교인들에 의해 맞딱뜨려졌던 것처럼 계시의 문제들이 초점을 맞추고 있다고 할지라도, 이 논의는 다른 종교들의 수행자들에게도 마찬가지로 적용될 수 있다. 이는 타종교인들도 추론할 수 있는 문제들과 맞춰지고 있기 때문이다. 여기에서 제시될 해석은 과도한 일반성과 단순성을 요구할 것이다. 세 가지 견해들 중 각각은 이 설명이 보여주는 것보다 더욱 다양하고 미묘한 발전의 가능성이 있음을 보여 준다.

1) 전통적 견해

계시에 대한 기독교의 전통적인 견해—수많은 보수주의 가톨릭과 개신교에 의해 주장된 견해—는 성경이 신에 의해 인간에게 주어진 신적 권위를 가진 계시라는 것이다(가톨릭은 교회의 전통적 가르침에서 구체화된 권위적 계시를 강조한다는 점에서 개신교와 달리한다). 여기에서 성경은 신이 존재한다는 사실을 계시하면서 신을 진리의 근원으로 이해한다. 성경은 그가 어떤 존재이고 그가 인간 존재와의 관계에서 무엇을 했는지를 보여 준다.

전통적 견해는 이를 종종 명제적 견해(propositional view)라고 부르는데, 이는 명제적 진리의 근거로서 성경을 강조하기 때문이다. 이 견해는 쉽게 풍자적으로 묘사된다. 성경을 믿지 않는 자들만이 풍자하는 것이 아니다. 때로는 성경을 사랑하는 사람들도 극단적 입장을 취함으로써 성경을 풍자적으로 묘사해 왔다. 따라서 어떤 사람들은 신적 계시가 배타적으로 명제들(진위문)을 구성한다고 주장함으로써 명제적 견해를 받아들였다. 성경은 때때로 어떤 영역이든 진리의 편리한 도구 및 근거와 같은 교과서나 백과사전으로 이해되었다.

그런 극단적 견해들은 주류의 전통적인 입장은 아니지만 정도에서 벗어난 것으로 보아야 한다. 역사적으로 기독교인들은 신이 자기 자신을 역사 속에서 그의 활동을 통하여 계시해 왔다고 믿어 왔다. 그는 아브라함과 모세와 같은 인물들에게 특정한 임무들을 맡기기 위하여 부름으로써 자기 자신을 계시했다.

나중에 신은 사사들과 예언자들을 통하여 말씀했고, 그의 계시적 활동은 최종적으로 인간 존재로 화육함으로써 실제적으로 절정에 도달했다. 예수의 생애, 죽음 및 부활 그리고 예수가 선택하고 사명을 부여한 사도들에 의해 주어진 해석은 신의 계시적인 행위에 대한 의사소통이다. 물론 이 모든 행위들은 명제들로 묘사된다. 하지만 그 행위들이 스스로 명제들이라는 것을 의미하지 않는다.

계시로서의 성경에 대한 강조는 성경이 신적으로 영감을 받은 기록이고 이러한 계시적 행위에 대한 해석이라는 신념으로부터 자연스럽게 따라온다. 성경은 별도로 하더라도 인간 존재가 신의 계시적 행위들에 대한 이해나 지식에 대해서는 부족하다고 보인다.

그렇다면 명제적 견해의 내용은 신이 행위 속에서 자기 자신을 계시한다는 것을 부정하지 않고, 오히려 신의 계시적 행위 중 하나가 신적으로 영감을 받은 인간 저자들을 통하여 인간에게 이야기하고 있다는 사실을 강조하는 것이다. 물론 성경에 의해 전달되었던 명제적 진리가 단순히 지적으로 받아들일 수 있는 사실의 체계로서 보여주지 않는다. 진리들은 인간의 조건, 신과 우리의 관계 그리고 신이 명령하는 계시에 반응했던 것에 대한 가르침들을 포함하고 있다. 그와 같은 진리들은 그것들이 활동할 때에만 적절하게 받아들여졌다.

성경의 특별한 권위는 신의 영감으로 기록된 것이라는 주장 속에 종종 표현되고 있다. 저자들은 인간들이고, 그들 자신의 인간적 성격들이 글 속에 구체화되고 그들이 기록한 내용은 신 자신에 의해 인도되었다. 성경의 문서는 스스로 기적—신의 특별 행위—과 같은 것이었다.

많은 기독교인들이 말하듯이, 성경은 "믿음과 실천의 문제에 관한 최종적 권위"이다. 더러는 이 권위를 성경이 역사와 과학을 포함하여 모든 문제에 있어서 무오하다는 의미를 암시한다고까지 이해한다. 다른 이들은 성경의 권위가 이러한 영역들에는 미치지 못한다고 믿는다. 이는 신이 성경을 통하여 이러한 영역들을 인간들에게 가르치도록 의도하지는 않았기 때문이다. 그런 불일치에도 불구하고, 전통적 견해를 지지하는 사람들은 성경 자체가 하나님의 말씀이고, 본질적인 신앙의 문제들에 대한 진리를 우리에게 제시하기 위해 주어졌기에 신뢰할 수 있는 하나의 권위적 계시라는 부분에 동의한다.

2) 자유주의 견해

19세기의 고전적 자유주의 신학과 연관된 계시의 견해는 18세기에 발전된 두 가지 근원을 가지고 있다.

첫 번째 근원은 계몽주의의 합리주의(Enlightenment rationalism)라고 부르는 데서 찾는다. 18세기에 발전되었던 이 철학적 사고방식은 진리를 발견하기 위해서 이성의 사용을 강조했다. 계몽주의 사상가들은 그들이 중세시대의 특징이 된다고 믿었던 맹목적 믿음이 권위를 이루었던 것과는 대조적으로 이성을 받아들였다. 칸트는 잘 알려진 논문에서 계몽주의 정신을 요약했는데, 참으로 계몽적 인간이 되려면 "너 자신의 이성을 사용하는 용기를 가져라"[1]고 주장했다.

계몽주의 정신은 한 특정한 역사적 책이 개인에게 특별한 권위를 가질 수 있게 되었다고 주장하는 것에 대해서는 적대적이었다. 또한 계몽주의 세계관도 기적들과 신의 다른 특별한 행위들에 대하여 비호의적이었다. 자연법칙에 관한 과학적 지식이 발전하면서 기적들에 대한 신념들과 같은 것들은 미신으로 간주되었다.

두 번째 근원은 계시의 고전적 자유주의 견해의 발전에서 중요한 요인으로 고등비평(higher criticism)의 발달에서 찾는다. 성경학자들은 그들이 다른 고전적 텍스트들을 검토했던 동일한 방법으로 성경을 탐구하기 시작했다. 예컨대 그들은 모세오경이 하나님의 영감을 받은 유일한 저자를 말하는 대신에 오랜 세월을 거쳐서 여러 다른

---

1 Immanuel Kant, "What Is Enlightenment?" in *Critique of Practical Reason and Other Writings in Moral Philosophy,* trans. and ed. Lewis White Beck (Chicago: University of Chicago Press, 1949), pp. 286-292.

사람들의 작품을 반영했던 책이라고 주장함으로써 역사적이고 문학적인 가설들을 제시한다. 기적적으로 성취되어 왔던 예언들도 사건들이 성취된 후에 기록한 것이라고 말하기도 한다. 기적의 이야기들은 목격자들의 보고가 아니라 나중 시대에 신앙심이 좋은 해설자들에 의해 첨가된 해석으로 간주했다.

철학적 합리주의와 성서비평은 어떻게 상호작용했을까?

분명히 고등성서비평은 특별하고 계시적 문서 체계로서의 성경의 전통적 견해에 도전할 수 있는 상당한 힘을 제공했다. 성경 권위의 기초를 송두리째 흔드는 고등성서비평은 기적과 다른 신의 특별 행위에 대하여 회의적인 사람들의 입장을 강화시켜 주었다.

어떤 식으로든 성서 비평가들은 그들의 역사적-문학적 결론들에 영향을 끼쳤던 철학적 가정들을 종종 차용하기도 했다. 철학적 합리주의와 성서비평이라는 이 두 가지 운동이 서로에게 강요했어도 서로에게 영향을 미쳤다고 말하는 것은 아마도 가능한 일은 아니다.

이 모든 결과는 성경의 견해가 순전히 인간의 책이고, 유대 민족의 종교적 의식을 이끌어내는 특정한 기록물로 이해한다. 유대인들은 특정한 종교적 민감성을 가진 민족이었다. 그리스인들이 철학적이고 예술적 특질을 가진 민족인 것처럼 그들도 종교적 특질을 가진 민족이었다.

성경의 기록에 나타난 것은 부족의 질투하는 신을 믿는 믿음에서 시작하여 점차적으로 사랑과 정의의 신, 모든 민족의 신인 하나님을 믿는 믿음으로 발전한 민족의 경험들이다. 이 계시가 하나님의 아버지되심과 인간의 형제되심을 강조함으로써 보여주었던 예수의 심오한 가르침들 속에서 절정을 이루게 된다.

따라서 자유주의 견해는 성경이 특별히 가치있는 자료들이지만 성경이 완전히 인간의 책이지 신적 권위를 가진 책은 아니라고 말한다. 우리는 이성과 경험에 비추어 성경을 비판적으로 검토해야 한다. 성경이 소유하고 있는 어떠한 권위도 본래의 심오함과 신뢰성에 기인하지만, 심오함과 신뢰성은 마지막 분석에서 우리가 우리 자신들을 평가하고 구별할 수 있게 하는 특징들이다.

3) 비명제적 견해

계시의 비명제적 견해는 전통적 견해와 자유주의 견해 간의 타협의 유형으로 보일 수 있다. 이 관점은 자유주의에 대한 20세기의 반동으로 발전했고, 또한 종종 신정통주의 신학(neo-orthodox theology)이라는 용어와 연관되어 있다. 그렇지만 이 견해를 지지하는 사람들은 그 입장을 프로테스탄트 개혁주의자들인 루터와 칼빈의 신학의 핵심적인 요소들과 일치시킨다.

비명제적 견해는 신이 인격적 존재이고, 따라서 신적 계시가 인격의 드러남을 강조한다. 신은 우리의 동의를 위해 명제들을 계시하지 않는다. 그는 자기 자신을 계시한다. 신의 자기 계시는 그의 신실한 백성에 의해 인식되었고 해석되었던 그의 구속적 활동들을 이루고 있다. 전통적 견해와 같이 비명제적 견해도 신이 역사 안에서 독특하고도 특별한 방식으로 활동해 왔다고 주장한다. 어찌되었든 자유주의 신학과는 달리 성경을 무오한 것으로 이해한다. 이는 성경이 계시에 대한 인간의 증언이기 때문이다.

예수는 하나님의 참된 말씀이라고 알려졌고, 성경은 신의 계시에 대한 증언이지만, 신이 성경의 가르침을 통하여 인간 존재와 지속적으로 대면한 것을 제외하고는 그 자체가 계시는 아니다. 신은 여전히 그의 백성과 만나는 하나님이다. 따라서 성경은 적절하게 선포될 때 하나님의 말씀이 된다.

3. 전통적 견해는 변론될 수 있는가?

만일 신이 자연질서 속에서 개입하거나 개입할 수 있다고 믿는 것이 합리적이라면, 계시의 전통적이고 명제적인 견해들은 받아들일 수 없다. 둘 다 신이 특별한 계시적 행위들을 수행하는 개념을 포함하고 있기 때문이다. 만일 신이 특별한 행위를 행하지 않거나 또는 인간들이 그런 행위들을 깨닫지 못한다면, 계시의 자유주의 견해는 종교적 신념에 대해 일관적이고 대안적이다.

실제로는 자유주의 견해가 특별계시를 자연계시로 축소한다. 이전에 특별계시라고 불렀던 것은 단순히 보편경험의 종교적 차원을 통해 가능하게 되었던 신의 일반지식에 대한 가치있는 예증들이다. 이 입장이 궁극적으로 유신론자에게는 하나의 가능한 입장이지만, 신의 특별 행위라고 믿는 것이 합리적인지를 고려하지 않고서 그것을 받아들이는 것은 오류인 것처럼 보인다. 만일 신이 특별계시의 활동을 수행한다면, 이것은 그에 대한 정보의 중요한 자원이 될 것이다. 일반계시로 제한하는 일은 상당히 불리할 것이다. 그러므로 전통적 견해들과 비명제적 견해들을 위해 말해질 수 있는 것은 가치 있는 일이다. 특별계시는 그렇게 포기할 필요가 없다면 포기되지 않아야 한다.

전통적 견해와 비명제적 견해는 둘 다 기적적이거나 특성상 거짓-기적으로 신의 "특별 행위들"을 믿는 철학적 당혹감을 내포하고 있다. 철학적으로 하나의 견해나 다른 견해를 옹호하기 위해 주장하는 것은 어렵다. 전통적 견해를 위해서는 몇 가지 점들이 주장될 수 있다.

첫째, 전통적 견해가 맞다면, 그 부분은 신을 위해 좋은 것이 될 것이다. 신학의 과제는 신과 신이 우리를 다루는 것에 대한 참된 이해를 얻는 것이다. 만일 신이 특히 역사에서 그런 이해를 우리에게 제공하기 위해 활동한다면, 그것은 확실히 중요하다. 따라서 신학적으로 비명제적 견해가 자유주의 견해보다 정확하다는 것은 더욱 바람직하다. 그러나 비슷한 이유에서 전통적 견해가 옳다면 더 나을 수도 있다. 신이 역사 속에 활동하는 것뿐만 아니라 이러한 활동들의 의미를 드러낸다면, 신에 대한 우리의 지식은 상당히 풍부하게 될 것이다. 그래서 만일 전통적인 견해가 그렇게 포기해야 할 좋은 이유를 갖고 있지 않다면 전통적인 견해를 포기하지 않는 것이 합리적이다.

둘째, 말하는 것(speaking)은 그 자체가 행위의 한 종류이다. 신이 특별한 행위를 할 수 있는 신이라면, 인간 존재에게 (혹은 인간 존재를 통하여) 말하는 행위가 선험적으로 그의 활동 목록에 있지 않다는 것을 가정할 이유가 없다. 만일 신이 인간 존재에게 또는 인간 존재를 통해 말한다면, 그의 말은 내용을 가져야 한다. 사람은 그냥 말하는 것이 아니다. 사람은 어떤 것을 말해야 한다. 따라서 신이 계시된 진리들로 생각하는 것을 어떤 사람에게 (또는 통하여) 말할 때 그 명제들이 표현되기 마련이다.

셋째, 전통적 견해를 반대하기 위해 주어진 여러 논증들은 잘못된 이분법을 가정한다. 전통적 견해는 그 요소들 중 하나와 동일시한다. 전통적 견해는 상호 간에 다른 어떤 요소에게 배타적인 대안으로 간주된다. 즉 잘못된 이원화가 만들어지는데, 예를 들어, 신이 계시하는 것은 때때로 명제들이 아니라 오히려 자기 자신을 인격적 실재로서 계시한다고 강조하는 것과 같다. "신이 자기 자신을 계시하든지, 혹은 명제들을 계시한다." 인격적 신은 명제들의 체계가 아니다. 또한 인격적 신과의 만남이 명제적 지식을 얻는 것에 축소되지 않는다는 것은 확실히 옳다. 그렇지만 명제적 계시와 인격적 만남이 상호배타적이라는 사실로부터 결론을 이끌어내는 것은 잘못이다.

어떤 사람을 사귄다는 것을 어떤 사람에 대하여 아는 정도로 축소하지 않는다고 해도, 확실히 그 후자를 포함할 수도 있다. 사실, 전자의 과정이 후자의 어떤 것을 포함하거나 전제로 해야 한다고 주장하는 것은 있을 수 있고 가능하다. 어떤 사람을 안다는 것과 그 사람에 대하여 아무것도 알지 못한다는 것을 동시에 상상하기란 어렵다.

유사한 방식으로, 전통적 견해가 신앙의 부적절한 견해로 이끈다고 종종 강조되곤 한다. 전통적 견해에서는 참된 신앙이 신뢰와 헌신으로 신에 대한 인격적 응답이지만, 신앙은 단순히 명제적 진리를 지적으로 받아들이는 것임을 강조한다. "신앙은 지적인 동의이거나 아니면 인격적 신뢰이다." 여기에는 두 가지 대답이 가능하다.

첫째, 신앙의 전통적 견해에 풍자적인 비유를 억지로 끼워 넣는다는 비판이다. 거의 모든 기독교 신학자들은 구속하는 믿음이 지적인 동의 그 이상이라고 단언한다.

둘째, 거짓된 이분법적 분류가 거듭 제시되고 있다. 인격적 믿음은 교리에 대한 인식적 동의 그 이상인 것은 당연하지만, 확실히 그런 동의를 포함할 수 있다. 다시 말해, 인격적 믿음이 그렇게 포함시켜야 한다고 확실히 주장될 수 있다는 것이다. 만일 내가 어떤 사람—즉 정치 지도자—을 신뢰한다고 믿는다면, 또한 나는 그에 관한 어떤 것을 믿어야 한다.

   전통적 견해를 지지하는 사람들은 때때로 비명제적 견해가 전통적인 견해의 잘못된 강조를 구제하는 중요한 수단이라고 인정할 수 있다. 신의 계시는 신이 자기 자신을 계시하는 그의 활동을 구성하고, 이 계시에 대한 인간의 반응이 전인적 인간과 깊은 연관성을 포함한다고 인식해야 한다.

   하지만 그런 계시가 인간에게 부여하는 신의 은총을 어떤 명제적 진리들로 믿게 하는 것을 배제한다고 생각해야 할 좋은 철학적 이유들은 없다. 사실, 그런 계시는 전달하는 명제적 내용을 포함할 것이라고 생각해야 할 좋은 이유들이 있지만, 신을 믿는 인격적 신뢰가 그 내용에 대한 우리의 신념을 지배한다고 생각하는 좋은 이유는 없다.

   이 모든 것은 전통적 견해가 추측하는 방식으로 신이 자기 자신을 계시한다는 것을 암시하지 않는다. 그것은 신이 완전히 자기 자신을 계시한다면, 사람은 전통적 견해가 받아들이는 것을 구성하기 위해 계시를 기대할 수 있다는 것을 단순히 암시할 것이다. 비명제적 견해에 의해 피하게 된 특정한 철학적 어려움들은 없지만, 전통적 견해에는 이러한 철학적 어려움들이 있다.

   비명제적 견해에 대한 추가적인 어려움은 언어로 기록된 것으로부터의 "계시적 사건들"과 계시적 사건들의 해석을 구분하는 문제이다. 물론, 논리적으로 하나의 사건은 확실히 기록된 문서와 사건의 해석으로부터 구분된다. 그러나 비명제적 견해가 계시로 간주하는 특별한 "구속적 사건들"이 기록된 것이든 전승이든 간에 이러한 것을 가지고 있는 기록된 문서와는 별도로 알려지지 않았다.

우리가 언어적 문서를 통하지 않고서는 사건들을 접할 수 없고, 성서적 계시들은 단연 그런 문서들의 가장 중요한 부분으로 구성하기 때문에 어떻게 사람이 그 사건을 해석으로부터, 즉 적어도 우리의 관점에서부터 분리할 수 있는지 이해하기는 어렵다.

결정적인 철학적 문제는 신이 특별 행위를 수행하고 또 할 수 있는지의 문제인 것처럼 보인다. 만일 그가 특별 행위를 수행한다면, 전통적 견해를 주장한다고 해도 어떤 특별한 철학적 어려움들이 일어나지 않을 것이다. 우리는 신이 그런 행동을 수행하는 것에 대한 믿음이 합리적인 문제인지 우리의 주의를 돌려야 한다.

4. 기적이란 무엇인가?

우리가 기적을 고려해 온 것처럼, 신의 특별 행위는 신이 어떤 특정한 장소와 시간에 수행하는 한 행위, 즉 자연 과정을 포함하여 우주를 유지하는 "정상적인" 활동과는 구별되는 행위이다. 관찰자에게 그와 같은 행위는 "외부" 체계로부터 개입하는 것으로 나타난다. 그런데 이것이 그런 행동을 묘사하는 데에 약간 잘못 이해되고 있는 부분이다. 이는 모든 사물을 보존하고 유지하는 존재로서의 신이 항상 그의 창조 "안"과 함께 연관되어 있기 때문이다. 그럼에도 신의 특별한 행위에 대한 묘사는 기적의 어떤 전통적 정의와 밀접하게 평행을 이루고 있다.

흄은 그의 유명한 논문 "기적에 관하여"에서 기적을 "신의 특정한 개입을 통해 또는 어떤 보이지 않는 존재의 개입에 의해 발생하는 자연법칙의 위반[2]으로 정의한다. 여기에서 흄은 재치있게 기적이 어떤 초자연적인 행위자들—예컨대, 천사들이나 악마—에 의해 행해지는 그 가능성을 열어 둔다. 그런 기적의 가능성이 중요한 반면에 우리는 주로 신적 관심에 흥미를 갖고 있다. 그래서 아래의 논의에서 우리는 대체로 신의 특별 행위로서의 기적을 살펴볼 것이다.

기적은 "자연법칙의 위반"(transgressions of laws of nature)이 아닌 신의 특별한 행위인 것처럼 나타날 수 있다. 그래서 흄의 정의에 따르면 기적은 단지 신의 특별한 행위의 한 유형일 수 있다. 어찌되었든, 잘 생각해 보면, 비록 신의 특별한 행위가 일상적인 패턴에서부터 분명 벗어나지 않을지라도 단순히 '특별한'이라는 말에 적합하다는 이유로 어떠한 신의 특별 행위가 일상적인 자연과정과는 예외라는 것이 분명해 보인다. 만일 자연법칙들이 신의 정상적인 창조적 활동을 묘사하는 것으로 취급된다면, 어떤 특별 행위들은 어떤 면에서 이러한 자연적 과정들과는 필연적으로 차이가 있다.

기적에 대한 흄의 정의는 다양한 근거들에 의해 공격을 종종 받았다. 때로는 기적들이 정말로 자연법칙들의 위반이나 개입이 아니라는 반론이 제기되었다. 이러한 법칙들이 규범적이라기보다는 기술적이기 때문에, 법칙의 위반과 마찬가지로 이따금씩 자연법칙들에서 벗어나는 신의 행위로 설명하는 것은 잘못이다. 여기에서 하나의 유용한 점이 지적되는데, 어떤 사람들이 "법칙"과 "위반"이라는 말의 의미들을 아무런 의심 없이 잘못 인식했다는 점이다.

하지만, 많은 철학자들(아마도 흄 자신을 포함하여)이 자연법칙의

---

2 David Hume, "Of Miracles," *An Enquiry Concerning Human Understanding* (Indianapolis: Hackett, 1977), p. 77.

위반을 의미했던 것은 단순히 자연의 정상적 과정에서 예외조항이라는 것이다. 이것은 자연법칙에 대한 기술적 이해와 매우 일맥상통한다.

흄의 정의에 대한 다른 반론은 기적들이 정말로 자연법칙들에 예외적이지 않다고 주장한다. 자연법칙은 최초 조건들의 어떤 특정한 체계에서 벗어난 무엇인가가 일어나는 것을 기술한다. 이러한 조건들이 유지되지 않을 때, 그 법칙은 적용되지 않는다. 그런데 기적이 일어나면, 신의 특별한 활동이 그러한 조건들의 일부분이 되기 때문에 최초의 조건들은 필연적으로 차이를 만들어낼 것이다. 그러므로 법칙은 실제로 위반되지 않았다.

기적이 일어날 때 다른 어떤 일이 발생한다는 것은 확실히 옳다. 신이 "특별히" 개입할 때 그 상황에 하나의 새로운 요인이 첨가되는 것이다. 그러나 흄의 정의를 지지하는 것이 이 사실을 무시하는 것이라고 생각할 이유는 없다. 이 정의 뒤에 놓여 있는 가정은 자연의 질서를 불러일으키는 규칙적인 과정이 있다는 것이다.

이러한 과정들이 최초로 신에 의해 주어졌다고 가정하는 그들은 신의 "지속적인" 활동을 나타낸다. 신이 어떤 특이한 방식으로 "개입"할 때, 그의 행위를 정의하자면 자연 속에서 예외적이고, 어떤 면에서 그것은 신의 행위에 대한 결과가 동시에 예외적이어야 한다는 것이다. 비합리적인 어떤 것이 일어났다는 의미에서 법칙들이 위반된 것은 없다. 여전히 문제의 사건들이 자연의 정상적인 과정으로부터 차이를 만들어낼 것이다. 신의 특별한 행위에 의해서 일어나는 자연법칙의 예외조항으로서 기적을 정의하는 것과 투쟁해야 할 명백한 이유가 없다.

흔히 전통적인 의미에서 기적을 믿는 신념을 이미 포기해 버렸던 어떤 신학자들은 기적에 대하여 정말로 중요한 부분을 놓치는 근거들 위에서 흄의 정의에 반대한다. 이 견해를 보면 기적들이란 계시적 사건들—이적들—이고 자연의 일상적 과정에서 예외적인 사건들을 초자연적으로 일으켰던 것은 아니다. 이것에 대하여 기독교와 다른 위대한 종교들 안에 있는 기적의 가장 중요한 기능이 실제로 이적들, 즉 신의 능력과 성격을 증언하고 예언자들과 사도들의 권위를 입증하는 사건들이라고 대답해야 한다.

그렇지만 적어도 정상적으로 말해 기적들의 초자연적인 요소는 부분적으로 그러한 기적들을 이적들 및 계시적 사건들로 이해될 수 있다. 성경 시대에 살았던 사람들은 인간 존재가 자연의 정상적 과정 속에서 죽은 자들을 일으키는 것이나 동정녀 탄생이 가능하지 않다는 것을 매우 잘 알고 있었다. 그러므로 그런 "비정상적인" 사건들은 신이 특별한 방식으로 일을 했다는 증거로 이해되었다.

물론 흄의 의미에서 기적이 없이 이적들로 기능하는 사건들은 가능하다. 우리는 종교경험에 관한 장에서 이미 신에 대한 의식이 자연의 질서를 통하여 어떻게 매개가 되는지를 논의했다. 만일 누군가가 계시적 사건들이나 경험들의 넓은 영역을 "기적"이라는 용어로 사용하고 싶어 한다면, 그는 자유롭게 그렇게 사용할 수 있다. 그런 경우에 흄의 의미에서 "기적들"이란 기적들의 보다 넓은 영역의 유형이 될 것이다. 하지만 "이적"(sign)이란 말이 계시적 사건들의 보다 넓은 범주로 전개될 수 있기 때문에 우리는 이 용어를 받아들여야 할 이유는 없다.

물론 신의 특별한 행위가 항상 자연법칙들과는 분명한 예외를 만들어 낸다는 것은 필연적이지 않다. 예를 들어, 매우 중요한 볼트 하나가 비행기에 문제를 일으키는 상황에서 탑승객들의 안전을 위한 기도가 응답되면서 신이 그 볼트를 기적적으로 융합시킨다고 가정해 보자. 겉보기에는 비행기가 무사 평온한 것처럼 보인다. 그럼에도 불구하고 비행기가 안전하게 착륙하는 것은 하나의 기적이다. 그런 기적은 찾아보기 힘들 것이고, 따라서 이적으로 기능하는 기적의 특징들이 결여되고 있는 것이다.

우리의 정의에서 보면, 신의 편에서 그런 행위는 기적으로 적합한 것이다. 그러한 가능성은 이적들을 기적으로 동일시하지 않아야 하는 다른 이유들을 보여 준다. 분명히 기독교와 같은 종교의 기적들은 단순히 괴상한 사건들이나 묘기들이 아니다. 기적들은 하나의 기능이나 목적을 분명히 가지고 있고, 또한 일반적으로 그 기능은 계시적으로 작용하고 있다. 그러나 엄밀하게 말해, 기적이 아닌 이적들이 거기에 있고 또 이적들이 아닌 기적들도 거기에 있는 것처럼 보인다.

5. 기적을 믿는 것은 합리적인가?

기적에 대한 그의 유명한 정의가 제시된 후에 흄은 기적들이 발생하고 있다고 믿는 것에 반대하는 유명한 논증을 제시하고 있다. 흄은 그의 논문에서 두 가지 유형의 논증을 제시한다.

첫 번째 논증은 아프리오리 논증(a priori argument)으로서 일상적인 증거가 기적을 믿는 신념을 충분히 합리적이게 만든다는 것을 보여 준다.

두 번째 논증은 기적을 뒷받침하기 위해 제시하는 실제적인 증거가 아주 빈약하다는 것을 보여 주려는 시도이다.

우리는 여전히 이 두 논증을 분리하여 살펴볼 것이다. 이 둘의 논증은 특성상 인식론적이다. 즉 흄은 기적들이 불가능하다는 것을 입증하려는 시도보다는 오히려 어떤 기적들이 실제로 일어났다고 믿는 것이 타당한 것인지에 대하여 충분한 증거를 우리가 가지고 있지 못하거나 가질 수 없었다는 것을 보여주려고 시도한다.

기적이 일어나지 않거나 일어날 수도 없었다는 것을 흄이 직접적으로 보여 주려고 시도하지 않았는지 살펴보는 일은 잠시 접어두는 것도 좋을 것 같다. 어쨌든 기적들은 아주 불가능하다는 것이 종종 주장되었다. 거기에 덧붙여 과학은 기적의 불가능성을 보여 준다고 단언했다. 유명한 철학자들조차 때때로 그런 주장들을 표현하기도 한다.³ 그럼에도 흄은 그런 주장을 표현하지 않는데, 이는 그가 왜 그렇게 표현하지 않는지를 쉽게 이해할 수 있다. 신이 있는지—그리고 만일 그렇다면, 그가 어떤 특별한 행위들을 수행하는지—는 흄의 용어로 말하자면 "사실의 문제들"(matters of fact)인 것처럼 보이기 때문이다.

흄은 우리가 사실의 문제를 다룰 때마다 진리의 문제들은 경험의 근거에서 결정해야만 한다고 활발하게 논증한다. 우리는 어떤 존재의 유형인지 혹은 어떻게 이러한 존재들이 행동하는지를 연역적으로 말할 수 없다. 흄은 확실히 여기에서 옳고, 기적이 결코 일어나지 않는다는 선험성을 안다고 주장함으로써 그 자신의 원리들과 모순되게 만드는 것은 그에게 있어서 어리석은 일이다.

---

3 예컨대 존 힉은 솔직 담백하게 이렇게 선언한다. "만일 기적이 자연법칙의 위반으로서 정의된다면, 우리는 기적이 존재하지 않는다는 선험성을 선언할 수 있다." 그의 *Philosophy of Religion*, 2nd ed. (Englewood Cliffs, N. J.: Prentice-Hall, 1973), p. 46.

때때로 기적들이 자연법칙들에 대한 위반이기 때문에 그런 기적들이 불가능하다고 주장된다. 이 반론을 넘어서 어떤 근거를 이루는 가정은 자연법칙이 필연적이라는 사실이다. 우리가 보아온 대로, 어떤 면에서 기적들은 정말로 자연법칙들의 위반이다. 그러나 자연법칙은 자연이 존재해야 하는 방식에 대한 묘사로서가 아니라 어떤 가능한 자연의 실제 과정에 대한 묘사로 해석되어야 한다.[4]

우리가 미세 조정 논증을 다룰 때에 논의했듯이, 물리학자들은 어떤 제한된 측면에서 자연법칙이 다소 다르다고 해도 세계가 어떠했었는지를 실제로 계산할 수 있는 사람들이다. 자연법칙들은 필연적이 아니라 우연적인 것처럼 보인다. 자연의 일관성들은 절대적이거나 선험성을 결정할 수 없는 사실의 문제를 다시 한 번 예외로 허용하는 것처럼 보인다.

1) 흄의 첫 번째 논증에 대한 반론

흄의 첫 번째이자 일반적인 논증을 검증해 보자. 이 논증은 가능성과 증거의 개념들을 전제로 한다. 이 논증에서 흄은 그의 논증을 고려하면서 개인이 직접적인 경험을 가지지 못했음에도 증거에 의존한 것처럼 강요되었다는 것을 가정하고 있다. 증언의 모든 경우에 사람은 증언의 신뢰성과 증거의 내용에 대한 원래의 가능성 사이를

---

[4] 그럼에도 유신론자들은 자연법칙을 단순히 현실적 사건들에 대해 기술적으로 해석하지 않는다. 즉, 그들은 자연법칙들이 실제로 일어나고 있는 것을 단순히 기술하는 것이 아니라 다른 조건들이 일어난다면 무엇이 일어났는지를 기술한다는 사실을 인식할 수 있다. 그렇지만 그런 법칙들은 여전히 우주에 대한 신의 정상적인 "패턴"을 유신론적으로 기술하는 것으로 해석될 수 있다.

구분할 수 있다. 있음직하지 않은 이야기들은 아주 상당히 신뢰할 만한 많은 증거들을 필요로 한다. 있음직한 이야기들은 약한 증거들에 근거하여 합리적으로 받아들여진다.

기적의 본래적 가능성은 무엇인가?

흄에 따르면, 기적의 가능성은 누군가가 상상할 수 있는 것만큼이나 매우 낮은 것이다. 그가 말하기를, 한 사건의 가능성은 일어난 것을 관찰한 빈도수에 의해 결정된다. 자연법칙에서 예외로 두고 있는 기적은 가능성이 매우 희박한 것이다. 흄은 이렇게 적고 있다.

> "기적은 자연법칙의 위반이고, 아주 확고하고 변경 불가능한 경험이 자연법칙을 성립하고 있기 때문에 사실의 바로 그 본성에 근거하여 기적에 반대하는 증명은 경험에 근거한 어떤 논증이 그렇다고 상상할 수 있는 것만큼이나 완전하다."[5]

우리는 경험에 대한 흄 자신의 견해와 모순을 일으키는 "변경 불가능한" 경험에 대한 논점-회피의 고려에서 배제할 것이다. 흄은 실제로 기적에 대해 내린 정의에 의하면 너무나도 있음직하지 않기 때문에 가장 인상적인 증거가 단지 기적의 불가능성에 의해 제공되어진 반대증거와 균형을 이루어야 한다고 주장하고 있다. 증언의 거짓됨이 진술된 기적보다 더 기적적인 것처럼 너무나 강력해 보여도 증언은 기적 중 하나를 충분히 합리적으로 설득한다.[6]

여기에서 흄의 논증은 여러 항목들의 비판을 피할 수 없는 것

---

5 Hume, "Of Miracles," p. 76.
6 Ibid., p. 77.

처럼 보인다.

첫째, 그는 증언에 의해 제기된 문제들(물론, 경험 그 자체의 신뢰성에 대하여 다른 문제들이 제기될 수 있을지라도)을 교묘히 회피하는 기적의 첫 번째 중요한 관찰의 가능성에 대한 적절한 생각을 제시하지 않는다.

둘째, 그는 기적이 남겨 놓은 물리적 효과나 흔적과 같은 종류를 고려하지 않는다. 기적은 증언과는 별도로 발생한 사건들에 대한 증거를 제공한다. 쇠약한 다리를 치유하는 것은 고쳐진 것에 대한 증언과는 달리 기적적인 사건의 증거다. 그럼에도 불구하고 가장 심각한 결점은 흄의 설명을 뒷받침하는 개연성의 견해에 있는 것처럼 보인다.

흄의 견해는 어떤 사건의 유형이 일어나는 개연성이 직접적으로 그 유형의 사건들이 일어나는 빈도수에 의해서 결정된다고 가정한다.[7] 그런데 보편적으로 받아들였던 사실성에 의해 증거로 삼았던 견해와는 대조적으로 이것은 확실히 너무 활기가 없고 순진하기 때문에 흄의 견해는 언제나 특이하고 반복할 수 없는 사건들을 다루는 역사가에게 엄청난 난제를 안겨 준다.

우리는 행성 및 혜성의 충돌을 한 예로 들어볼 수 있다. 만일 행성과 혜성이 충돌한다면, 의심할 여지 없이 이와 같은 유형의 사건들은 빈번하게 일어나지 않으며, 따라서 흄의 견해에 따르면 개연적이지 않다. 하지만 주어진 순간에 그런 충돌이 개연적이지 않을지라도 그런 사건들은 일어났거나 일어날 것이라는 것이 개연적이지 않은 사실로부터 따라오는 것은 아니다.

---

7 Hume, "Of Probability," *An Enquiry Concerning Human Understanding*, pp. 37–39를 참조.

유사한 방식으로 기적이 흔한 사건이 아니기 때문에 기적을 믿는 사람은 주어진 어떤 순간에 기적이 일어났다는 것이 개연적이지 않다는 사실에 동의한다. 하지만 사람은 어떠한 때나 다른 순간에 기적이 일어났다는 것이 비개연성과는 거리가 멀다고 여전히 주장할 수 있다.

더욱이 혜성과 행성의 충돌과 같은 흔치 않은 사건조차도 주어진 순간에 개연성이 높을지 모른다. 만일 우리가 어떤 행성과 혜성의 속도와 궤도를 알고 있다면, 그들의 충돌은 어떤 순간에 거의 확실해진다. 이런 면에서 우리는 천체의 실제적인 특성들에 대해 우리가 가지고 있는 지식에 근거하여 개연성을 추정한다. 또한 우리는 과거에 있었던 그런 사건들의 빈도수에 대한 우리의 지식에 우리 자신을 한정하지 않는다.

유사한 방식으로 기적을 옹호하는 변론가들은 기적이 일어났는지는 신이 존재하는지, 그가 어떤 종류의 신인지 그리고 그가 가진 목적이 무엇인지에 크게 의존하고 있다고 주장한다. 흄이 제시하듯이, 인간 역사와의 관계에서 신의 목적과 신에 대한 충분한 지식에서 기적이 일어나는 것이 어떤 상황 속에서 더 개연적이거나 적어도 비개연적이지 않다. 이것은 자연신학이 종교적 지식에 본질적인 공헌을 만드는 곳이다. 만일 강력한 이유들이 한 인격적 신을 믿는 신념을 위해 주어진다면, 그것은 기적의 일반적 개연성에 대한 추정을 얕잡아 볼 수 없을 것이다.

신과 그의 목적들에 대한 어떤 확고한 지식이 부족하다면, 기적의 개연성이 허무하게 매우 낮다고 주장하는 흄처럼 너무 성급하게 주장하지 않아야 한다. 그것보다는 오히려 이 경우에, 만일 가능하지 않다면, 기적의 선험적 개연성을 추정하는 것이 어렵다고 보는 것이 합리적인 결론일지 모른다. 그래서 신중하게 말하자면, 비록 그것이 회의적이라고 할지라도 다소 열려진 마음으로 기적에 대한 증거를 살펴보아야 한다.

2) 흄의 두 번째 논증에 대한 반론

이 시점에서 기적에 반대하는 흄의 두 번째 유형의 논증은 적절하다. 여기에서 사실의 문제에 근거한 흄은 기적을 지지하기 위해 제시한 증거가 매우 빈약하다고 주장한다. 흄은 기적을 뒷받침하기 위한 증언은 일반적으로 구석진 곳이나 문맹 지역, 즉 "무지하고 미개한 곳"[8]에 살았던 교육 받지 못한 사람들로부터 흘러나왔다고 지적한다. 그는 그런 이야기들의 신빙성을 강조하는 기적에 대하여 위조하고 거짓된 이야기들과 이상하고 특이한 것을 믿으려는 사람들의 경향성을 제시한다.[9]

또한 흄은 한 종교에 증거로서 기능하는 기적들이 다른 종교들의 기적들에 반대하는 증거들로 기능하고 있다고 주장한다.[10]

이 특정한 비판들은 어느 정도 철학자들보다는 역사가들을 통하여 평가되어야 하는 판단들이고, 그런 주장들에 대한 수정은 사례별로 다루는 근거에서 고려되어야 한다. 확실히 전적으로 단언되지 않은 기적들은 동일하게 잘 입증되고, 그리고 흄은 대부분 의도된 기적들에 관하여 아마도 옳다고 보인다. 그러나 그의 비판들이 모든

---

8 Hume, "Of Miracles," p. 79.
9 Ibid., pp. 78–79.
10 Ibid., p. 81.

진술된 기적들에 반대하는 강력한 힘이 되는지는 분명치 않다.

흄의 비판들 중 더러는 비서구 문화와 "포스트모던" 문화를 향해 매우 교만한 태도를 전제하고 있는 것 같다. 예컨대, 성경 시대에도 그 시대의 과학적 지식이 분명히 결여되어 있었지만, 오늘날 사람들이 알고 있는 것처럼 확실하게 그들도 자연의 정상적인 과정 속에서 사람이 죽음에서 살아난다거나 처녀가 아이를 갖는다는 일은 가능하지 않다는 것을 알고 있었다.[11]

또한 흄은 한 종교의 기적들이 자동적으로 다른 종교들의 기적들에 대한 반대 증거를 제공한다고 가정하는 실수를 범하고 있다. 만일 흄이 여기에서 옳다면, 모든 기적들에 대한 증거가 무효가 된다는 것을 수반하지 않을 것이다. 이는 한 종교의 기적들에 대한 증거가 다른 종교들의 기적들에 대한 증거보다 더욱더 인상적일 수 있기 때문이다. 또한 흄이 인용하는 "경이로움에 대한 사랑"이 동일하게 강력한 회의론에 의해 많은 사람들 속에서도 매워져 있다는 사실을 깨달아야 한다. 일반적으로 사람들이 그들의 공로를 인정받으려고 특별한 기적들에 대한 주장들을 주의 깊게 고려하지 않은 것처럼 보인다.

3) 현대 논증들

어떤 현대 철학자들은 다른 논증을 통하여 기적들을 제거하려고 시도해 왔다. 그들의 견해를 관찰하면, 자연법칙들이 항상 혹은 보

---

[11] C. S. 루이스는 그의 논문 "기적"에서 이 부분을 발전시킨다. *God in the Dock: Essays on Theology and Ethics*, ed. *Walter Hooper* (Grand Rapids: Eerdmans, 1994).

편적으로 일어나는 것에 대한 기술로 정의된다. 만일 자연법칙의 예외가 일어난다면, 이것은 가정된 문제의 자연법칙이 진정한 자연법칙이 아니라는 것만을 보여 준다. 이는 보편적으로 자연법칙을 주장하지 않았기 때문이다. 만일 우리가 진정한 자연법칙을 알고 있었다면, 명백한 예외가 완전히 자연적인 것처럼 보일 것이다.[12]

그렇지만 자연법칙의 선험적 지식이 부족한 상태—분명히 우리는 자연법칙들을 가지지도 못하고 가질 수도 없는—에서 이 비판이 단정한 기적적 사건들을 설명하는 자연법칙들이 존재한다는 사실을 알 수 있었다는 것은 이해하기가 어렵다. 만일 신이 가끔씩 특별한 방식으로 활동한다면, 가장 엄밀한 면에서 우주적으로 유지하는 어떤 법칙들이 존재하지 않을 수도 있다. 이것이 기적을 옹호하는 변증가에게 문제를 일으키는 것 같다.

만일 자연법칙들과 같은 것이 존재하지 않는다면, 어떻게 기적을 자연법칙들에서 예외조항으로 정의할 수 있을까?

그렇지만 이것이 진짜 문제는 아니다. 만일 기적을 옹호하는 변증가가 비판가에게 "법칙"(law)이라는 용어를 제시한다면, 그는 신(혹은 다른 초자연적인 능력)이 특별한 방식으로 작동할 때 항상 예외로 주장하는 자연의 획일성을 기술하기 위해 유사한 개념을 발전시키는 것이다. 그런 다음에 "기적"도 우주적으로서가 아니라 일반적으로 유지하는 이러한 정상적인 획일성들에서 예외로 정의될 수 있다.

또 다른 현대 도전의 유형은 패트릭 노웰-스미스(Patrick Nowell-Smith)의 글 속에서 발견된다. 노웰-스미스는 한 사건을 요청하기 위해 기적이 사건을 설명하고, 신이 한 행위의 영향으로서 그런 사

---

12 이것은 이 장에서 인용된 존 힉에 의해서 전개되었던 생각인 것처럼 보인다.

건을 보여 주려고 시도하는 것이라고 주장한다.

노웰-스미스는 하나의 특정 사건에 대한 참된 설명은 항상 자연법칙의 참조 사항을 포함하고 있다고 주장한다. 그런데 기적들이 자연법칙에 예외적이고 또 신의 행위를 묘사하는 어떤 적절한 법칙들이 있지 않은 것처럼 보이기 때문에 그는 실제적인 설명을 보여주지 못했다.[13]

그럼에도 모든 설명이 자연법칙들의 참조 사항을 요구한다는 노웰-스미스의 주장은 잘못이다. 일반적으로 인간 행위에 대한 설명들과 마찬가지로 역사적 설명들도 종종 잘 알려진 자연법칙의 참조 사항을 고려하지 않는다는 것을 받아들인다. 우리는 어떤 목적들이나 의도들을 가졌던 한 인격이 활동하는 행위를 어떤 상황 속에서 항상 일어나는 것을 기술하는 자연법칙들에 대한 지식이 없이도 설명할 수 있다. 그런 자연법칙들은 존재한다. 우리는 행위에 대한 설명을 제시하기 위해 자연법칙들을 알아야 할 필요에 의존하지 않는다.

유신론자들이 신을 한 인격으로 인식하기 때문에 이와 같은 "인격적 설명"(personal explanation)은 사건을 기적이라고 부를 때에 명시적으로 나타나는 설명의 형식에 대한 분명한 유비를 보여 준다.

이 유비가 한 사건을 기적으로 간주할 필요가 있었던 증거와 같은 것을 인식하는 근거를 제공한다. 어떤 특정한 역사적 인물의 연구로서 어떤 역사적 사건을 간주하는 경우는 문제의 그 인격의 성격과 의도에 대한 우리의 지식에 의존하는 것과 마찬가지로 사건의 성격에 대해 우리가 가지고 있는 증거에 의존하고 있다.

---

13 Patrick Nowell-Smith, "Miracles," *New Essays in Philosophical theology*, ed. Antony Flew and Alasdair MacIntyre (New York: Macmilan, 1964), pp. 243-53.

특별히 중요한 것은 인격의 삶의 상황 속에서 진술된 행동을 보여주는 우리의 능력이다. 이와 유사한 방식으로 기적에 대한 종교적인 사람들의 경우도 다음의 요인들에 의존한다.

(1) 사건에 대한 우리의 지식(즉, 그 사건이 자연법칙의 위반인가를 가정하는 좋은 이유를 가지고 있는가?),
(2) 신의 성격과 목적들에 대한 우리의 지식,
(3) 신의 다른 행위들에 대한 우리의 지식과 같은 요인들.

대체로 대부분의 종교들, 특히 기독교에서 진술된 기적들은 임의적이고 고립된 사건들이 아니라 도리어 의미 있는 상황, 즉 신의 구속적 행위에 대한 이야기의 일부인 사건들이다.

리처드 스윈번(Richard Swinburne)은 기적을 묘사하는 "자연법칙의 비반복적 반대-예증"(non-repeatable counter-instance to a law of nature)의 개념을 전개했다.[14] 자연법칙을 어기면서 나타나는 한 특정 사건이 발생할 때, 두 가지 선택이 가능하다. 우리는 사건을 법칙의 거짓을 위한 증거로서 간주할 수 있거나, 아니면 우리가 다른 상황 아래에서 유지하고 있는 한 법칙의 예외로서 사건을 간주할 수 있다.

전자는 그 예외가 반복적이라는 증거가 있을 때 합리적이다. 이것은 자연 상황이 되풀이된다면 그 예외가 다시 발생할 수 있다는 것을 의미한다. 그런 경우에 아마도 우리는 일탈을 설명하기 위해 더 근본적인 법칙을 기대할 것이다. 하지만 예외가 비반복적인 사건

---

14 Richard Swinburne, *The Concept of Miracle* (London: Macmilan, 1970), pp. 23-32를 참조.

들로 발생한다면, 다른 모든 경우 속에서 유지하고 있는 자연법칙을 믿는 신념을 포기하는 것은 비합리적인 것처럼 보인다. 명백한 예외는 참된 자연법칙에서도 예외적일 수 있다(예외가 없이 지탱하고 있는 법칙들을 묘사하기 위해 "자연법칙"이라는 용어를 사용해야 한다고 강제할 이유는 없다).

어떤 상황 속에서 기적과 같은 비반복적 반대 예증들과 같은 것을 간주하는 것은 있음직하다. 누군가가 신을 믿는 훌륭한 이유와 그가 때때로 기도에 응답한다고 믿는 훌륭한 이유를 가졌다고 가정해 보자. 어떤 사람이 의족(義足)을 원상태의 다리로 회복해 달라고 신에게 기도하는 순간에 새롭게 회복된 다리가 모든 증인들의 눈에 갑자기 들어온다. 누구나 어떤 기적이 그런 상황 속에서 일어났다는 결론을 회피할 수 없다.

그러므로 철학자들이나 다른 사람들이 독단적으로 기적들이 일어날 수 없다고 주장하는 것은 성급하다. 기적들은 그것들의 일어남—일상의 역사적인 것과 같은 증거—에 대한 강력한 증거가 거기에 있을 가능성이 있다. 그럼에도 기적을 믿는 신념에 대한 훌륭한 근거를 가질 필요가 있는 증거의 정도는 결정하기가 쉽지 않다. 여기에서 누군가가 판단하는 것은 신 존재의 가능성에 대한 그의 견해와 신의 성격과 목적에 대한 그의 견해에 의해서 크게 형성될 것이다.

그런데도 합리적인 사람이 이전에 신 존재의 가능성을 크게 추정하지 않았다고 해도, 그가 신의 존재가 가능하지 않다고 확고하게 설득되지 않는 한 기적들이 일어났다고 설득될 수 있는 가능성이 있어 보인다. 정말로 신이 기적을 통하여 그의 성격과 목적들에 대하여 많은 것을 보여 준다는 것은 합리적인 듯하다. 그는 어떤 기적들을 수행함으로써 신의 기적-활동을 행하고 있다는 것을 보여 준다.

6. 계시는 특별한 권위를 가질 수 있는가?

우리는 전통적인 면에서 이해된 특별계시가 가능한 것인지의 문제로 이제 돌아올 수 있다. 만일 특별계시가 신이 인간과 대면하고 그들에게 자기 자신을 나타내는 신의 특별한 행위(a special act of God)로 잘 이해된다면, 그 문제는 사실상 기적이 가능한지의 문제에 의존하고 있는 것이다. 기적이 일어나는 것은 가능한 듯하고, 기적과 같은 유형은 새로운 어려움이 없이 특별계시를 요청했다. 그러므로 그런 계시는 가능한 것처럼 보이고 그런 계시가 실제로 일어났는지에 관한 판단은 다른 특정한 기적들이 일어났는지에 관한 판단과 동일한 방식으로 주장되어야 한다.

그럼에도 한 특별한 도전이 나타난다. 만일 신이 인간 존재에게 어떤 책을 쓰라고 영감을 준다거나 병고침의 어떤 말을 전달한다면, 그것은 필연적으로 기적이 일어났다는 명백한 것은 아니다. 그런 기적은 어떤 방식에서 앞서 논의되었던 비행기의 가상적인 경우와 같다. 그것은 저자의 "영감"에 대한 완전한 자연적 설명이 주어질 수 있다고 관찰할 수 있는 것처럼 보인다.

이러한 이유에서 구약성경의 예언자들이나 예수와 같은 계시를 요구하는 사람들이 더욱 명백한 기적들을 행해 왔다는 것이다. 명백한 기적들은 특별한 영감의 수취인들인 사람들이 가졌던 특별한 권위를 그 개인에게 확신시키거나 입증하는 기능을 갖는다.

합리적인 사람은 특별한 권위를 어떤 특정한 종교적 계시로 여길 수 있는가?

종종 철학자들은 그런 권위를 수용하는 것이 합리성의 목적을 파괴한다고 넌지시 빗대어 말한다. 이는 한 개인이 계시와 이성 혹은 권위와 이성 사이를 선택해야 한다고 빈번히 주장해 왔기 때문이다. 하지만 우리가 계시를 살펴보았듯이, 그것은 신의 행위에 의해 가능하게 된 어떤 특정한 경험의 부류이다. 어떤 특별계시가 합리적으로 특별한 권위를 가지는 것으로 간주되어 질 수 있는지의 문제는 합리적인 신앙을 만드는 데에 있어서 특별한 권위를 가질 수 있다.

모든 사람들은 그들 자신의 지식과 경험의 제한성을 깨닫고 또한 더 많은 지식을 가진 어떤 사람의 권위에 의존하고 있는 합리성을 인식한다.

왜 이것이 종교적 지식에 비추어서 그러한 경우가 되어야 하는가? 만일 어떤 한 개인이 신에 대한 특별한 계시적 경험을 가져야 한다면, 그 개인은 확실히 그런 경험을 가지지 않았던 사람들의 지식을 능가하는 신의 어떤 지식을 가지는 입장 속에 있게 된다. 만일 어떤 입장 속에 있는 한 개인이 사람들이 그런 경험을 가질 수 있었다는 것을 알고자 한다면, 그것은 그들의 증언을 특별한 권위를 가지는 것으로 간주하는 것이 오히려 합리적일 것이다.

물론 궁극적으로 예언자나 계시의 담지자의 권위는 계시의 근원인 신의 권위로부터 파생한다. 만일 신이 존재한다면, 그가 전지하기 때문에 누군가가 정말로 말씀하는 신이 존재한다고 믿는 이유를 갖는다고 가정하면서 신이 말씀하고 있다고 믿는 것은 비합리적이라고 볼 수 없다.

물론 이것은 누군가가 어떤 입장에서 다른 사람이 신으로부터 특별계시를 받아들인 경험을 정말로 가졌다는 사실을 어떻게 알 수 있었는가 하는 문제이다. 다시 말해, 여기가 "기적들을 입증하는 것"의 중요성이 나타나는 곳이다. 아마도 신이 다른 사람을 위해 의도하는 한 특정 개인에게 어떤 특별계시를 일으킬 때 그도 계시되었던 것을 시험하려고 개인에게 명령을 내리고, 개인의 메시지 위에 신의 "확인증"의 명백한 증거를 보여주는 어떤 기적들을 행하는 방식으로 개인의 증언이 진정한 것인지 입증할 수 있다.

구약 및 신약성경에는 이것이 바로 신이 전형적으로—항상 그렇지는 않지만—사용하는 방법이라는 성서적 증거들이 있는 것처럼 보인다. 따라서 기적을 증언하는 사람들은 메신저의 말을 단순히 받아들이는기보다 "메신저"가 말하는 것이 신적 권위의 증거를 제공한다는 사실이다.

그때에 계시와 이성은 필연적으로 인식의 경쟁적 방식이 아니다. 이는 합리적인 방식으로 계시를 받아들이는 것이 가능하기 때문이다. 물론 비합리적인 방식으로 계시를 받아들이는 것 또한 가능하다. 합리적인 사람은 생각과 성찰을 위한 대체로서 계시를 간주하지 않아야 한다. 그러나 만일 그가 진정으로 생각하고 성찰하는 사람이라면, 그도 독단적, 선험적 근거로 계시의 가능성을 배제하는 것이 합리적이지 않다는 것을 알게 될 것이다.

제6장

종교, 모더너티 그리고 과학

현재의 지적이고도 문화적인 환경 속에 있는 우리는 서로가 일관적으로 그렇다고 말하기는 어려워도 모든 영역에서 종교와 종교적 신념에 대한 수많은 상이한 비판들을 발견한다. 일련의 비판들은 종교적 신념이 교육 받고 사려 깊은 사람들에게 더 이상 적합하지 않다고 주장한다. 더러는 종교적 신념이 너무나 많은 사람들의 삶 속에서 두드러진 현상이라고 주장하고, 그 두드러진 현상으로 인해 다양한 사회적 질병들이 유발된다고 한탄한다. 더러는 종교가 증명될 수 없는 무의미한 주장들을 반복적으로 되풀이하고 있기 때문에 고결한 가치를 향유조차 할 수 없다고 주장한다. 그런가 하면, 또 더러는 종교가 증명되지 않는다―아마도 과학이나 사회학 혹은 철학이나 다른 어떤 것에 의해―고 진술하기도 한다.[1]

---

1 다음 두 장에서 논의된 의미의 이론으로서 입증주의에 근거하는 논리실증주의와 그 논리실증주의의 비판에 대한 논의를 기억해 보라.

이 장과 다음 장에서 우리는 자연 및 사회 과학에 그들의 뿌리를 두고 있는 사람들에서부터 시작된 더욱 두드러진 비판들을 전개할 것이다.

1. 모더너티와 종교적 신념

오늘날 수많은 작가들은 철저하게 사회학적 방법으로 종교적 신념의 문제에 접근한다. 20세기에는 현대적이고도 산업화된 사회의 발전과 손을 맞잡으면서 불가피하게 세속화의 경향을 보이는 어떤 자각이 널리 만연하고 있었다. 따라서 "모던 시대"에 전통적인 의미에서 신이나 초자연적인 존재를 믿는 것이 가능한가에 대해 많은 논의들이 있어왔다.

신학자 루돌프 불트만(Rudolf Bultmann, 1884-1976)은 다음과 같이 주장하기까지 했다.

> "전등 및 무선을 사용하는 것과 현대 의학 및 의술의 발견에 도움을 주는 것, 그리고 신약성경에서 영의 세계 및 기적을 동시에 믿는 것은 불가능하다."[2]

신-죽음의 신학자 토마스 알타이저(Thomas J. J. Altizer)나 존 로빈슨 주교(Bishop John Robinson)와 같은 신학자들은 "영의 세계 및 기적"에 대한 불트만의 관점을 명백한 인격으로서 신의 바로 그 개

---

2 Rudolf Bultmann, *Kerygma and Myth* (New York: Harper & Row, 1967), p.5.

념으로 확대했다. 이러한 발전들이 종교적 신념에서 "모더너티의 문제"라고 부를 수 있는 것을 야기했다.

이러한 저자들의 전성기 이후, 종교적 신념은 세계의 특정 부분에서 다시 강하게 되살아났거나 심지어는 향유되기까지 했다. 그럼에도 불구하고, 종교적 신념이 최근 유행하고 있을지라도 서구의 산업화된 국가들, 특히 서구 유럽에서 적어도 지성인들 가운데 종교적 신앙인들의 수가 대체로 감소하는 추세다. 따라서 그러한 추세에는 모더너티의 기본적인 도전이 잔재하고 있다. 종교적 신념이 오늘날 교육을 받고 사려가 깊으며 지적으로 솔직한 사람들에게 "살아 있는 선택"(live option)—윌리엄 제임스의 용어를 사용하자면—으로 남을 수 있을까?

만일 종교적 신념이 최근에 교육 받은 사람들 가운데서 대체로 쇠퇴하고 있는 것이 사실이라면, 이 사실은 흥미롭고, 확실히 생각해 볼 가치가 있다. 그러한 현실에 대해 수많은 설명들이 가능한데, 특히 기존의 신앙의 감정적인 성격과 개인의 삶을 위한 의미들 속에서 찾을 수 있다. 종교적 신념이 필연적으로 비합리적이라는 사실로부터 결론을 내리는 일은 매우 성급한 것이다.

또한 그런 사회적 사실도 미국의 상당히 높은 비율이 독립전쟁 기간 동안 더 많은 교인들이 늘어났다는 사실과 더불어 종교적 신념을 소멸시키려 했던 전체주의 정부들에 의한 반복된 시도들이 있었던 기간 동안에 구소련과 중국에서 종교적 신념이 열렬히 지속되어 왔다는 흥미로운 사회 현상적 사실들에 의해 균형을 이루어야 한다.

일반적으로 사회 현상적 사실에 근거하여 신을 믿는 신념의 합리성이 쇠퇴하고 있음을 판단한다는 것은 여론 조사를 통해서 선거의 결과를 확정하는 것과 같다. 두 경우에서 사람들은 실존주의 작가들이 "대중"이라고 부르기를 좋아하는 익명의 권위(anonymous authority)에 비추어 무엇이 참이고 혹은 무엇이 최선인지를 규명해야 할 개인적인 책임을 포기해 왔다는 점이다.

확실히 역사가들과 사회학자들은 모더너티와 그것이 일어나는 원인과 암시들을 지속적으로 전개하고 있다. 하지만 그런 연구들이 신이 존재하고 있는지와 같은 근본적인 인간 문제들에 대해 대답할 수 있다고 생각하는 것은 잘못이다. 정말로 현재의 분위기에서 현대 인간 존재들은 그들이 믿어야 하는 것을 믿을 수 있고 더욱 깊게 생각할 수 있는 것을 완전히 판단하지 않는다면, 신학자들과 다른 사상가들은 좋을 것이라고 한다. 그와 같은 사회 현상적 평가들은 종교적 신념에 대한 주장들의 심각한 반론들을 검증하는 긴급한 과제에서부터 분란을 조장하고 있다.

이것은 불트만으로 다시 소급될 수 있는데, 불트만의 신학적 영향력은 오늘날에도 여전히 수그러들지 않고 있다. 전등을 사용하면서, 동시에 기적을 믿는 것이 불가능하다는 불트만의 진술은 분명 과장된 부분이 없지 않다. 하지만 격식을 갖춘 수많은 현대인들도 영과 기적을 계속 믿고 있다. 이렇게 믿는 자들 중에는 과학자들과 물리학자들, 철학자들도 있다.

그런데 불트만의 실제적인 요지는 아마도 무엇을 믿는 것이 가능하거나 불가능한 것의 심리학적 혹은 사회학적 주장을 의미하는 것이 아니라 오히려 현대세계, 특히 과학적 지식의 특성이 전통 종교적 신념을 비합리적이라고 주장하는 것에 대한 언급이다. 만일 그렇다면, 이 결론을 이끌어내는 논증들은 합리적 검증을 위한 토론의 장을 마련해야 한다.

어떻게 과학적 지식이 종교적 신념과 양립할 수 없는지, 경박한 일반화가 시도되지는 않을 것이다. 만일 어떤 방식에서 과학적 지식이 종교적 신념의 합리성을 허물어 버린다면, 우리가 다음의 사실을 아는 것이 중요하다. 즉 반론을 제기하는 과학의 특징들이 설명되어야 하고, 어떻게 이러한 특징들이 종교적 신념을 지지할 수 없게 하는지 보여주어야 한다.

간단히 말해 우리는 이것을 수행하도록 의도된 어떤 논증들을 검증할 것이다. 그러나 우선, 우리는 현대 과학적 지식과 양립하지 않고, 거짓이 될 수 있는 종교적 주장들을 받아들이는 일반적인 세계관에 대해 말해야 한다.

2. 자연주의

자연주의는 실제로 다양한 형태로 나타나고, 현재의 논의를 위해서는 이러한 견해들을 구분하는 것이 중요하다. 우리가 지금까지 "자연주의"(naturalism)라고 불러왔던 이 견해는, 더욱 정확하게 말해, 철학적 자연주의라는 용어다.

철학적 자연주의는 존재하는 사물인 "자연적" 실재들—즉 실재하는 것이 무엇이든지 간에 그 실재들은 자연세계를 설명하려고 시도하는 이론들을 세우기 위해 자연과학에 의해 가정된 견해—만이 존재한다는 견해다. 자연과학이 성공한 것은 명백히 자연은 "스스로" 존재하고, 과학적 설명을 넘어서 어떤 것도 필요하지 않다는 견해를 고취해 왔다. 철학적 자연주의자가 옳은지는 여기에서 따로 분리할

수 있는 하나의 문제가 된다.[3]

한 가지 사실에서 그 쟁점은 우주의 우연성과 우주의 이로운 질서에 대한 설명을 기대하는 일이 합리적인지에 달려있다. 이러한 쟁점들은 우주론적 및 목적론적 논증들과 연관하여 논의되었고, 그러한 논증들에 관심을 가진 독자는 3장으로 돌아가 더 살펴보아야 한다.

현재의 목적을 위해서 중요하게 눈여겨 보아야할 부분은 본질적으로 철학적 자연주의가 말하는 초자연적인 실재가 존재하지 않는다는 바로 그 견해이다. 신도 존재하지 않으며, 천사나 불멸적 영혼과 같은 것도 존재하지 않는다는 것이다. 이처럼 철학적 자연주의는 스스로 유신론과 논쟁하지 않을 수 있다. 이는 단순히 유신론(또한 초자연적 실재들을 가정하는 다른 어떤 견해)을 부정하기 때문이다.

자연주의가 참이기 때문에 유신론이 거짓이라고 주장하는 것은 완전히 논점을 회피하는 것이다. 더욱이 철학적 자연주의는 결코 어떤 신뢰하는 과학적 이론에 의해 수반되지 않을 뿐만 아니라 다른 이론들에 의해서도 수반되지 않는다. 같은 의미를 암시하듯이, 철학적 자연주의는 순수한 철학적 견해이지 경험을 옹호하는 견해가 아니다. 따라서 유신론이 확실히 철학적 자연주의와 양립하지 않는 한에서, 유신론은 과학과 양립하지 않는다는 사실을 결코 입증하지 못한다는 것이다.

---

3 알빈 플란팅가에 의해 발전되었던 자연주의에 반대하는 인식론적 논증은 최근 상당한 논의가 진행되고 있다. 이 논증은 Plantinga, *Warrant and Proper Function* (New York: Oxford University Press, 1993), 12장에서 전개되었다. 이 논증의 본문은 다음과 같은 종교철학의 모음집들 속에 발췌되어 있다. *Readings in the Philosophy of Religion*, ed. Kelly James Clark, 2nd ed. (Peterborough, Ont.: Broadview, 2008), pp. 136-147.

더욱 흥미로운 문제는 유신론이 방법론적 자연주의(methodological naturalism)와 양립하지 않는지 또는 방법론적 자연주의가 과학의 가정인지하는 문제이다. 이처럼 방법론적 자연주의는 모든 과학적 설명이 자연의 실재들과 자연의 속성들을 언급하게 한다.

간단히 말해, 하나의 설명이 스스로 자연세계에 한정된다면, 그 설명은 "과학적으로" 적합해야 한다는 것이다. 과학이 방법론적 자연주의인지는 논쟁거리다.[4] 예를 들어, 이와 같은 문제는 지적설계를 언급하는 우주의 질서에 관한 어떤 이론이 과학적 견해로 적합한 것인가에 관한 쟁점을 원칙적으로 강조한다. 지적설계가 과학적 방식이라고 말하는 사람들은 어떤 종류의 설명이 "과학적으로" 적합할 수 있는지에 관해서 더한 제한성을 두지 않으면서도 과학이 자연 현상의 실질적인 설명들에 대한 탐구라는 견해를 지지하기 때문에 방법론적 자연주의를 거부한다.

그렇지만 과학이 방법론적 자연주의의 의무를 내포하고 있다고 하더라도 유신론이 과학과 양립하지 않으며, 더군다나 유신론이 거짓이라고 결코 증명하지 않는다는 점은 명백한 것처럼 보인다. 만일 과학이 자연 현상에 대한 자연주의적 설명에 한정된다면, 이것은 단순히 과학이 확실한 진리들에 "맹목적"이라는 것을 암시한다. 원칙적으로 세계의 어떤 모습들을 과학에서는 깨닫지 못하고, 더군다나 설명하는 것도 불가능하다. 이것은 실제로 어떤 "비자연적인" 실재들이 존재한다는 것이다.

---

4 방법론적 자연주의에 대한 비판을 보려면, J. P. Moreland and William Lane Craig, *Philosophical Foundations for a Christian World-view* (Downers Grove, Ill.: InterVarsity Press, 2003), 17장, pp. 358-362를 보라.

따라서 방법론적 자연주의는 유신론을 논박하지도 않고, 또한 유신론과 양립하지도 않는다. 만일 방법론적 자연주의를 받아들이게 되면, 따라오는 모든 것은 과학이 진실—만일 철학적 자연주의가 아마도 진리(우리가 본 대로 과학을 통한 한두 가지 방식이 증명할 수 없는)로 판명되지 않는다면—을 장악하지 못한다는 사실이다. 시종일관하여 우리는 방법론적 자연주의와 유신론을 둘 다 긍정할 수 있다. 만일 우리가 긍정한다면, 우리는 세계의 어떤 부분(자연의 영역)을 설명하기 위해서 과학을 받아들이고, 또 다른 부분(초자연적인 영역)을 설명하기 위해서 유신론을 받아들일 것이다.

그런데 여러 형태로 나타나는 자연주의는 유신론에 대한 논박의 근거를 제공할 수 없고, 또한 종교와 과학이 서로 양립할 수 없다는 것을 증명하지도 않는 것처럼 보인다. 만일 어떤 양립 불가능성이 존재한다면, 그것은 과학 이론들 속에서 스스로 발견되어야 한다. 따라서 오늘날 지성인들이 과학과 종교적 신념 사이에서 선택해야 하듯이, 우리는 현대 과학에서의 발전들이 종교적 신념에 대한 합리적 방해거리와 같은 것을 제공하는지의 문제로 돌아와야 한다.

3. 자연과학은 종교적 신념의 토대를 허무는가?

전해지는 바에 의하면, 과학이 종교적 신념에 대해 제기하는 난제들을 검증하기 위해 자연과학에서 파생되는 문제들과 사회과학에서 파생되는 문제들을 구분하는 것이 도움이 된다. 가장 위대한 자연 과학자들이 신을 믿는다는 사실에도 불구하고, 자연과학의 발전과 성장이 종교를 믿는 자에게 난제가 된다는 생각이 다소 만연해 있다. 이러한 난제들이 정확히 무엇을 가정하고 있는가?

고려해 볼 가치있는 것들이 더러 있다. 예를 들어, 어떤 사람은 우주의 광대함과 지구의 상대적 공간의 중요성에서 나타나는 문제를 찾으려고 나선다. 물리적 크기의 근거에서 순수하게 공간적 중요성을 추정하는 일은 다소 성급하다.

모든 것들이 말하고 행해졌을 때 지구는 아주 중요한 장소로 판가름 난다. 어느 경우이든, 대체로 종교를 믿는 사람이 신을 우주의 창조자로서 간주하기 때문에 우주의 광대함은 오로지 창조자의 위대함에 대한 우리의 생각을 덧붙일 수 있다. 그런 생각은 신이 우주의 다른 부분에서 다른 존재들을 창조했다고 믿는 유신론과 완전히 일치하고, 이 땅 위에 사는 우리는 우리 모두에게 창조자가 우리와 함께 있다고 생각한다. 그렇게 함으로써 우리는 신이 그런 존재들에 대해 관심을 보인다는 것을 안다.

그럼에도 그런 문제들은 중요한 구분을 만든다. 일반적으로 자연과학이 종교적 신념을 강조하는가 하는 문제는 유신론과 갈등을 빚는 과학의 특정한 내용들이 있는가 하는 문제로부터 구분해야 한다. 그와 같은 문제들은 후자의 범주로 빠져들고, 이러한 것 중 어느 것도 종교적 신념에 대해 심각하게 도전하지 않는다.

다소 더 문제가 되는 생각—가능한 "일반적" 갈등에 대한 논의 아래에 있는 생각—은 우주(혹은 우주의 부분들)에 대한 설명을 내보이는 자연과학의 성공이 어떻게 해서든 "신-가설"(God hypothesis)을 불필요하거나 거짓이라고 증명해 왔다는 것이다. 이 견해에는 신학과 과학이 경쟁적인 이론들이고, 서로가 자연의 사건들을 설명하려고 시도한다는 것을 보여준다. 이것은 진화론 생물학자 리처드 도킨스의 견해다. 그는 다음과 같이 주장한다.

"더욱 일반적으로 말하자면, [과학자 스티브 제이] 굴드와 많은 과학자들이 주장하듯이, 종교가 도덕과 가치를 제한하면서 스스로 과학의 영역으로부터 멀리 떨어져나간다고 주장하는 것은 완전히 사실이 아니다. 초자연적인 존재의 통제를 받는 우주는 초자연적인 존재가 없는 우주와는 근본적으로 또 질적으로 차이가 있을 것이다. 그 차이는 불가피하게 과학적 차이다. 종교는 존재를 주장하게 하며, 이것이 과학적 주장을 의미한다."[5]

도킨스의 견해에 의하면, 종교와 과학은, 굴드와 다른 사상가들이 제안해 왔듯이, "비중첩적 다른 영역"(nonoverlapping magisteria)으로서 화해될 수 없다.[6] 왜냐하면 종교와 과학이 경쟁적이고 양립 불가능한 주장들이기 때문이다. 둘은 세계가 정말로 어떤 것인지를 설명하는 과제를 수행하고 있다. 그렇지만 자연과학의 성공은 상위를 차지하고 있고, 따라서 도킨스의 견해에 따르면 과학적 설명들이 신학적 설명들을 "밀어내고 있다"는 것이다.

이것과 유사한 또 하나의 생각은 19세기 철학자이자 사회학자인 오귀스트 콩트(Auguste Comet)의 과학 역사에 대한 설명에서 두드러진다. 콩트의 견해에 따르면, 원시 사회의 특징은 현상을 신학적으로 설명한다는 것이다. "천둥번개가 치는 것은 (북유럽 신화의) 뇌신 토르가 그의 망치를 던지고 있기 때문이다." 과학이 발전함에 따라

---

5 Richard Dawkins, "Science Discredits Religion," *Quarterly Review of Biology* 72 (1997) L 397–99; *Philosophy of Religion: Selected Readings,* ed. Michael Peterson, William Hasker, Bruce Reichenbach and David Basinger, 3rd ed. (New York: Oxford University Press, 2007), p. 561.

6 Stephen Jay Gould, *Rocks of Ages: Science and Religion in the Fullness of Life* (New York: Ballantine, 2002).

그런 설명들은 자연의 규칙들을 포함하는 기계적인 것에 의해 대체되어졌다.

도킨스와 콩트의 견해들은 둘 다 여러 관점들에 대하여 도전한다. 한 가지 관점을 보면, 도킨스가 신의 존재가 세상에 근본적이고 질적인 차이를 만들어낸다고 말하는 것은 확실히 옳다. 그러나 거기에 덧붙여 도킨스는 앞서 언급한 내용에서 모든 존재의 주장이 있음직하지 않는 과학의 범주 아래―X가 존재한다는 어떤 X를 주장하는 것은 과학적 주장을 만드는 것이다―에 예속해 있음을 보여 준다.

"1과 3사이에는 소수가 있다"는 말은 (논쟁적으로) 한 존재의 주장이고, 그 말은 분명히 과학적 주장은 아니다. 이 대답은 한 변호사가 그의 의뢰인에게 법적으로 내비치는 것처럼 다소 경박하게 공격하는 듯이 들린다. 하지만 사실은 그 요지가 아주 신중해 보인다.

존재의 요구들이 무엇이든 간에 형이상학의 문제들을 포함하고 있으므로 우리는 문제의 실재들을 과학적으로 입증할 수 있다고 기대하지 않아야 한다. 그렇지 않다면, 그와 같은 문제는 형이상학적인 문제가 되지 않을 것이다. 거기에 증거가 무엇이든 간에 이러한 실재들에게는 합리적 증거―예를 들어 철학적 논증들에 의해 제시되었던 증거―가 있어야 한다. 수들의 존재는 형이상학적 문제이고, 그래서 도킨스와 같은 도전의 상황에서도 신의 존재와 다른 "종교적" 실재들(예컨대 불멸의 영혼들)이 존재한다. 모든 것이 존재한다는 주장들은 분명히 과학적 주장들이다.

하지만 아마도 도킨스의 요지는 단순히 신이 존재한다면, 그의 존재―그리고 가정하건대 그의 행위―는 세계 안에서 과학적으로 관찰할 수 있는 현상들을 가진다는 것이다. 그러나 이 요지에 따르면, "과학적으로 관찰할 수 있는" 것이 철학적 자연주의를 선호하여 관점을 교묘히 회피하는 방식으로 해석되지 않는 한 유신론자는 동의하지 않을 필요는 없다.

이를테면, 유신론자는 신의 행위에 대한 결과로서 우주의 미세 조정(fine-tuning)에 주목하고 있다. 기적들도 세계에서 신의 활동에 대한 결과들이고, 또한 만일 과학적으로 관찰할 수 있는 것이 "어떤 경우에 한 두어 사람들에 의해 경험적으로 관찰될 수 있는 것"보다는 "실험실에서 반복적으로 관찰할 수 있는 것"과 같은 것을 나타낸다면, 기적들은 "과학적으로 관찰할 수 있는" 것으로는 적합하지 않다.

도킨스는 신이 존재하는 것은 유신론에 반대하는 속임수를 쓰지 않고 과학적으로 관찰할 수 있는 결과들을 가져야 한다고 주장한다. 또한 그는 신 존재의 모든 증거들을 확실하게 하는 방식으로 정의된 "과학이 관찰할 수 있는 것"을 배제한다면, 신이 존재한다는 주장은 성립되지 않는다고 말한다.

반면에 콩트는 분명히 신학을 신화로 혼동하고 있다. 신의 망치가 후자의 예가 되는 것처럼 보이고, 위대한 세계종교들의 신화와 신학 사이에는 큰 차이가 있다. 다른 경우에 콩트는 마술이 신화나 신학보다 현대 과학의 역사적 선조로서 보다 나은 경쟁자가 된 것을 이해하지 못하고 있다.

그렇지만 콩트에 대한 가장 신랄한 반론은 그가 신학적 설명의 성격을 잘못 해석하고 있다는 데 있다. 사실, 이것이 콩트와 도킨스에 의해 범해진 오류다. 믿는 자들이 가끔씩 신의 행위를 자연의 현상들(특히 기적의 경우에)에 대한 직접적인 설명으로서 이해해 왔더라도, 종교와 과학은 흔히 일상적 사건들에 대한 모순적인 설명들을 보여주는 것으로 나타나지 않는다.

자연과학은 설명적 탐구로 더 밀어 넣지만, 그것의 설명이 궁극적이고 최종적인 어떤 주장을 검증하는 과학적 요구가 아닌 것처럼 보인다. 과학은 자연의 구조와 과정을 기술하려고 시도하는 학문이다. 자연이 과정과 구조와 함께 스스로 설명한다는 것보다 더 궁극적인 어떤 것이 존재하는지에 관한 문제는 과학 그 자체―과학적 지식이 항상 그런 물음에 대답하기에는 부적절하기 때문이라고는 말하지 않지만―에 의해 대답될 수 없다는 것이다.

이와는 달리 신학은 자연의 과정들에 대한 의미에 관심을 갖기는 해도 자연의 과정에 직접적으로 관심을 갖지 않는다. 신학은 자연의 법칙을 신이 유지하고 만들었던 질서정연한 과정을 설명하는 것으로 본다. 신학은 왜 자연이 존재하는지, 또한 과학이 탐구하는 이 자연이 왜 질서정연한 특성들을 가지는지의 문제에 답하려고 추구한다. 그러므로 과학과 신학은 본질적인 경쟁의 관계가 아닌 것처럼 보인다. 이는 과학과 신학이 제시하는 설명들이 동일한 차원이나 동일한 유형이 아니기 때문이다.

과학은 우리에게 무엇이 일어나고 있고, 어떻게 진행되고 있는지를 보여주려고 시도한다. 신학은 왜 선행적 사물이 일어나고 있고 누가 그것을 유지하고 있는지를 우리에게 설명하고자 한다. 그렇다면, 굴드의 "비중첩적 영역"이라는 개념은 결국 옳다고 말할 수밖에 없는 것처럼 보인다.

따라서 우리는 과학과 종교가 일반적으로 갈등하지 않는다거나 적어도 필요하지 않다고 결론을 내린다. 그렇지만 이것은 특정 신학적 교리들이 특정 과학적 이론들과 상충할 수 없다고 말하는 것은 아니다. 이를테면, 비교적 안정된 우주론적 이론은 일반적으로 유신론과 양립한다고 해도 우주가 하나의 시작을 가지고 있었다는 기독교의 수많은 견해들과 상충하는 것으로 나타난다.

이런 이유에서 많은 그리스도인들은 빅뱅이론이 지금에도 더욱 과학적 지지를 받는 것에 만족해 한다. 따라서 과학과 종교는 과거에 그런 관계가 되어 온 것처럼 현재에도 지속적으로 충돌하고 있다. 이러한 대립들은 지성적 유신론자의 종교적 신념이 거짓이고 상당히 비합리적이라는 결론을 자동적으로 내리지 않도록 해야 한다. 하지만, 더욱더 적합한 과학적, 철학적 및 신학적 쟁점들을 만족할만한 어떤 해결점에 도달하기까지 유신론자에게 동기가 부여되어야 한다. 더 불필요하게 다른 주의 깊은 생각을 자동적으로 비장의 수단으로서 널리 퍼져있는 과학 이론들이나 선호하는 신학적 체계를 간주하는 일은 확실히 잘못이다.

4. 사회과학의 반론들

19세기와 20세기에 종교적 신념에 대한 가장 날카로운 반론들이 자연과학에서가 아니라 사회과학에서 일어났다. 그 도전들이 여러 분야들 속에서 제기되었지만, 아마도 가장 중요한 도전은 심리학자 지그문트 프로이트(Sigmund Freud)와 사회학자 에밀 뒤르캠(Emile Durkheim) 그리고 칼 마르크스(Karl Marx)에 의해서 제기되었다. 우리는 사회학자들을 먼저 살펴본 후에 심리학으로 돌아가서 살펴볼 것이다.

1) 사회학의 도전들

많은 사회학자들은 신들이나 하나님을 사람들이 불렀던 "사회의 집단적 상상"의 산물로서 이해한다. 이 견해에 의하면, 신은 실제적 존재가 아니라 일종의 "투사"(projection)이다. 신은 개인들을 더 통제할 어떤 사회적 목적을 위해 사회에 의해 창조되었다. 사회학자들은 종종 신에 대한 믿음을 사회의 공유된 가치들을 위한 토대를 제공하는 것으로 본다. 그들은 이러한 가치들을 성스러운 것으로 생각했다.

물론 종교 사회이론의 특정 형태들은 사회이론의 특정 형태들에 대한 특성들을 반영한다. 프랑스 사회학자 에밀 뒤르캠은 종교적 신념이 사회의 조화로운 기능과 유대를 지속하는 방식을 강조했다. 반면에 세상을 갈등과 투쟁에 의해 진행되는 사회로 이해하는 칼 마르크스는 종교적 신념을 계급 대립과 연관한 것으로 보았다. 마르크스는 종교란 "민중의 아편"이라는 그의 주장으로 잘 알려졌고, 또한 그는 어떻게 종교가 지배계급에 의해 현상체제를 정당화하고 억압받는 피지배 계급을 회유하기 위해 이용되었는지를 강조했다. 하지만 마르크스 이론은 일반적으로 높이 평가된 것보다는 더욱 복잡하다. 마르크스는 또한 현실적 세계를 간접적으로 비난하는 보다 나은 세계를 갈망하면서 종교를 현상체제에 반대하는 암시적 저항으로 인식했다.

이제 그러한 이론들이 종교적 신념에 반대하는가?

표면적으로는 그렇게 보이지 않는다. 예컨대 마르크스의 저작들이 신을 믿는 합리성에 반대하는 논증들을 찾아내는 일이 어렵기 때문이다. 마르크스는 단지 신이 존재하지 않는다고 가정하는 듯하다. 그리고 그러한 가정 위에서 왜 사람들이 신을 믿는지에 대한 이론을 구성하는 듯하다. 마르크스의 절차는 종교의 사회적 비판의 전형인데, 그는 단순히 종교적 신념의 중요한 철학적 문제들에 대한 대답들을 종종 가정한다.

아마도 사회학이 종교적 신념을 제기한다고 생각하는 그러한 어려움은 사회적 해석이 종교적 신념의 기원에 대한 완전한 설명을 제공한다는 가정에서부터 유래한다. 또한 이것이 의도된 종교적 경험들과 계시를 설명하는 것이 순수하게 자연주의적 방식으로 가능하게 한다는 것이다. 하지만 누구든지 여기에서 주의하여야 한다.

뒤르캠과 마르크스는 둘 다 종교가 성취하고자 하는 사회적 기능들에 대한 도전적인 이론들을 우리에게 제공해 왔지만, 이것만으로 종교의 진리에 대하여 어떤 결론을 이끌어낸다는 것은 오류인 것처럼 보인다. 사회적 근원에 대한 설명에 근거하여 종교적 신념이 거짓이라고 추론하는 것은 논리학자들이 발생적 오류(genetic fallacy)라고 부르는 것을 범하는 것과 같다.

엄밀하게 말해, 믿음의 근원이나 시작에 대한 설명이 믿음의 참이나 거짓에 대해서 아무것도 암시하지 않는다는 것이다. 특이하고 비일상적인 상황 속에서 일어나는 믿음은 여전히 참일 수 있다.

만일 믿음에 대한 어떤 증거가 제시된다면, 그 증거는 검증되어야 한다. 하지만, 믿음을 의심스러운 퍼센트로 그저 일축해서는 안 된다는 것이다. 믿음의 근원들이 사회적 용어로 설명될 수 있는지 불확실함에도 불구하고, 종교를 믿는 자들이 그들의 신앙을 위해 제시하는 증거가 신중하게 취급되어야 하는 것처럼 보인다. 그런 믿음에 대한 합리적 근거가 존재하지 않는다고 판명이 된다면, 사람들이 계속하여 믿을 것인지의 사회적 설명은 잘 정돈될 것이다. 하지만 그 설명이 종교적 신념의 비합리성을 전제한다고 해서 확립되는 것은 아니다.[7]

---

[7] 발생적 오류가 범했던 것에 대한 마르크스—프로이트와 니체와 마찬가지로—의 우호적인 글 읽기가 가능하다는 것은 언급되어야 한다. 어떤 해석가들에 따르면, 이러한 사상가들의

더욱이 종교적 신념들이 사회적 용어들로 완전히 설명될 수 없는 강력한 이유들이 있다. 사회의 권력과 권위에 비유하는 신을 이해하는 뒤르캠의 이론에 반대하는 것은 그런 이론이 고등 종교들의 가르침의 보편적 범위나 종교가 예언적 방식으로 사회를 비판해야 하는 힘에 있어서도 설명하지 못한다고 지적해 왔다.[8]

마르크스에 대항하는 사람은 종교적 신념들이 사회적 억압을 정당화하는 데에 사용되어 왔다고 할지라도, 그들은 억압에 저항했던 사람들—하나의 좋은 예로 19세기 미국의 노예나 사형 폐지론자들—에게 동기를 빈번하게 제공했다는 것을 지적할 수 있다.

어느 경우든, 종교가 사회 안에서 어떤 중요한 기능들을 성취한다는 사실은 놀라운 일이 아니다. 하지만 종교가 믿는 자에게 특히 협박하지 않아야 한다는 것이다. 실제로 믿는 자는 종교의 사회학적 연구에서 많은 것을 배운다. 사회적 상황이 종교를 형성하는 방식과 종교가 사회에 영향을 끼치는 방식을 이해하는 것은 매우 중요하다.

2) 프로이트와 심리학의 도전

많은 심리학자들은 종교적 신념의 기능들과 심리적 근원들에 대

개개의 논증들은 신이 존재하지 않는다는 논증들로 의도되지 않았다. 그 보다는 오히려 각자는 종교가 이미 증명되지 않았다—아마도 흄의 비판에 의해, 혹은 다른 증거주의 논증에 의해—고 믿었다. 그리고 그들 각자가 스스로 떠맡아서 할 남아 있는 과제는 왜 종교적 신념이 그들의 시대에서 사라지지 않고 지속되었는지를 설명하는 일이다. 간단히 말해, 그들은 사라질 것같은 숨은 동기들이 순수하게 합리적인 생각이었다는 것을 폭로하려고 애썼다. 마르크스, 프로이트 및 니체의 이 같은 글 읽기가 각자의 경우에 방어할 수 있는지는 다른 시대를 위해 남겨 두어야 하는 논제이다. 메롤드 웨스트팔의 작업은 그와 같은 쟁점을 시작하는 훌륭한 곳이다.

8 H. H. Farmer, *Towards Belief in God* (New York: Macmillan, 1943), pp. 145-167.

해 이론화해 왔지만, 지그문트 프로이트(1856-1936)만큼이나 영향력을 미친 사람은 없었다. 프로이트는 그의 책 『환상의 미래』(The Future of an Illusion)에서 종교적 생각들의 근원들과 그 종교적 생각들이 왜 지속적으로 인기가 있는지 설명하려고 시도했다.

사회적 이론들과 어느 정도 중첩하고 있는 프로이트의 이론은 종교적 신념을 여러 심층적이고도 심리적 필요나 욕구를 채우는 것으로 본다.

첫째, 종교는 자연의 통제되지 않는 질서로 인해 우리에게 두려움들을 가져다주는 자연의 질서를 의인화함으로써 진정시키거나, 혹은 적어도 인격적 통제 아래에 있는 자연을 보여줌으로써 도움을 준다.

둘째, 종교는 우리에게 문명의 중요성을 받아들이는 데에 도움을 준다. 프로이트는 우리의 자연스러운 생물적인 충동에 대한 원형을 받아들임으로써 이해한다. 종교는 사회의 제도들과 의례들을 정화하고, 또한 이 구속된 상태가 우리에게 가져다주는 고통을 보상한다.

자연과 사회를 동시에 취급하는 프로이트는 종교를 아버지와 같은 존재를 갈망하는 표현으로 이해한다. 사회이론에서처럼. 인간 존재들은 그들 자신의 필요를 충족시키기 위해 신을 그들 자신의 형상으로 만들어낸다. 프로이트에게 있어서 종교는 환상의 일종—확실히 어떤 긍정적인 유익들을 만들어내는 환상이지만, 미성숙하고 유아기적 상태 속에 있는 인간 존재로 가두는 환상—이다.

다시 말하자면, 프로이트의 설명이 받아들여져도 종교적 신념이 거짓이라는 사실이 따라오지 않는다. 종교를 믿는 자에게 종교가 중요한 심리적 기능들을 성취한다는 것은 그다지 놀라운 일은 아니다. 프로이트가 옳다면, 인간들은 신을 믿어야 하는 심층적인 필요를 가지고 있다. 그러나 확실히 그런 필요가 있다는 것은 신의 존재가 없다는 것을 의미하는 것이 아니다.

정말로, 많은 종교인들은 신에 대한 믿음이 발전하는 데에 초기 어린아이의 경험들—특히 어린아이의 아버지와의 관계에 대한 경험들—의 중요성에 대한 프로이트의 설명 중 많은 부분을 받아들일 것이다. 그들에게 인간의 가족은 신적으로 설계된 제도이고, 가족의 기능은 부분적으로는 인간들에게 신이 무엇과 같은지 그리고 신을 믿으려는 어떤 경향을 제공하는 것인지 모른다.

엄격하게 말하자면, 종교적 신념의 기원에 대한 프로이트의 이론들이 종교적 신념에 반대하는 것은 아니다. 다르게 생각하면, 그것은 발생적 오류를 범하는 것이다. 그렇지만, 프로이트의 생각에 근거해 보면 종교적 신념을 반대하는 것은 가능하다(유사한 반론이 사회적 이론들에서부터 생겨날 수 있다). 누군가가 발생적 오류를 범하지 않고서도 믿음의 기원에 근거하여 믿음이 거짓이라고 추론할 수 없다고 해도, 믿음의 기능들이나 심리적 기원들은 그가 또한 그러한 기원들에 대한 부가적인 어떤 정보를 가진다면 부정적인 증거를 그에게 제공하는 것이다.

프로이트주의는 다음과 같이 추론한다. 종교적 신념들은 오로지 깊은 내면의 심리적 필요들을 충족한다고 주장한다. 깊은 내면의 심리적 필요들을 충족하기 위해서 유지하고 있는 믿음들은 흔히 잘못된 것이다. 그러므로 종교적 신념들은 아마도 거짓인지 모른다.

그렇지만 두 전제들이 도전을 받고 있듯이, 그러한 논증들은 강력한 것처럼 보인다. 종교적 신념들은 깊은 내면의 심리적 필요들을 만족시킨다. 하지만 누군가가 어떻게 이것이 그들의 유일한 근거라는 사실을 성립할 수 있었는지를 찾아내기란 쉽지 않다.

확실히 사람은 프로이트의 해석으로부터 두드러지게 결여된 어떠한 종교적 신념을 지지하기 위해 주어진 증거의 주의 깊은 검증 없이는 만족할 수 없다.

첫 번째 전제인 종교적 신념이 항상 위로하거나 심리적으로 확신을 주는 것이 아니라는 사실이 언급되어야 한다. 많은 사람들은 종교적 생각을 도발적이면서도 불안하게 한다는 점을 발견한다.

두 번째 전제에도 문제가 있어 보인다. 예를 들어, 사람들은 실재와 물리적 세계의 조화 및 미래의 지침으로 경험의 신뢰성을 믿으려는 깊은 심리적 필요들을 가지고 있다. 실제로 철학자들이 이러한 신념들을 정당화하기가 어렵다는 사실을 찾아내기가 어려움에도, 이 심리적 사실로 인해 이러한 신념들에 대해 물음을 제기하는 것은 터무니없다.

결국 종교적 신념의 수많은 심리적 및 사회적 설명들을 특징짓는 지나친 단순주의와 같은 것이 실제로 양날의 칼과 같다고 언급할 필요가 있어 보인다. 지식 사회학자들은 종교적 신념과 마찬가지로 무신론적 믿음의 사회적 기원들에 대한 설명들을 제시할 수 있다. 만일 믿는 자들이 신을 믿으려는 깊은 심리적 필요를 때때로 보인다면, 믿지 않는 자들도 동일하게 그들을 통제하고 있는 어떠한 권위를 거부하고 또 그들이 삶의 주인이고 지배자라고 그들 자신을 주장하기 위해 때로는 깊은 심리적 필요를 보인다는 것이다.[9]

---

[9] 알려진 현대 철학자 토마스 네이글(Thomas Nagel)은 그가 인정하는 다음과 같은 사실에 대하여 상당한 솔직함을 표현했다. "나는 진실하려는 무신론자를 원하고, 내가 알고 있는 가장 지적이고 학문적인 사람들 중 더러는 믿는 사람들이라는 사실로 인해 불편하게 만들었다. 나는 신이 존재하지 않기를 희망하는 것이 아니다. 그리고 나는 자연스럽게 내가 나의 신념이 옳다는 것을 바랄 뿐이다. 신이 존재하지 않는다는 것은 단지 내가 바라는 것이다. 나는 신이 되는 것도 원치 않는다. 나는 그와 같은 존재가 되기 위해서 우주를 원하

3) 인식적 심리학 및 종교의 설명

최근 10년 동안, 사회과학으로부터 일어나고 있는 종교에 대한 지배적인 비판은 인식적 능력에 근거하여 종교적 신념들에 대한 책임에 초점을 맞추어 왔다.[10]

특히 물밀 듯 다량으로 쏟아져 나오는 책들—가장 두드러진 두 권의 책들의 이름을 보자면 대니얼 대닛의 『주문을 깨다: 자연현상으로서의 종교』와 리처드 도킨스의 『만들어진 신』[11]을 포함하여—은 명시적으로 진화론의 근거를 드러냄으로써 종교적 신념을 헐뜯으려는 목표를 가지고 있다. 기본적인 생각은 종교적 신념이 순수하게 자연주의적—특히 다윈주의적 자연선택의 산물—이라는 것을 보여주지 못한다면, 종교적 신념은 일종의 망상이고, 그리고 우리가 진실한 근원으로 이해한 그런 망상으로 지속해 온 믿음이 비합리적이라고 입증하게 될 것이라는 비판이다.

그에 맞서 그러한 비판을 전개하기 위해서 우리는 현대 인식적 종교 심리학에 나타난 두드러진 모델의 근거들로 시작해 보자. 일어났던 일반적인 그림은 이것이다. 우리의 진화적 발전의 과정 속에서 인간들은 어떤 적합함을 보여주는 인식적 속성을 요구했다. 다양

는 것도 아니다." Nagel, *The Last Word* (New York: Oxford University Press, 1997)에서 발췌. 이 글은 Peter van Inwagen, *Metaphysics,* 3rd ed. (Boulder, Colo.: Westview Press, 2009), p. 205에서 인용.

10 다음 단락은 Kelly James Clark and Stephen Matheson의 미간행 논문인 "The Evolutionary Psychology of Religion," *Explaining God Away? The Challenges of Evolution*에서 신세를 졌다.

11 Daniel C. Denett, *Breaking the Spell: Religion as a Natural Phenomenon* (New York: Viking, 2006); Richard Dawkins, *The God Delusion* (New York: Houghton-Mifflin, 2006), 특히 5장인 "The Roots of Religion"을 참조.

한 환경의 자극들에 의해 쉽게 활성화되는 그와 같은 하나의 속성은 행위자들이 존재하고 있다는 믿음을 생산한다.

여기에서 "쉽게"라는 말이 중요하다. 문제의 속성은 미미한 환경을 자극하여 일으키는 것과 함께 그런 믿음을 만들어내고, 따라서 그것은 "행위자의 초감도 탐지장치"(hypersensitve agency detection device)의 약어인 HADD라고 부른다.

어떤 자극—예를 들어, 바삭바삭 소리나는 나뭇잎들의 소리—이 있을 때, HADD는 행위자가 존재하고 있다는 믿음을 만들어낸다. 그리고 HADD는 어떤 반성이나 추론적 생각을 포함시키지 않아도 그런 믿음들(따라서 그런 믿음들은 "즉각적"이다)을 만들어낸다. 한번 활성화되면, "정신이론"(Theory of Mind)이라고 부르는 다른 속성의 여러 인식적 상태들(믿음, 정서, 의향, 의지 등)을 HADD가 가정하여 그 행위자의 원인으로 여기면서 어떤 효과를 일으킨다. 어디서 이것이 만들어지는 것인지 추측하기란 쉽지 않다. 이 두 속성들—HADD와 정신이론—은 집단적으로 "신-속성"(the god-faculty)에 해당한다.

신-속성은 온갖 종류의 초자연적인 실재들을 믿는 믿음을 일으키는 속성이다. 그런 믿음이 편재해 있는 것은 신-속성이 보편적이라는 사실에 의해서 확인되고, 그리고 그 속성의 보편성이 진화론의 용어로 확인된다. 종교적 신념에 대한 이와 같은 설명을 지지하는 사람들은 신에 대한 믿음들이 스스로 적합함을 보여주는지에 대해서는 서로 일치하지 않는다. 그러나 그들이 일치하는 것은 확실히 신-속성(HADD와 정신이론)의 요소들이 우리의 진화적 선조들에게 우리가 오늘날 신-속성을 가지고 있는지를 설명하는 생존의 우열을 제공해 왔다.

종교적 신념의 이같은 설명에 대한 다양한 종류의 대답들이 가능하다. 하나의 대답은 진화주의 심리학의 이론들을 지지하고 또한 종교적 신념들의 기원에 대한 그런 모든 설명들의 고상한 이론적 성격을 만들어내지만 경험적 증거가 부족하다는 것을 지적하는 것이다. 마르크스와 프로이트에게서 우리가 발견하는 것과 마찬가지로 우리는 철학자들이 "그저 그런" 이야기라고 부르는 것이라고 이해하는 듯하다. 즉 만일 옳은 이야기라면, 그 이야기는 어떤 것의 기원에 대한 하나의 설명이 사물의 존재를 설명할 수 있지만, 독립적인 증거가 주어진 것은 없다는 것이다.

그러나 종교적 신념의 기원에 대한 이와 같은 설명이 정확하다면, 어떻게 그것이 비판으로서 기능하는지 추측할 수 있는가?

이 질문은 두 번째 대답을 가리킨다. 사람은 신-속성의 진화론적 설명과 종교적 신념들을 만들어내는 그 역할—적어도 논증을 위해—을 인정할지 모른다. 하지만 그는 이것에서부터 어떤 이론적인 중요성이 따라오는 것은 아무것도 없다고 주장한다. 특히 종교적 신념의 합리성이나 진리에 대해 따라오는 것은 아무것도 없다.

도킨스와 대닛과는 대조적으로 종교적 신념은 "자연"의 기원을 가지고 있기 때문에 거짓이거나 비합리적이라고 가정할 아무런 이유가 없다. 결국에는 다원주의가 참이라면, 우리의 모든 속성들이 자연적 기원을 가지고 있는 것이다. 하지만 확실히 다원주의자들은 어떤 인식적 속성의 산물들인 모든 믿음들이 정당화되지 않는다고 주장하고 싶어 하지 않는다. 이는 이것이 급진적 회의론으로 즉각적으로 인도하기 때문이다.

그렇다면, 비평가들이 필요한 것은 "종교가 자연적 기원을 가지고 있다"와 "종교적 신념들이 거짓/망상/비합리적이다"의 사이에 있는 간극을 매울 수 있는 어떤 다른 전제가 있는데, 그것은 분명히 정당화된 믿음들—예컨대 기본 과학적 혹은 도덕적 진리들에 대한 믿음들—이 비합리적이라는 것을 암시하지 않는다는 것이다. 그러나 이 전제는 어떻게 되어야 하는가?[12] 거기에는 그럴듯한 경쟁자가 나오지 않는 것처럼 보인다. 따라서 진화주의 심리학으로부터의 논증은 실패한다.

이러한 실패는 특히 우리가 3장에서 도달했던 결론에 비추어 보면 놀라운 일은 아니다. 진화론과 유신론이 서로 배타적일 필요는 없다. 특히 진화론을 신적 지침으로 이해한다면, 종교적 신념이 거짓이거나 비합리적이며 혹은 정당화되지 않는 것임을 증명하는 "신-속성"—만일 그런 것이 있다면—의 진화주의의 근거를 드러내고 있다고 생각할 이유가 없다. 실제로 거기에는 그 반대가 맞는 결론을 내리는 이유가 있다. 아마도 그런 속성을 신이 그의 존재에 대한 근본적인 의식으로 모든 이들에게 가능하도록 인간들에게 정확히 의도한 것이다. 우리는 개혁주의 인식론을 논의하게 되는 8장에서 변형된 이 개념을 살펴볼 것이다.

5. 현대 무신론의 종교적 사용?

이 장에서 논의의 많은 부분은 종교에 대한 여러 종류의 비판들에 대하여 비판적으로 반응해 왔다. 종교에 대한 비판들은 과학이

---

[12] 각 반론들과 더불어 비판가의 논증을 발전시키는 가능한 방법들에 대한 논의를 보려면, Clark and Matheson, "The Evolutionary Psychology of Religion"을 참조하라.

나 모더니티의 이름으로 만들어졌다. 그러나 아마도 우리는 약간 다르게 언급할 목적을 가지고 있다. 이러한 비판들에 반응하면서 언급되었던 모든 것에도 불구하고, 거기에는 아마도 사회적 비판에 대한 어떤 해석—종교적 신념의 정직성이 아니라 종교를 믿는 사람들의 진실한 동기들을 폭로하려고 지향하는 마르크스와 프로이트의 작품들 속에서 다양한 요소들이 발견된 해석—을 신중하게 취급하고 경청하려는 믿는 자의 지혜가 있다.

특히 메롤드 웨스트팔(Merold Westphal)이 하나의 매혹적인 연구에서 니체와 함께 마르크스와 프로이트는 어떤 논리성이나 실제적인 부당성에도 불구하고, 실상은 보다 포괄적인 입장을 가진 기독교인들을 비난할 목적으로 비판하고 있다는 점을 인식할 필요가 있다고 주장했다. 이는 기독교인들이 "진리란 모든 시대를 거쳐 모든 것이 진리여야 한다"[13]라고 믿었기 때문이다.

웨스트팔이 적고 있듯이, 위의 세 사상가들이 함께 공유하는 것은 "의심의 해석학(hermeneutils suspiction)을 행하고 있는 것이다. 의심의 해석학은 개인적으로 또는 집단적으로 우리 자신 속에 숨겨진 우리의 실제적인 작동 동기인 자기기만을 폭로하기 위한 하나의 고의적인 시도이다. 따라서 그들은 우리의 행동과 신념들이 얼마나 많이 그리고 어떻게 우리가 단절하려했던 가치들에 의해 형성되었는지 주의하지 않는다."[14]

---

13 Merold Westphal, *Suspicion and Faith: The Religions Uses of Modern Atheism* (New York: Fordham University Press, 1999), pp. 15-16. 웨스트팔의 논제에 대한 보다 간결한 개요를 보려면, "Taking Suspicion Seriously: The Religions Uses of Modern Atheism," *Faith and Philosophy* 4, no. 1 (1987): 22-42; Clark, *Readings in the Philosophy of Religion*, pp. 277-287를 참조.

14 Ibid., p. 13.

간단히 말해, 그들의 비판들은 도구적 종교—우리가 인정하고 싶지 않은 방식으로 우리 자신의 목적들을 위해 봉사하는 종교, 즉 "우리 자신의 기준에 의해 만들어진 우상들로서의 종교"[15]—에 대한 우리의 주의를 돌리게 하는 것이다.

마르크스는 종교가 종종 변두리 사람들이나 지배계급을 희생시키고 그들 자신들의 관심에만 도움을 주는 현상체제를 권력으로 정당화하고 유지하려는 사람들에 의해서 교묘하게 이용되는 방식—기독교에만 한정한 방식이 아닌—을 강조함으로써 이 사실을 비판한다.

프로이트는 종교가 개인의 근거에서 본능이 억제될 수 있는 우리의 무의식적 욕망을 달성하고 또 우리 자신에게 이러한 경향들을 인정하지 않으면서 우리의 마음 속에 도사리고 있는 파괴적이고 폭력적이며 그리고 사악한 욕망들(프로이트의 용어로 말하면, 이드, 즉 본능)을 다루기 위해 이용되는 방식에 주의를 환기시킨다.

니체는 유대-기독교 종교가 우리의 이웃을 위하여 겸손, 정의 및 사랑을 분명히 나타내는 영광을 가지고 있지만, 실상은 약함, 시기 및 복수의 욕망 속에 남아 있는 실제 동기들로 권력의 약탈을 위한 방패로 이용되고 있음을 보여 준다.[16] 그의 비판은 진정한 종교가 너무 재빠르게 위선주의가 되는 방식을 드러낸다는 것이다. 우리의 관점과 다른 사람의 관점으로 우리 자신들을 높이려는 종교는 사람들을 "우리"(신에 의해 선하고도 의로운 사람들)와 "그들"(악한 사람들, 심판을 받을 죄인들)의 범주들로 구분하기 위해 이용된다는 점이다.

15　Ibid., p. 59.
16　특히 Nietzsche, *On the Genealogy of Morality,* trans. Maudemarie Clark and Alan Swensen (Indianapolis: Hackett, 1998)을 참조.

웨스트팔의 논제는 마르크스, 프로이트 및 니체에게서 발견된 종교에 대한 신랄한 비난은 성경에서도 비판—성경에서 예언자들과 예수에 의해서 반복되는 거짓 종교에 대한 비판—이 존재한다는 것이다. 이것으로 인해 기독교인들은 그들이 고수해야할 주장이 어디에 있든지 간에 그들 자신의 믿음과 동기를 세심하게 검증하면서 또 이렇게 "의심하는 사람들"에 대한 비판들을 마음에 간직하면서 이러한 비판에 주의 깊게 경청해야 한다. 그로 인하여 믿는 자들은 도구적 종교와 자기 기만인 복잡한 현상에서 그들 자신들을 지킬 수 있어야 한다. 어느 단계에서 사람들은 도구적 종교와 자기기만 속에 진리를 감추려고 한다. 이는 진리가 너무 고통스럽고 또는 개인적으로 인식하기가 어렵기 때문이다.

자기 기만이나 거짓 종교는 신의 비존재를 위한 무신론적 논증보다—개인적인 영적 평안과 예수 자신이 가르쳤던 기독교의 집단적 보존에 대해—더 위험하다. 이처럼 믿는 자가 위험을 각오하고 그의 비판가의 반론들을 물리치는 경우들이 있다. 기독교인들이 발견하는 것이 무엇이든지 간에 그들은 "증거주의 무신론"—즉 신을 믿는 믿음이 충분한 증거에 의해 지지되지 않기 때문에 보장되지 않거나 비합리적이라고 주장하는 무신론의 형태—과 논박하려고 시도하고 있다는 것을 부정할 이유는 없다. 그러나 마르크스, 프로이트 및 니체에게서 발견된 의심의 "무신론"은 즉각적인 논박이 아니라 무엇보다도 자기 검증을 요청하고 있다. 이런 방식으로 현대 무신론은 중요하고, 아마도 불가피한 종교를 이용하고 있는지 모른다.

제7장

악의 문제

무신론자에 의해 제시되었던 유신론을 향한 여러 반론들 중, 지금까지도 가장 유명하고 자세하게 알려진 반론은 악과 고통의 문제다. 진화론과 그와 같은 문제에 대한 논쟁에도 불구하고, 가장 사려 깊은 유신론자들은 과학으로부터 반론을 제시하는 것보다 악과 고통의 현실성을 통하여 제기된 신을 믿는 믿음에 대한 반론들이 더 심각한 도전에 직면해 있다는 사실에 거의 동의할 것이다.

사실, 유신론적 진화론에 반대하는 가장 유명한 맥락은 정말로 악의 문제에 대한 해석에 있다. 이 해석이 던지는 질문은 이렇다.

완전하고 사랑이 많은 신이 어떻게 가장 연약하고 가장 취약한 피조물들을 조직적으로 파괴하면서 전진하는 창조의 수단을 전개할 수 있는가?

그렇지만, 종교적 믿음에 대한 철학적 반론으로서의 악의 문제와 관심으로서의 악의 문제 사이에는 어떠한 구분이 필요하다.

어떤 철학자들은 신이 존재하지 않거나 혹은, 신에 대한 믿음이 비합리적이라는 점을 비난하기 위해 의도적으로 악의 문제로부터의 논증들을 보여 준다. 그러한 철학적 공격에 맞서는 철학적 대답들은 적절하다. 그러나 대부분의 사람들—믿는 자들과 믿지 않는 자들—에게도 악의 문제가 성가시기는 마찬가지다. 그들이 자기 자신의 문제나 다른 사람의 문제 가운데서 고통과 마주하게 될 때, 그들은 번민하면서 "왜?"라는 문제를 제기한다.

철학적 논증은 그런 사람들이 종종 듣고 싶어 하는 마지막 말이다. 그러나 그런 논증은 짜증스러울 정도로 피상적이거나 심지어는 무감각한 것으로 나타난다. 사람들은 단순히 연민과 공감을 원하면서도, 다른 사람들의 슬픔과 문제들을 공유하면서 타당한 대답을 듣고 싶어한다. 이 때에 제기되는 악의 문제는 철학적 논쟁보다는 목회적 돌봄을 더욱더 요청하고 있다고 보인다.

다른 한편에서 보면, 악의 철학적 문제가 간결하고도 날카롭게 제기될 수 있다. 이 논증은 완전히 선하고, 전지전능한 존재가 존재한다면, 그는 많은 사람들에게 세상에 존재하는 악과 고통의 문제를 용인하지 않을 것이라고 말한다. 이 논증의 기본적인 가정은 어떤 선한 존재는 할 수 있는 한 악을 제거하여야 한다—수많은 무신론자들과 유신론자들이 공통적으로 생각하는—는 것이다.

전지한 존재로서의 신은 악과 고통의 모든 경우를 알고 있어야 한다. 또한 완전히 선한 존재인 신은 추측컨대 모든 악을 제거하기를 원할 것이며, 전능한 존재인 신은 그와 같은 악을 제거할 수 있어야만 한다. 그러므로 만일 신이 존재한다면, 사람들은 이 세상에서 어떠한 악도 발견되지 않아야 한다고 기대할 것이다. 그러나 누군가가 악을 발견하기 때문에—그리고 악의 많은 부분을 발견하기 때문에—신은 존재하지 않는다. 이러한 방식으로 악과 고통의 현실성은 신을 믿는 믿음의 합리성에 대한 기본 터전을 흔들어 놓는다.

1. 악의 유형, 악에 대한 해석 및 대답의 유형

악에 대한 논증이 기본적으로 다루는 세상의 악들은 흔히 두 유형으로 구분된다. 도덕적 악(moral evil)은 자유롭고 도덕적으로 반응하는 존재들의 행위에서 벌어지는 온갖 악들이다. 사회적 불의로 일어난 살인, 강간 및 기근이 대표적인 도덕적 악의 사례들이다. 자연적 악(혹은 비도덕적 악)은 도덕적으로 반응하는 존재들의 행위들로 기인하지 않는 (혹은 적어도 그렇게 나타나지 않는) 온갖 악이다.

자연적인 악들은 자연적 재앙들이나 수많은 질병들이 초래하는 고통과 고난과 같은 것들이다. 고난과 고통을 "악"의 종류—많은 사람들이 도덕적 악을 오직 언급하기 위해 그 용어를 사용하는 데에 익숙해 있다—로 부르는 것은 이상하게 들린다.

하지만 우리가 이 용어를 사용하는 데 불편해 할 필요는 없다. 모든 능력과 지식을 갖추면서도 완전히 선하고 사랑이 많은 신에 의해서 통치되는 세상과는 어울리지 않는 어떤 종류의 고통과 고난이 나타나는 것—액면 그대로—을 생각해 보면, 이 붙여진 용어가 선명하게 드러나 보이기 때문이다. 따라서 악의 문제는 "자연적" 원인들로부터 일어나는 결과들을 포함하여 어떠한 종류의 고통이나 고난으로 확대하여 나간다.

악의 논증을 위해 두 종류들을 구분할 필요가 있다. 어떤 철학자들은 악의 현실성이 신이 존재하지 않는다는 증거를 보여 준다고 믿는다. 그들의 견해에 비추어 보면, 악의 출현과 신의 존재는 논리적으로 양립하지 않는다는 것이다. 완전히 선하고, 모든 것을 다 알고 있으면서 모든 능력을 소유한 존재가 있다고 주장하는 것과 악이 존재한다고 주장하는 것은 하나의 모순이 된다.

다른 무신론 철학자들은 다소 심하지 않는 주장을 한다. 그들은 신의 존재가 논리적으로 악의 현실성과 양립할 수 있다는 사실을 기꺼이 인정한다. 그들은 완전히 선하고, 모든 것을 알고 있으면서 모든 능력을 소유한 신이 악을 허용하는 이유를 가지고 있는 것이 가능하다고 인정한다.

그렇지만 그들은 우리가 세상에서 발견하는 악의 현실적인 종류와 양을 보면 이 모든 경우가 있음직하지도, 또한 가능하지도 않다고 단정한다. 따라서 악이 신의 존재를 증명하지는 못한다고 해도, 악이 발생하는 것은 신의 존재에 대한 주장 자체를 불가능하게 만드는 듯하다. 이와 같은 악의 문제에 관한 논증의 방식을 증거주의 형태(evidential form)라고 부른다. 이제부터 우리는 악의 문제에 대한 이러한 해석들을 전개해 보려고 한다.

악의 문제에 대한 유신론적 대답들은 두 유형으로 구분된다. 더욱 의욕적인 대답을 보여주는 유형이 신정론(theodicy)이다. 신정론은 신이 실제로 악을 허용하는 이유를 설명하려고 시도한다. 다시 말해 신정론은 신이 악을 허용하는 데에 정당한 이유가 있다는 사실을 보여주려는 것이다. 이 신정론의 대답은 신이 악을 허용하는 이유를 나열하고, 이러한 이유들이 신의 선한 이유들이라는 것을 보여주려고 노력한다.

이보다 겸허한 유형의 대답으로서 방어론(defense)은 우리가 알지도 못하고 알 수도 없는 악을 신이 허용하는 이유가 있다고 주장한다. 사실, 방어론은 신이 실제로 악을 허용하는지의 이유를 설명하고자 시도하는 것은 아니다.

  비록 우리가 어떤 입장에서 그러한 이유들이 무엇인지를 구별하기가 쉽지 않을지라도, 신은 선한 이유들을 근거로 악을 허용한다고 믿는 것이 오히려 합리적이라고 방어론은 주장한다. 방어론은 신이 악을 허용하는가 하는 다양한 설명들을 통하여 가능한 이유를 제시한다. 그러나 방어론의 대답은 이러한 이유들이 신의 실제적인 이유들인지에 관해서는 논쟁하지 않는다.

  정통적 유신론자에게 악의 문제를 진정한 선택들이 아닌 아마도 논리적으로 타당한 방식으로 해결하려는 어떤 방식들이 있어 왔다.[1] 하나의 방식은 악의 실재를 단순히 부정하는 것이다. 이 견해는 악을 일종의 환영(illusion)으로 이해한다.

  이 견해—널리 퍼져 있는 환상적 신념으로서의 악에 대한 문제와 여전히 맞닥뜨려야 하는 어려움을 해소하기 위한 견해—는 악을 현실적으로 받아들이고 상당한 심각성을 인지하여 다뤄야 한다는 기독교, 유대교 및 이슬람교의 가르침과는 단순히 부합하지 않는다.

  악의 문제를 해결하는 또 다른 방식은 신을 "힘"이나 "지식" 혹은 "선" 중에서, 어느 하나를 제한하거나, 아니면 이 세가지 모두를 제한하는 것으로 간주하는 방식이다. 악은 아마도 신이 자신의 노력으로 어떤 문제를 잘 해결할 수 있다는 이미지에 하나의 걸림돌이 되는 개념이거나, 아니면 악은 여전히 신이 모든 것을 다스린다는 신 자신의 성격에 반하는 개념이 된다.

---

1 J. L. Mackie, "Evil and Omnipotence," *Philosophy of Religion: An Anthology*, ed. Louis P. Pojman and Michael Rea, 5th ed. (Belmont, Calif.: Thompson Wadsworth, 2008), pp. 173-181; *Mind* 64, no. 254 (1955)에서 재출판 되었음.

두 방식들에서 후자는 여러 과정신학자들에 의해 주장되어온 반면에, 전자는 20세기 초기의 보스턴 인격주의 학파에 의해 강조되었다. 그와 같은 "유한한 유신론들"은 아마도 고려할 가치가 있지만, 분명한 것은 그런 입장이 전통적 유신론을 상당히 수정한 견해라는 것이다. 따라서 이 입장은 위대한 유신론적 종교들의 본질적 요소들을 포기하게 한다. 그런 견해를 받아들이기 전에, 정통 유신론이 악의 문제를 해결하기 위하여 어떤 자료를 선택하는지 이해하는 것이 현명하다.

2. 논리적 형식의 문제

악의 문제에 대한 논리적 형식의 가장 잘 알려진 진술들 중 하나는 맥키(J. L. Mackie)로부터 나왔다. 맥키는 한편에서 신이 존재하고 또 완전히 선하고 전능하다는 것을 긍정하고, 또 다른 한편에서 악이 존재한다는 사실을 긍정하는 것은 "결정적으로 비합리적"이라고 주장한다.[2]

맥키는 그와 같은 모순이 직접적으로 유난히 눈에 띈다는 사실을 시인한다. 그는 모순을 보여주기 위해서는 어떤 부가적인 전제들 속에 있는 "선," "악" 및 "전능"과 같은 용어들의 의미를 단연 설명해야 하는 부분을 덧붙여야 한다고 말한다.

"이 부가적인 원칙들은, 선한 행동은 할 수만 있다면 악을 항상

---

2 Ibid., p. 173.

> 극복하는 방식이기 때문에 선은 악과 반대되는 개념이고, 전능한 존재가 할 수 있는 능력에서 어떠한 제한도 없어야 한다는 것이다. 이러한 것으로부터 선하고 전능한 존재는 악을 완전히 제거할 수 있음을 의미하는 것이고, 그런 다음에 선하고 전능한 존재가 존재한다는 명제와 악이 존재한다는 명제는 서로 양립하지 않는다는 결론이 따라온다."[3]

신이 존재한다는 명제는 그의 부가적인 전제들과 결합하여 악이 존재하지 않는다는 것과 악이 존재한다는 명제가 서로 모순임을 논리적으로 암시한다고 맥키는 주장한다.

맥키의 논증(그리고 다른 유사한 논증들)에 대한 유신론적 대답들은 전형적으로 선한 존재는 할 수 있는 한 언제나 악을 제거해야 한다는 주장에 초점을 맞추고 있다.

왜 우리가 이 부가적인 전제를 받아들여야 하는가?

거기에는 악이 발생하지만 그 악을 제거할 수 있는 선을 허용하는 약간의 상황들이 있는 것처럼 보인다. 악을 제거하는 이유는 선이 허용한 악보다 "충분히 더" 크기 때문이다. 예를 들어, 한 영웅적 군인이 그의 전우들을 구원하기 위해 떨어진 수류탄에 목숨을 희생할 수 있다. 그의 죽음은 확실히 악(우리가 이 용어를 사용하고 있는 점에서)이다.

그럼에도 불구하고, 이러한 악을 야기하는 그의 행동은 선한 사람의 행동이었다. 아마도 죽음을 피하여 몸을 도랑에 던져 살고자 하는 군인은 자신의 목숨을 부지할 수 있어 악을 경험하지 않을 수

---

3 Ibid., p. 174.

도 있을 것이다. 하지만 그렇게 죽음을 피하여 살고자 하는 행동은 더 큰 악(그의 전우들의 죽음)을 일으킬 수 있다.

그런데 선한 존재는 할 수 있는 한 항상 악을 제거한다는 것은 확실히 옳다. 진리는 아마도 선한 존재가 더 나쁜 악을 허용하거나, 보다 더 큰 선을 상실하지 않고서도 할 수 있는 한 언제나 악을 제거할 수 있을 것이다. 대부분의 현대 신정론들은 거의 그들의 논증들을 "보다 더 큰 선"의 원칙(the "greater good" principle)의 유형에 근거하고 있다. 신이 허용하는 악은 정당화되는데, 이는 악을 허용하는 것이 보다 더 큰 선을 달성함으로써 더 나쁜 악을 막을 수 있기 때문이다.

그러나 이 시점에서 악의 문제를 다룰 때, "보다 더 큰 선"의 관계를 우리가 어떻게 사용하는가에 대해 주의하여야 한다. 비판가는 한 전능한 존재가 완전히 악을 제거할 수 있어야 한다는 것에 반대하는 경향이 있다. 이는 우리의 영웅적인 군인과는 달리 한 전능한 존재가 어떤 것을 행할 수 있는 능력을 가정하고 있기 때문이다. 참으로 전능한 신이 어떠한 악을 일어나지 않도록 한다면, 선이 "미치지 않는" 곳에서는 자기 자신을 결코 드러낼 수 없을 것이다.

예컨대, 그는 영웅적 군인과 대비하는 곳에서 자기 자신을 드러낼 수 없다. 이는 직접적으로 선한 결과(수류탄이 폭발하지 않게 하거나, 아니면 폭발 속에 기적적으로 군인을 다치지 않게 함으로써)만을 야기할 뿐이기 때문이다. 따라서 "보다 더 큰 선"의 원칙은 우리들처럼 제한된 힘의 존재들에게 적용할 수 있다.

이것에 대한 대답은 전통적으로 전능한 존재가 문자적으로 어떤 것을 할 수 없다는 뜻이다. 우리가 2장에서 언급했듯이, 일반적으로 유신론자들에 의해 받아들인 전능성에 대한 문제는 신조차도 넓은 의미에서 논리적으로 불가능한 것을 행할 수 없다는 말이다. 전능한 존재는 원을 사각형으로 만들 수 없거나 2+2=5를 야기할 수 없다. 왜냐하면 이러한 모순적인 사태들은 정말로 가능한 것이 아니기 때문이다.

하지만 이 점이 현재의 논의에 적절한 것인가 하는 문제는 어떤 악들이 허용하는 것이 성취할 수 있는 선을 위해서 논리적으로 필연적인가 하는 것에 의존하고 있다. 사실 이것은 그런 것처럼 보인다. 우리가 어떤 악의 현실성(혹은 적어도 가능성)을 해결하기 위하여 논리적으로 요구하는 선으로서의 이차적인 선(a second order good)을 정의해 보자. 다양한 종류의 선과 악은 이러한 방식으로 연관되어 있다고 주장해 왔다.

이를테면, 어떤 종류의 도덕적인 덕목들은 논리적으로 어떤 악들을 요구하는 것처럼 보인다. 용기는 해악의 가능성 없이 인식되지 않는다. 동정심은 타인의 고통을 제쳐두고서 이해하기가 불가능하다. 아마도 세상에서 일어나는 많은 악―특히 많은 자연적인 악―은 인간 존재들에게 이차적 선인 도덕적 덕목을 향상하기 위한 기회를 제공하는 데에 필요하다. 도덕적 덕목은 그들의 실현에 악의 허용을 정당화하고, 그들이 필요로 하는 악의 현실성(혹은 가능성)에 가치를 부여한다. 확실히 이러한 생각은 억지처럼 들리지 않으면서도 신정론을 전개할 수 있게 한다.

세상은 신을 통하여 가장 중요한 하나의 환경으로 설계되었다. 이 환경은 개인의 도덕적이고도 영적인 발전을 가능하게 하고 또 용이하게 한다. 이러한 해결법을 "영혼-형성 신정론"(a soul-making theodicy)이라고 부른다.[4]

그러나 "영혼-형성 신정론"은 상당히 많은 어려운 문제들이 있다.

첫 번째 어려움은 온갖 자연적 악들—예컨대 동물들의 고통—이 보다 더 큰 선에 공헌하지 않는다는 것이다. 어떤 사람들의 증언과는 거리가 멀지만, 벼락이 산불을 일으켜서 새끼 사슴을 심하게 불태우고 그로 하여금 새끼 사슴이 서서히 고통스럽게 죽게 하는 경험의 원인을 예상하게 하는 하나의 사건을 생각해 보라.[5]

확실히 이와 같은 사건이 일어날 수 있는데, 사랑의 신은 왜 그러한 사건들을 허용해야 하는가?

이러한 악을 필요로 하는 이차적인 선은 드러나지 않는다.

두 번째 어려움은 고통과 고난과 같은 악들—이것 외에도 용기와 연민을 비롯한 다양하고도 가능한 이차적인 선들을 만드는 것—도 비겁함과 사악함과 같은 이차적 악을 가능케 한다는 사실이다. 고통과 고난과 같은 악들을 허용하는 것이 항상 보다 더 큰 선으로 이끌어 가지 않으며, 심지어는 그것이 불가능하게 보이는 어떤 악을 향해 열어준다.

혹은 다르게 표현하자면, 이차적 선이 고통과 고난과 같은 "일차적" 악을 정당화하기에 충분하다면, 악의 문제는 단순히 비겁함과

---

[4] 이 같은 유형의 신정론—두말할 필요도 없이 우리가 여기에서 지적해 왔던 것보다 더 세련된 것—은 John Hick, *Evil and the God of Love* (Basingstoke, U. K.: Palgrave Macmillan, 2006)을 통해 전개되고 변론되었다. 가장 중요한 내용들은 탁월한 선집인 *The Problem of Evil*, ed. Marilyn McCord Adams and Robert Merrihew Adams (Oxford: Oxford University Press, 1999), pp. 168-188에서 재출판됨.

[5] 이와 같은 예는 William L. Rowe, "The Problem of Evil and Some Varieties of Atheism," *American Philosophical Quarterly* 16 (1979), Adams and Adams, *Problem of Evil*, pp. 126-137에서 재출판되었음.

사악함과 같은 이차적 악의 현실성으로 그 초점을 옮겨가게 한다. 스스로 "영혼-형성 신정론" 자체가 이차적 악을 신이 허용하는 정당성을 지닌 보다 더 큰 선과 동일시하지 않는다는 데 문제가 있어 보인다.[6]

이 마지막 문제로 인해 "영혼-형성 신정론"을 옹호하는 대부분의 유신론자들은 그들의 견해를 다른 신정론의 유형인 "자유의지 신정론"(free will theodicy)과 결합한다. 이 해결 방안에 따르면 비겁함과 사악함과 같은 이차적 악들이 일어나는 이유는 인간 존재들이 그들의 자유를 잘못 사용하기 때문이다. 악은 신에 의해서가 아니라 인간의 악함에 의해서 발생한다.

그러나 신은 왜 인간들에게 자유의지를 주었으며, 그 자유의지를 그릇되게 사용하도록 왜 허용하는가?

전통적인 대답은 도덕적 자유가 악의 가능성을 능가하는 더 큰 선이라는 것이다. 더욱 특별히 말하자면, 신은 인간들에게 자유롭게 행동하도록 허용한다. 왜냐하면 그렇게 하지 않고서는 이웃들과 창조자를 사랑하고 그들에게 책임을 가지고 선한 행동을 자유롭게 선택할 수 있는 인간들이 도덕적으로 책임적인 행위자들이 될 수 없기 때문이다.

인간 존재를 창조할 때에 신은 그를 자유롭게 사랑하고 섬기는 피조물들을 만들려고 했다. 다른 어떤 것도 선택할 수 없는 로봇의 "사랑"은 아무런 가치가 없다. 사랑의 지고한 표현은 인간 존재를 위한 가장 지고하고 가능한 선의 존재인 신과의 교통이다. 그러나 신이 우리에게 정말로 자유롭게 행동하게 한 것은 그에게 그런 자유

---

6   Mackie, "Evil and Omnipotence," p. 178.

―예컨대 비겁함이나 사악함을 행하기 위해 선택하도록 우리에게 허용하는 것―를 오용할 가능성까지도 우리에게 허락하는 것이다.

따라서 진정한 자유는 상당한 큰 위험성을 내포하지만, 동시에 다른 방식으로 유익한 선을 달성할 수 있는 가능성도 내포하고 있다. 이런 방식의 영혼-형성 신정론과 자유의지 신정론은 모두 일차적 및 이차적 악을 설명하기 위해 강조된다.

그러나―비평가들이 묻는―신은 왜 인간들에게 자유의지를 주어 그들이 항상 자유를 지혜롭게 사용할 수 있게 만들지 않았을까?

비판가의 질문에 대해 먼저 떠오르는 것은 그 물음이 너무 무의미하다는 것이다. 확실히 생각할 수 있는 것은 만일 인간들이 정말로 자유롭다면, 그들은 그 자유를 나쁘게도 사용할 수 있다는 것이다. 만일 신이 누구도 나쁘게 행동하지 않도록 보장된 세계를 창조했다면, 그의 피조물의 "자유"는 진실하지 않을 것이다. 그런 자유는 위장된 자유나 다름없을 것이다.

그러나 비판가의 물음을 너무 쉽게 일축하기 전에 우리는 맥키가 그와 같은 반론을 형식화하는 방식을 고려해야 한다.

"나는 이것을 질문해야 한다. 만약에 신이 자유로운 선택을 할 수 있는 인간들을 창조했다면, 그들은 가끔씩 무엇이 선이고, 무엇이 악인지를 제기할 것이다. 신은 왜 항상 선을 자유롭게 선택하는 피조 인간들을 창조하지 않았는가? 만일 인간이 한편이나 다른 여러 가지 경우에 선을 자유롭게 선택하는 데에 논리적 불가능성이 없다면, 모든 경우에 그가 자유롭게 선을 선택하는 데에 논리적 불가능성도 없을 것이다. 그런데 신은 무고한 자동인형을 만드는 것과 자유롭게 행동하기에 잘못을 선택하는 존재를 만드는 것 사이에서 하나만의 선택을 할 수 있게 하지 않았다. 당연히 자유롭게 행동할 수 있지만 항상 올바른 선택을 행하는 존재들을 만들 수 있는 어떤 가능성이 열려 있었다. 분명히 이 가능성을 스스로 쓸모없게 하는 것은 전능하고 전적으로 선한 그의 존재와는 일치하지 않는다는 사실이다."[7]

맥키가 강조하는 반론이 이 부분이다. 신이 항상 무엇이 옳은 것을 선택하게 하는 자유로운 피조물을 창조할 수 있다는 시나리오는 논리적으로 가능한 사태이고, 따라서 논리적으로 가능한 "세계," 즉 사물들이 존재할 수 있는 가능한 최적의 방식을 구성할 수 있는 것처럼 보인다. 그러나 만일 신이 전능하다면, 신은 언제나 논리적으로 가능한 것만을 일으킬 수 있다고 생각할 것이다.

전능성이란 신이 가능한 세계를 구체화할 수 있다는 것을 암시한다. 신의 전능성은 자유로운 피조물을 포함하지만, 악이 없는 세계를 창조한다는 사실도 수반하는 듯하다. 따라서 이러한 사고의 추론이 맞는다면, 세상에서 악의 현실성은 한 전능하고 완전히 선한 신이 존재하지 않는다는 것을 수반한다.

그렇지만, 알빈 플란팅가(Alvin Plantinga)는 맥키의 반론이 건전하지 않다는 하나의 강력한 논증을 전개시켰다. 플란팅가의 논증 중심에는 자유에 대한 자유주의 견해에 의존하고 있다. 자유주의 견해는 사람이 정말로 자유로운 선택을 가진다면, 그 사람이 특정한 상황에서 할 수 있는 것은 신이 아니라 사람에게 필적하는 것임을 암시한다.

---

7 Ibid., pp. 178-179.

어떤 개인이 뇌물을 받아 챙기는 것과 같은 어떤 비도덕적 행위를 수행할 것인지의 선택과 맞닥뜨리고 있다고 가정해 보자. 플란팅가의 (가상적인) 예에서 컬리라는 정치인이 35,000불의 뇌물을 받았다고 하자.[8] 즉 상상했던 세계에서는 컬리가 실제로 그 뇌물을 받았을 것이다. 그러나 컬리가 그보다는 적은 금액, 즉 20,000불만을 제의받았다고 가정해 보자.

결국 그가 훨씬 적은 금액의 뇌물을 받지 않았을까?

많은 철학자들은 아래의 명제들 중 하나가 (둘 다가 아닌) 참이라는 것에 동의할 것이다.

(1) 만일 컬리가 20,000불을 제의받았더라면, 그는 그 뇌물을 받지 않았을 텐데.
(2) 만일 컬리가 20,000불을 제의받았더라면, 그는 그 뇌물을 거절했을 텐데.

명제 (1)과 (2)는 둘 다 논리적으로 가능하고, 따라서 컬리가 훨씬 적은 양의 뇌물을 받을 가능한 세계가 있고, 또한 그가 훨씬 적은 양의 뇌물을 거절할 가능한 세계도 있다는 것을 주목해야 한다.

명제 (1)이 참인 것을 가정해 보자. 그에게 원래의 돈을 제의받았더라면 컬리는 훨씬 적은 양의 뇌물을 자유롭게 받을 수 있었을 것이다. 그 경우에는 신이 현실화할 수 없는 가능한 세계가 논리적으로 존재한다.

---

[8] Alvin Plantinga, *The Nature of Necessity* (Oxford: Oxford University Press, 1974), pp. 173이하.

즉 한편에서 명제 (2)가 참이고 컬리는 그 뇌물을 거절할 것이다. 반면에 명제 (2)가 참이고, 컬리가 그 뇌물을 자유롭게 거절한다면, 명제 (1)이 참인 가능한 세계는 신이 현실화할 수 없는 세계가 된다. 어느 쪽이든, 그것은 우리가 자유주의적 입장의 자유의지를 가정하게 된다면, 한 전능한 존재가 현실화할 수 없는 가능한 세계는 논리적으로 존재한다고 판명된다.[9]

이와 같은 결론이 맥키의 반론을 직접적으로 무너뜨리지는 못한다. 맥키의 반론은 자유로운 존재들이 존재하지만, 결코 악을 행하지 않을 가능한 세계가 논리적으로 존재한다는 가정에 놓여 있기 때문이다. 플란팅가의 대답은 그런 가능한 세계가 논리적으로 존재하고 있다는 것을 인정하지만, 우리는 이 세계가 창조하는 신의 능력 안에 있다는 생각을 하지 않을 이유가 없다고 주장한다. 이것은 신이 창조할 수 없는 어떤 가능한 세계가 논리적으로 존재한다는 것이다. 신이 특정한 세계를 창조할 수 있는가 하는 것은 세계 안에 있는 자유로운 피조물들에 의해 결정하는 선택에 의존하고 있다는 것이다.

아마도 맥키는 이 점에서 자유로운 피조물이 다양한 상황에서 행할 것에 대하여 신의 "중간 지식"(middle knowledge)을 이용하면서 신은 결코 악을 행하지 않을 자유로운 피조물을 현실화할 수 있었을 것이라고 대답한다.

하지만 신이 중간 지식(그리고 우리가 앞에서 그런 견해가 갖는 문제

---

[9] 명제 (1)이나 (2) 중의 하나는 참이어야 한다는 것은 자명하지 않다. 어떤 철학자들이 그것이 참이어야 한다는 것을 부정해 왔다. 그들이 부정하는 이유는 2장에서 논의했던 중간 지식에 대한 반론과 관계가 있기 때문이다. 이 논거에 대하여 더 살펴보려면, 이 장의 각주 11번에 언급된 논문을 참조하라.

점들이 있을 수 있다고 보았던)을 소유한다면, 또한 신이 그런 피조물들을 창조했더라면, 그들의 자유를 결코 오용하지 않을 자유로운 피조물들이 존재할 수 있었는지를 어떻게 우리가 알 수 있는가?

적어도 신이 현실화할 수 있었던 모든 자유로운 존재들이 어떤 시간에는 그들의 자유를 잘못 사용할 수 있을 가능성이 있었던 것처럼 보인다.

플란팅가는 이 조건을 "타락한 초월적 세계"(transworld depravity)라고 부르는데, 피조물이 존재하는 어떤 가능한 세계 속에서 이 조건을 가진 타락한 피조물이 악을 행하기 때문이다.[10]

그 결과는 이것이다. 신이 창조할 수 있었던 모든 피조물들이 타락한 초월적 세계를 가지고 있다는 이와 같은 예상된 계획 속에서 충족될 수 있고, 또한 그가 그 가능성과 마주쳤다고 한다면, 그가 현실화하는 어떤 세계든지 자유로운 피조물들을 포함하면서 (궁극적으로) 악을 포함했을 것임이 분명히 가능하다. 이러한 가정 위에서 자유로운 피조물과 악을 동시에 가지는 세계는 아무것도 없는 세계보다 더 나은 것이다. 비록 그 결과가 궁극적으로 "타락한" 세계가 될 것이라는 것을 신이 완전히 알고 있었다고 하더라도 그가 자유로운 피조물들을 창조하는 것은 정당화될 수 있다.

이 예상된 계획이 보여주는 것은 신과 악이 논리적으로 양립한다는 것이다. 플란팅가가 실제로 신이 예상된 계획과 마주쳤다고 주장하지 않는다는 것에 주목하라. 그는 신이 그것과 마주쳤던 것이 가

---

10 초월적 세계의 개념에 대한 이용 가능한 서론—더욱 일반적으로 플란팅가의 논증에 대한 서론—을 보려면, Plantinga, *God, Freedom, and Evil* (Grand Rapids: Eerdmans, 1977)을 보라. Pojman and Rea, *Philosophy of Religion*, pp. 181-200에서 재판되었음.

능하다고 주장하고 있다. 이 모든 것이 플란팅가에게는 필요한 부분이다. 맥키는 신과 악이 논리적으로 양립하지 않는다고 주장해 왔기 때문이다. 다시 말하자면, 세계에 신과 악이 둘 다 존재해온 그러한 가능한 방식이 없다는 것이다.

플란팅가의 논증은 자유의지 방어론(free will defense)이다. 이 논증은 신의 실제적 이유들이 악을 허용할 수 있지만 유일하게 가능한 이유라고는 말하지 않는다. 악을 허용하는 신의 실제적인 이유는 우리가 알지 못하고 아마도 알 수도 없는 것들이다.

"자유의지 신정론"(자유의지 방어론보다 더 야심찬 견해)에는 여전히 남아 있는 문제들이 있다. 분명히 그런 신정론은 그것을 구체화하기 위해서 자유의지를 강조하는 이론보다 더 이상 유효하지 않다. 그리고 많은 경우에 우리가 직면해 왔던 것처럼 양립주의자들과 양립불가능주의자들 간의 논쟁이 계속되고 있고, 여기에서 우리는 그 논쟁이 해결될 수 있기를 바랄 수 없다는 것이다.[11]

또 하나의 문제는 우리가 지금까지 전개한 것처럼, "자유의지 신정론"은 자동적으로 도덕적 악의 문제에 한정하여 설명하는 것처럼 보인다는 것이다. 자연적 악의 문제를 설명하기 위한 자유의지 논증은 아래의 세 가지 방법들 중 하나로 확대해야 한다.

첫 번째 방식은 자연적 악의 문제를 설명하는 "영혼-형성 신정론"과 같은 다른 신정론과 결합하는 것이다. 그러나 이 결합은 여전히 자연적 악과 같은 문제들을 설명하는 데에 어려움들이 있다는 것을 기억해야 한다. 즉, 그 어려움들은 인간의 자유의지와는 어떠

---

11 이 쟁점에 대한 훌륭한 논의와 양립불가능주의의 자유의지의 변론을 위해서 William Hasker, *Metaphysics*의 2장을 보라.

한 관계(동물의 고통과 같은)도 없는 것처럼 보이는 것들이다.

두 번째 방법은 자연적인 악을 사탄과 그의 천사들과 같은 초월적 존재들의 소행으로 보는 방법이다. 이 같은 생각은 자연적 악을 도덕적 악으로 전환시키는 것이다.

세 번째 방법의 가능성은 자연적 악을 어떤 면에서 도덕적 악의 결과로 이해해 보려는 것이다. 즉 이 방법은 아마도 자연적인 악을 타락한 인간에 대한 신의 심판으로 해석하는 것이다. 자연적인 악이 신의 본래적 계획이나 의도의 표현이 아니라 죄의 결과라는 점에서 자연의 현재 상태가 "미성숙"하다는 생각을 지지하는 성서적 도움(창 3:17-19; 롬 8:19-23)을 받고 있다.

누가 어느 방법을 선택하든 간에 유신론에 대한 비판은 자연적 악이 그런 방법으로 이해될 수 있어야 한다는 것을 알 수 있다고 주장하는 근거에 대해 의문을 제기할 것이다. 그것은 자유의지 논증들만도 아니고 영혼-형성 논증과 연대하여 다룬 그와 같은 논증들도 완연한 신정론으로 입증할 수 없다는 사실을 결론적으로 인정해야 한다. 모든 것들이 말하고 행해졌을 때, 유신론자가 이 세상에서 발견하는 모든 악을 신이 왜 허용하는지를 정말로 이해한다고 확신하기 어렵다.

유신론자에게는 다행일지라도, 악의 문제에 대한 논리적 형식을 논박하는 완전한 신정론을 가지는 것은 필요하지 않다. 이 경우에 무신론자의 비판은 유신론이 자기 모순적이라는 것이다. 이 비판을 반론하기 위해 악을 허용하는 신의 실제적인 이유들이나 왜 신이 그가 행하는 악들을 허용하는지 설명해야 하는 것은 불가피한 것은 아니다.

만일 누군가가 악의 발생과 신의 존재가 논리적으로 모순이 아니라는 것을 보여주고자 한다면, 전적으로 선하고 전능한 존재가 왜 악을 허용하는지의 가능한 이유들이 있다는 것을 아는 것만으로도 충분하다. 이런 이유에서 맥키에 대한 플란팅가의 대답이 자유의지 방어론이지 자유의지 신정론이 아닌 것이다.

신정론의 대안들로서 영혼–형성 및 자유의지 논증들은 제한적이다. 하지만 악의 문제에 대한 논리적 형식에 반대하는 변증을 만들어 내는 논증들의 가치가 상당하다. 예를 들어, 자유의지 논증은 전능한 존재가 할 수 있는 모든 악을 항상 제거하거나, 보다 큰 어떤 선을 잃어버림이 없이도 온갖 악을 제거할 수 있었다는 것이 필연적임을 보여 준다.

또한 무신론자는 신과 악의 양립가능한 존재가 논리적으로 모순적임을 증명하는 명제를 필요로 한다. 특히 무신론은 필연적으로 참이라는 어떤 명제가 필요하고, 또한 악이 존재한다는 사실과 결합하여 신이 존재하지 않는다는 것을 수반한다. 이제껏 어느 누구도 이것을 행하지 못했다. 맥키와 다른 사람들이 제기하는 모순에 대한 비판은 강한 비판이고, 모순이 정확히 무엇인지를 보여주어야 하는 입증의 부담감은 그들에게 있다. 그들이 그것을 입증하지 못한다면, 악의 존재가 신이 없다는 사실을 입증한다고 결론을 내려야 하는 좋은 이유가 없다.

3. 악의 문제에 대한 증거주의적 형식

그런 명제를 만들어내는 무신론의 실패에 비추어서 오늘날 철학자들 가운데 대다수가 합의하는 부분은 악의 문제의 논리적 형식에서부터 실패하고 있다는 것이다. 이런 이유에서 그 논의의 주된 강조는 최근에 활발하게 논의하고 있는 문제의 증거주의적 형식으로 돌아오게 한다. 어떤 방식에서 이것은 무신론자의 주장을 더욱 약한 입장으로 만들고 있다. 그럼에도, 그것은 유신론자에게 잠재적으로 해를 입히는 입장이다.

증거주의 논증을 지지하는 사람들은 유신론이 논리적으로 일관적이고, 악의 현실성 그 자체가 신의 존재를 반증하지 못한다는 사실을 주장한다. 그들이 주장하는 비판은 악의 존재—그리고, 더욱 특별히 말하자면, 세상에서 우리가 실제로 발견하는 악의 종류 및 양—가 신의 존재를 반대하는 강력한 증거를 이루고 있다는 것이다. 다르게 표현하자면, 우리가 발견하고 있는 악은 신의 존재 가능성을 불식시키고, 따라서 신을 믿지 못하게 하는 좋은 이유를 우리에게 제공한다는 것이다.

악의 문제에 대한 증거주의적 형식은 마지막 부분에서 묘사되었던 "보다 더 큰 선"의 신정론들에 대한 반응으로서 잘 이해되고 있다. 여기서 무신론자는 다른 방법으로는 성취할 수 없었던 보다 더 큰 선을 행함으로써만 완전히 선하고, 전지하며 전능한 존재가 악을 허용할 가능성이 있다고 인정한다. 그래서 악의 단순한 현실성이 신의 존재와 모순을 일으키지 않는다. 그렇지만, 무신론자는 세상에서 우리가 관찰하는 수많은 현실적 악이 무의미하다고 주장할 것이다.

즉 그것이 보다 더 큰 선으로 이끌지 못하거나 어찌되었든 간에 그것이 보다 더 큰 선의 달성에 논리적으로 불가피하지도 않다는 것이다. 선한 신—"선하다"의 바로 그 정의에 의하면—은 아무 의미가 없는 악을 허용하지 않을 것이다. 그 논증은 다음과 같이 요약된다.

(1) 만일 신이 존재한다면, 그는 아무 의미가 없는 악을 허용하지 않을 것이다.
(2) 세상에는 아마도 무의미한 어떤 악들이 존재한다.
(3) 그러므로 아마도 신은 존재하지 않는다.[12]

여기서는 "아마도"라는 한정사가 중요하다. 무신론자는 세상에는 정말로 무의미한 악이 존재한다는 것을 입증할 수 있다고 가정하지 않는다. 그는 신이 우리가 이해할 수 없는 악을 허용하는 어떤 정당한 이유를 가지는 것이 항상 가능하다고 인정할 수는 있다. 그러나 그는 이것이 무의미한 악들이 존재한다는 것을 우리에게 분명히 보여주는 단순한 이유가 있을 것이라 생각지 않는다.

비판가는 여기에서 삶의 모든 곳에서와 같이 우리는 무엇인가 일어나는 그 방식에 근거된 우리의 최선의 판단들을 결정해야 한다고 지적할 것이다. 무의미한 악들이 나타난다는 것에서 도출할 수 있는 가장 합리적인 결론은 완전히 선하고 전능한 신이 아마도 존재하지 않는다는 것이다.

그 문제의 증거주의적 형식에 반응하는 유신론자는 그가 다른 곳에서 제안해 왔던 것과 마찬가지로 마지막 부분에서 검토했던 신정론들에 대해 다시 한 번 답하려고 시도할 수 있다.[13] 그러나 어느 누

---

12 이 논증은 Rowe, "The Problem of Evil and Some Varieties of Atheism"에서 변론되었다.
13 그 문제에 대한 두 가지 다소 신선한 대답들은 Richard Swinburne, *The Existence of God* (Oxford: Clarendon Press, 2004), pp.200-24와 Bruce Reichenbach, *Evil and a Good God* (New York: Fordham University Press, 1982), pp. 87-120에서 발견된다. 라이헨바하는 자연적 악에 대한 흥미로운 신정론을 제시한다.

구도 이러한 논증들이 설득력이 있음을 찾지 못하고 있다. 악은 믿지 않는 자와 마찬가지로 믿는 자를 통해서도 체험되는 문제라는 사실을 잊지 말아야 한다. 수많은 믿는 자들도 세상에서 당혹감을 주고 곤경에 처하게 하는 엄청난 악들—특히 끔찍하거나 어처구니가 없는 악들—의 발생을 보고 있다. 그들은 신이 이러한 악들을 허용하는 이유를 궁금해 한다. 그들은 이러한 악들이 무의미한 것으로 나타난다는 사실을 인정하기 때문이다.

그러면 믿는 자들은 무엇을 말할 수 있는가?

적어도 두 가지다.

첫째, 믿는 자는 악을 지지하기 위해 사용된 이유들을 촉진함으로써 두 번째 전제를 논박할 수 있다. 무의미한 악들이 존재한다는 것이 있음직하거나 가능하다고 생각하는 무신론자들을 통해 보여준 이유는 단순히 무의미한 악들이 존재하는 것처럼 나타나기 때문이다.

그렇지만 어떤 무의미한 악들이 있는 것처럼 나타난다는 주장은 도전을 받는다. 스티븐 워크스트라(Stephen Wykstra)는 이 주장이 기본적인 인식의 원칙, 즉 합리적 인식 접근의 조건(Condition of Reasonable Epistemic Access, 약어로 CORNEA이라는 원칙)이라고 부르는 원칙을 위배한다고 논쟁해 왔다.[14]

아주 간결하게 말하자면, CORNEA가 진술하는 것은 누구나가 다음과 같이 주장한다면 정당화될 수 있다는 것을 가리킨다. 만일 누군가가 그것을 믿는 것을 정당화한다면, "그것은 X들이 존재하지

---

14 Stephen J. Wykstra, "The Humean Obstacle to Evidential Argument from Suffering: On Avoiding the Evils of 'Appearance,'" *International Journal for Philosophy of Religion* 16 (1979); Adams and Adams, Philosophy of Evil, pp. 138-160에서 재출판.

않는 것처럼 나타난다." 즉, 거기에 X들이 있었다면, 누구나 그것들을 어떤 입장에서 자각할 수 있었을 것이라는 사실이다.

이것이 하나의 사례를 통해 잘 이해된다.[15] 누군가가 창고문을 열고 불을 켜고서 주변을 재빨리 돌아보고는 그가 본 것에 근거하여 "창고 안에는 강아지들이 없는 것처럼 보인다"고 외쳤다고 가정해 보자. 그는 이 외침을 주장하기 위해 정당화할 수 있다. 왜냐하면— 이 이야기 속에 이상한 일들이 일어나지 않는다고 가정하면서—창고에 강아지들이 있었다고 가정한다면, 흘끗 쳐다본 것은 그가 강아지들을 보기에는 충분할 것이다.

그러나 이 동일한 사람이 창고 문을 열고 불을 켜고서 흘끗 주위를 돌아보고서는 그가 본 것에 근거하여 "창고 안에는 벼룩들이 없는 것처럼 보인다"고 외쳤다고 가정해 보자. 이 경우에 그의 외침은 정당화될 수 없다. 창고 주변을 흘끗 쳐다보는 것은 이와 같은 외침을 주장하는 그를 정당화하기에는 충분하지 않다. 이는 만일 창고 안에 어떤 벼룩들이 있었다고 가정했다면, 흘끗 쳐다보는 것만으로는 잘 보이지 않는 벼룩들을 인식할 수 없다는 것이 일반적인 지식이기 때문이다.

여기에서 일반적인 교훈은 만일에 누군가가 그의 현재 인식적 상태에서 거기에 아마도 있을 어떤 X들을 어떤 입장에서 인식할 수 없다는 것을 믿으려는 이유를 가지고 있다면, 거기에는 X들이 존재하지 않는 것처럼 보인다고 주장하는 것은 정당화되지 않는다는 것이다.

---

15 다음의 예는 Stephen J. Wykstra, "Rowe's Nosecum Arguments from Evil," *The Evidential Argument from Evil*, ed. Daniel Howard-Snyder (Bloomington: Indiana University Press, 1996): p. 126에서 발췌했다.

이것이 증거주의적 논증에 대한 논의에 적용할 때, 요지는 이렇다. 신이 전지하고 초월적이라는 것에서 우리가 무시하는 선과 악의 관계에 대하여 상당히 많은 지식에 신이 숨어 있다고 믿을 만한 온갖 이유들이 있다. 그런데 우리는 신이 악을 허용했던 어떤 타당한 이유가 있었다고 한다면, 공언하건대 무의미한 악에 대하여 우리는 어떤 입장에서 그것을 인식하지 않을 것이라고 믿을 만한 이유들을 가지고 있다. 만일 신이 존재한다면, 그의 이유들 중 많은 부분이 우리에게 알 수 없다는 것이 사실상 확실하다.

결과적으로 우리는 아무런 입장이 없이 우리가 관찰하는 어떤 것을 실제적인 악이고, 심지어는 더 큰 선이 없이 악을 제공하기 위해 나타난다고 주장한다.[16] "아무 의미 없는 악들이 존재하는 것으로 보인다"는 주장은 정당화될 수 없다. 왜냐하면 그것이 CORNEA를 위반하기 때문이다. 그러나 이러한 주장이 없이는 전제 (2)가 발견되지 않는다. 증거주의적 논증에 대한 대답은 때때로 인식적 한정의 변론(cognitive limitation defense)이라고 불린다.

둘째, 믿는 자에게 이용되는 증거주의적 논증에 대한 대답—기술적인 것이 없어도 첫 번째 대답으로 훌륭하게 꾸짖는 것—이 있다.

---

16 "나타나다"라는 말은 다소 취약한 부분이다. 어떤 악이 의미 없이 나타나는 것은 사실인지 모른다. 이 취약한 면에서 악이 무의미하게 나타난다고 말하는 것은 악이 나에게 아무런 의미가 없는 것처럼 "보인다"고 말하는 것이다. 즉 그것이 의미가 있는 것으로 내 자신에게는 보이지 않는 것이다. 그러나 우리는 아무런 의미가 없는 것처럼 보이는 것이 무의미한 것으로 "나타나는" 이 취약한 면으로부터 타당하게 결론을 내릴 수는 없다. 예를 들어, 그것은 비행기가 날 수 없다는 항공 역학의 법칙에 대해 무지한 개인에게는 그렇게 보인다. 비행기들이 날 수 없다는 그런 개인에게는 그렇게 보일지 모른다. 그가 알고 있는 모든 것에는 왜 그들이 그렇게 할 수 있는지의 이유가 없다. 만일에 우리가 어떻게 사물들이 우리에게 우리 자신의 인식적 제한을 반영하는 것처럼 "보이는"지를 생각하는 훌륭한 이유를 가지고 있다면, 사물들이 어떤 방식으로 되는 것처럼 "보인다"는 사실은 그들이 그 방식을 믿게 하는 보증을 제공하는 것은 아니다.

유신론자는 설령 그가 이러한 관계들이 무엇인지 모른다고 하더라도, 신이 악을 허용하는 이유들을 가지고 있음을 믿는다고 말할 수 있다. 신이 악을 허용하는 타당한 이유들을 가지고 있다고 생각하는 믿는 자의 증거는, 단순히 신의 존재와 선함에 대한 것일 것이다. 만일 누군가가 자비롭고 자애로운 신을 믿는 훌륭한 이유들을 가지고 있다면, 신이 악을 허용하는 선한 이유들을 가지고 있다고 믿는 것이 그에게는 당연하다.

이와 같은 대답의 힘을 평가하기 위해서 이전에 무신론적 논증을 뒤집는 아래의 논증을 생각해 보자.

(1) 만일 신이 존재한다면, 그는 아무 의미 없는 악을 허용하지 않을 것이다.
(2) 아마도 신은 존재한다.
(3) 그러므로 세상에는 아마도 의미 있는 악이 존재한다.

이 논증을 완전히 뒤집어 생각하게 하는 전략―20세기 초기의 철학자이자 그를 유명하게 했던 무어의 전환(G. E. Moore shift)이라고 때때로 불렀다―은 모든 때에 원래 유효한 논증의 결과를 가져온다. 어떤 특정한 경우에 어느 논증이 더 선호되는가?

그 대답이 요구하는 것은 한 개인이 그의 완전한 증거의 상황을 판단하게 한다는 것이다. 이것은 신이 존재한다는 더 많은 증거를 가지고 있는가 혹은 무의미한 악들이 존재하고 있는 증거가 더 많은가 하는 문제다.

대부분은 악의 존재가 유신론에게 하나의 문제라고 인정할 것이다. 이는 신이 존재하지 않는다는 자명한 증거를 제시한다는 점에서 신의 존재를 "불리하게" 만든다. 그렇지만, 위크스트라의 논증이 그의 가정에 도전하기 위해 사용할 수 있었던 것에 주목하라.

그런데 이것이 사실이라면, 중대한 문제는 이 부정적인 증거가 신의 존재를 충분히 또 결정적으로 불리하게 만드는가(우리가 자명한 증거라고 부르는 것을 제시하는지)하는 것이다. 만일 누군가가 신을 믿고 또 그를 믿는 것이 좋다는 강력한 이유들을 가지고 있다면, 누군가는 신이 악을 허용하는지의 이유를 이해하지 못하기 때문에 악은 하나의 난제로 간주될 수 있다. 하지만 그건 결정적인 난제는 아니다.

결국에는 우리가 논의해 왔듯이 유한한 인간 존재들이 주변의 세계를 우리의 불완전하고 선택적인 이해로 어떠한 악도 진짜로 의미가 없는 것임을 안다고 정당하게 주장할 수 있었다는 것은 매우 의문스럽다. 만일 누군가가 신을 사랑스럽고 선한 존재—아마도 종교 경험 및 계시를 통하여—로 알고 있다고 한다면, 그는 그가 이러한 이유들이 무엇인지를 잘 모른다고 하더라도 신이 악을 허용하는 선한 이유들을 가져야 한다는 강력한 증거를 갖게 된다.

실제로 그것은 믿음을 요구하는 상황 속에 있다. 물론 만일 믿음이 합리적이려면, 신에 대한 믿음의 어떠한 근거가 있어야 한다. 그러나 종교를 지지하는 사람들은 통상적으로 이와 같은 유형의 증거를 가져야 한다고 주장한다.

이를테면, 기독교인들은 신의 지식과 신의 본성을 그들에게 보여주는 것으로서 종종 예수의 성육신을 인용한다. 신이 악을 허용하는지에 대한 이유를 설명하지 않지만, 예수의 죽음과 부활은 신이 고난의 상황에서 그들과 함께 하고, 그들을 위하고, 그의 피조물을 사랑하고, 그리고 그가 궁극적으로 악을 선으로 바꾼다는 것이다(더 많이 이야기할 수 있지만, 간단히 말해서). 그렇다면 악은 유신론자에게 심각한 문제이기는 해도, 필연적으로 이겨낼 수 없는 문제는 아니다.

만일 유신론자가 신을 믿을 좋은 이유들을 가지고 있다면, 그는 또한 신이 악을 허용하는 것이 당연하다는 것을 믿을 좋은 이유들도 가지고 있다. 그 경우에는 악의 발생이 신에 대한 믿음의 시험으로 이해하기 때문이다.

무신론자에게 악은 신의 존재를 반대하는 강력한 증거로 여겨지지만, 유신론적 관점에서 보면, 악의 발생으로 인해 신을 의심하는 사람은 두 가지가 필요하다. 만일 그가 신과 신의 선함을 알지 못한다면, 그는 신을 알아야할 필요―경험이나 아마도 특별계시를 통하여―가 있거나, 아니면 보다 완전한 방식으로 신을 알아가야 할 필요가 있다. 만일 그가 이미 신과 신의 선함을 안다면, 그는 그에게 그의 믿음을 지켜주도록 도움을 주는 목회적 격려가 필요하다.

4. 끔찍한 악들과 지옥의 문제

최근에 악의 문제에 대한 논의는 그 문제에 대한 더욱 구체적인 해석과 어떤 경우에는 좀더 구체적인 해결책을 찾으려고 시도하고 있다. 메를린 맥코드 애덤스(Marilyn McCord Adams)는 신정론의 기획이 적어도 어떤 경우에 특정 종교적 전통의 자원들이 악의 문제를 이야기하는 데에 적절하게 정리되어야 한다고 주장하면서 악의 문제를 "우주적이고도 포괄적인 대답들"로 제시해야 한다는 가정에 도전해 왔다.[17] 애덤스는 그런 자원들이 기독교 안에서 또한 성육신과

---

17 Marilyn McCord Adams, *Horrendous Evils and the Goodness of God* (Ithaca, N. Y.:

특히 그리스도의 고난의 교리들 안에서 찾을 수 있다고 주장한다.

특히 개별적인 자원들이 필요한 것은 분명하다. 애덤스가 생각하기를, 끔찍한 악들의 경우에 그녀는 "악을 참여로 정의하는데, 이 참여(즉, 고난을 당하거나 행하는 것)가 참여하는 사람의 삶이 대체로 그에게 더 큰 유익이나 더 큰 선이 될 수 있었는지(악의 문제에서 그들의 결론에서)를 의심케 하는 자명한 이유를 드러낸다."[18] 악이 "개인의 삶에 있는 의미를 파괴함으로써" 대체로 개인의 삶을 무가치하게 만들기 때문에 악은 끔찍한 것(horrendous)으로 간주한다.

애덤스는 그런 끔찍한 악의 수많은 예를 열거한다. 그러한 예는 "여성의 강간과 도끼로 여자의 팔을 자르는 행동, 궁극적 목표가 인격성을 파괴하는 심적 및 정신적 고문, 사람의 가장 깊은 충성을 배반하는 것, 이반 카라마조프에 의해 묘사되었던 일종의 아동학대, 아동 포르노, 근친상간, 굶어 죽게 하는 행위, 조밀한 지역에 모여 있는 사람들을 공격하는 핵 폭발 등이다."[19]

끔찍한 악들은 전통적 신정론들을 그런 한계까지 확대해간다. 애덤스는 우리가 논의했던 그런 신정론들이 "더 큰 유익" 및 "보다 더 큰 선"의 원칙에 너무 많이 의존하고 있다고 생각한다.

어쩌면 사람의 삶을 파괴하는 어떠한 악은 그것을 허용하는 신이 정당화하는 어떠한 선에 어떻게 충분한 도움이 되는가?

애덤스는 끔찍한 악이 그로 인해 고통을 당하는 개인의 삶을 "침

Cornell University Press, 1999). 애덤스의 논거에 대한 보다 간략한 서론을 보려면, "Horrendous Evils and the Goodness of God," *Proceedings of the American Society*, vol 63 (1989): pp.297-310; Adams and Adams, *Problem of Evils*, pp. 209-221에서 재출판.

18 Adams, *Horrendous Evils and the Goodness of God*, p. 26.
19 Ibid.

몰시키고" 또 "좌절시켰던" 것에 대한 유일한 해결책으로 충분하다는 "전체적인 선"(global goods)—예를 들어, 모든 가능한 세계들 중의 최상을 구체화하는 선—에 호소하는 대답은 도움이 되지 않는다고 주장한다. 특정한 사람의 삶에 나타나는 엄청난 악의 양들이 동일한 사람의 삶에 나타나는 선의 양보다 훨씬 더 무거울 때 악들은 사람을 침몰시킨다. 사람이 경험하는 더 큰 유익이나 더 큰 선과 논리적으로 연관되면서 그런 악과 마찬가지로 선이 나타나지 않을 때에 악들은 사람을 좌절시킨다.

애덤스는 어떤 개인의 경험들이 이 같은 악―악을 물리치는 신의 근거들이 우리의 이해나 상상하는 능력을 초월해 있다는 것이 그녀의 견해이다―을 일으킬 수 있는지에 대해서는 정확히 설명하려고 시도하지 않는다. 하지만 그녀는 "끔찍한 악들에 참여하는 것이 신과의 인격적 관계를 통섭함으로써"[20] 일어날 수 있다고 생각한다. 나아가 그녀는 기독교의 구원론 내에서 우리가 "통섭의 가능한 차원"을 발견하는 것을 제시한다.

보다 중요하게 말하면, 그 통섭의 가능한 차원은 자신의 목숨을 내어 놓은 그리스도의 자발적 순종의 행위 속에서 신이 인간의 끔찍함과 잔인성을 동일시하는 행위이다. 그리스도의 행위는 모든 인간의 고난―얼마나 잔인하고 끔찍한 것이라고 하더라도―을 중요하고 의미가 있는 행동으로 간주하는 일종의 사건이다. 끔찍하게 희생당한 수많은 사람들은 그들의 삶을 성취하기도 전에 "침몰시키고 파괴시키는" 그같은 악으로 죽어가기 때문에, 분명한 것은 애덤스의 신정론이 성취되지 않은 삶을 완성하게 하는 내세의 삶을 요구하고

---

20 Adams, "Horrendous Evils and the Goodness of God," pp. 218-20를 보라.

있다는 것이다.

애덤스는 신이 내세에서 이러한 상한 영혼들을 회복시키기 위해 —그들의 "죽음 직전의 생애"를 돌아보면서 이러한 끔찍한 악의 희생자들이 잔인한 악과 연루된 것을 없어지기를 희망하거나 후회하지 않을 것이라는 점에서 그들을 회복시키기 위해—놀라운 신적 정교함과 임기응변의 재능을 전개해야 한다고 주장한다.

더욱 논쟁적이기는 해도, 애덤스의 해결책도 보편주의(universalism)의 교리를 필요로 한다. 보편주의 교리는 어느 누구도 영원히 지옥에 내맡겨져서는 안 된다는 견해다. 애덤스는 아무도 지옥에서 영원한 고문을 경험할 수 없다고 생각한다. 이것이 패배하지 않을 것같은 끔찍한 악의 전형적인 예증일 수 있기 때문이다.

많은 그리스도인들에게 있어서 보편주의의 요구는 애덤스의 해결책을 받아들일 수 없는 희생처럼 여겨지게 한다. 어떤 사람들(아마도 많은 사람들)이 사후에 있을 신으로부터 영원한 분리의 "두 번째 죽음"—이것이 무화나 끝이 없이 의식적 고통의 상태인지—을 경험한다는 이와 같은 교리는 전통적 기독교 가르침들 속에 깊숙이 스며들어 있다. 그 교리는 신약성경의 중심적인 주제이자 복음서 내용의 핵심적인 부분으로 간주된다. 이처럼, 그러한 교리를 포기하는 것은 성육신, 구원 및 속죄의 교리들을 포함하여 다른 핵심적인 교리들을 심각하게 반대하게 될 것이다.

만일 지옥으로부터가 아니라면 어디로부터 구원을 받게 되는가?

만일 지옥이 없다면, 그리스도를 영접하는 문제가 뭐 그렇게 중요할 것이며, 그다지 시급해야할 이유가 어디 있을까?

대부분의 정통 그리스도인들은 지옥의 교리를 유지하고, 지옥을 포기하기보다는 지옥을 암시하는 것들과 씨름하고 이와 같은 질문

들에 대답하기 위해 더욱 합리적으로 그 문제를 생각해 왔다.[21]

그렇지만 지옥의 전통적인 교리는 상당히 많은 신학적이고 철학적인 어려운 문제들을 드러낸다. 지옥—대부분의 정의에 따르면—은 어떤 인격적 존재가 경험할 수 있었던 가장 끔찍한 장소이다. 만일 어떤 사람에게 들이닥치고 그 사람의 삶이 대체로 그에게 매우 유익한지를 의심하게 만드는 어떤 악이 존재한다면, 확실히 지옥은 영원히 의탁된 악이다. 따라서 지옥이 진짜로 가능성이 있는 것이라면, 지옥은 끔찍한 악의 문제에 가장 중대한 해석이라고 간주한다.

또한 일반적으로 끔찍한 악들이 신의 선함과 화해할 수 없는 가장 어려운 악들이라는 애덤스의 주장이 맞는다면, 지옥의 교리는 그것을 지지하는 사람들에게 있어서 악의 문제에 대한 가장 어렵고도 유일한 해석에 해당한다. 더욱이, 지옥의 교리를 지지하는 것은 애덤스가 지지하는 방식으로 이 땅에서의 끔찍한 악들의 문제를 해결하는 것으로부터 그를 예방한다.

보편주의가 부정되고 지옥의 전통적 교리가 지지된다면, 우리는 신이 어떤 사람들에게 그들이 결코 태어나지 않았다면 더 나을 법

---

21 성경에서 언급한 지옥에 관한 대부분의 것은 예수 그 자신으로부터 기록되었다는 것은 중요하다. 이 사실은 예수가 바리새인들의 반응을 해석함으로써 더욱 악화되었다. 바리새인은 영원한 의식적 형벌로서의 지옥의 교리를 믿었다. 그렇지만, 예수가 그들에게 지옥—마태복음 23장의 본문에서 "화 있을진저"라고 언급된 "일곱 가지의 비애"에서—에 관해 말할 때, 바리새인에 대한 그의 메시지는 "지옥에 대한 당신의 이해가 모순이 있는" 것처럼 보이는 대신에 "당신은 스스로 다른 사람들에게 경고하지만 당신은 위선자라고 하는 사람은 지옥을 향하고 있다"는 것처럼 보인다(특히 33절을 주목해 보라. 예수가 그들에게 선포했다. "뱀들아 독사의 새끼들아 너희가 어떻게 지옥의 판결을 피하겠느냐?"). 이것은 지옥의 전통적인 교리가 잘못되었다면, 우리는 예수와 바리새인이 지옥의 성격에 대해 혼동했거나, 아니면 바리새인이 가르쳤던 지옥의 동일한 교리를 그가 믿었다고 가정하기 위해 그들에게 허용하여 (혹은 초대하여) 사람들로 하여금 그릇 이끌었다는 결론을 강요하는 듯하다. 어느 선택이든 그것은 정통의 관점으로부터 매력적으로 보이지는 않는다.

한 고통을 받게 하는 이유를 설명하여야 하는 대안적 신정론이 필요하다. 따라서 지옥은 전형적인 끔찍한 악이면서도 동시에 이 땅의 잔인한 악들의 문제에 약속적인 해결을 무효화시킨다. 이 두 가지 문제들은 호혜적으로 약화시키는 것처럼 보인다.

정통 유신론자는 이러한 도전에 어떻게 마주할 수 있을까?

최근의 논의에서 두드러졌던 해결책은 두 가지이다.

(1) 무화주의(annihilationism)의 교리이고,
(2) 온화한 지옥(mild hell)의 교리이다.

전자는 그 이름이 제안하듯이 자비를 가진 신이 최종적인 결정으로 자기 자신을 거절하는 사람들에게 단순히 무화한다는 견해이다.[22] 무화주의(annihilation) 견해의 변형들이 가능하다. 이를테면, 우리는 신이 잃어버린 사람인 그들에게 이 세상의 죽음들을 즉각적으로 (혹은 곧이어) 무화해 준다고 주장한다. 혹은 잃어버린 사람들은 그들이 지옥(아마도 그들의 죄에 대한 형벌로서)에서 어떤 시간의 유한한 기간 동안 고난을 받아왔던 후에 무화된다고 주장할 수 있다.

또한 신은 어떤 사람의 무화를 일으키는 어떤 능력을 행사한다는 것을 인식할 필요가 없다. 신적 대화의 전통적 교리에서 신이 사물의 무화를 일으키기 위해서 행해야 하는 모든 것은 단순히 그것을 지탱하기를 중단하는 것이다. 이는 존재 속에서 그 자체를 지탱하는

---

22 무화주의 해결방안을 지지하는 최근의 사람들은 존 스코트와 클라크 피녹을 포함하고 있다. N. T. 라이트와 F. F. 브루스는 그 해결방안에 기꺼이 지지함이 없이 그 견해에 공감을 표현했다.

능력을 소유하는 것이란 아무것도 없기 때문이다.

잃어버린 사람들의 무화는 신의 영역에서 자비의 행위로 이해되고 있다. 추측해 보면, 궁극적으로 또 돌이킬 수 없이 신으로부터 분리된 사람이 의식적 고통을 영원히 당할 수 있는 것이기 때문에 무화주의는 유일하게 취할 수 있는 방안이다.

무화주의가 성경적인지의 문제—현재의 목적을 위해 제쳐두게 되는 쟁점—를 제쳐두고서라도 비판가들이 이 견해를 반대하는 이유는 이것이다. 즉 이 견해는 어떤 악들이 이 세상에서 궁극적으로 패배한 채로 남겨진다는 것을 암시한다는 것이다. 그것은 적어도 무화된 사람의 악이지만, 사람이 아마도 무화되기 전에 경험하게 되는 끔찍한 악들이다.

그러나 그 견해를 지지하는 사람들은 우리가 아는 모든 사람에게 세상의 그런 끔찍한 악들이 다른 방식으로 극복될 것이고, 그리고 무화된 사람의 악이 더 사악한 악(영원히 지속되는 의식적 고통)을 피하는 것이 필요하다는 그 사실에 의해서 극복될 수 있다고 대답할지 모른다.

온화한 지옥의 교리인 두 번째 해결 방안은 본질적으로 자유의지 신정론에 대한 설명이다.[23] 이 견해는 지옥이란 사람들의 의지들로 인해 정죄받은 자들에게 신이 위탁하는 어떤 것이라기보다는 오히려 그곳에 거주하는 자들(적어도 인간 거주자들)이 자유롭게 선택하는 어떤 장소라고 주장한다. 지옥에 의해 제공되는 더 큰 유익이나 더 큰 선은 인간의 자유를 보존한다. 만일 각 개인이 그렇게 선택

---

[23] 온화한 지옥의 해결방안을 지지하는 최근의 사람들은 리처드 스윈번, 엘리노어 스텀프와 제리 월스를 포함한다.

한다면, 신은 그를 최종적으로 거절하는 각 개인의 선택을 존중한다는 것이다.

다시 말하자면, 온화한 지옥의 견해는 여러 다양한 형태들로 나타난다. 그러나 가장 두드러진 형태는 정죄받은 자들이 실제로 지옥 안에 그리고 동시에 천국 안에서 무화에 대한 존재를 좋아한다는 것이다. 저주받은 자는 천국보다는 지옥을 더 선호한다. 왜냐하면, 그들이 자부심을 가지고 그들의 창조자의 권위를 포함하여 온갖 외적인 권위를 거절해 왔거나, 아니면 그들이 거룩한 신의 현존을 고문으로 경험하는 사악하고 해로운 도덕적 본성을 요구해 왔기 때문이다.

C. S. 루이스가 『참담한 이혼』(The Great Divorce)에서 "서로가 결혼생활의 종지부를 찍을 때에는 두 종류의 사람들이 있다"고 했다. 한 사람은 "주의 뜻이 이루어지이다"라고 신에게 말하는 사람이 있고, 다른 사람도 "주의 뜻이 이루어지이다"라고 신에게 말하는 사람이 있다고 루이스가 적었을 때, 그는 온화한 지옥의 견해를 잘 표현하고 있다. "지옥에 있는 모든 사람은 모두가 주의 뜻을 선택한다."[24] 루이스는 『고통의 문제』에서 다음과 같이 아주 상세하게 말하고 있다.

> "저는 저주받은 자들이야말로 어떤 의미에서 최후까지 반역에 성공한 사람들이라는 것을 기꺼이 믿습니다. 저는 지옥의 문이 안쪽에 잠겨 있다고 믿는 데 망설임이 없습니다. 이것은 그 영혼들에게 지옥 밖으로 나오고 싶어하는 희망, 시기심이 많은

---

24 C. S. Lewis, *The Great Divorce* (New York: Macmillan, 1946), p. 69.

> 사람들이 행복을 바랄 때와 같은 그 막연한 바람조차 없으리라는 말은 아닙니다. 그러나 그들은 영혼이 선에 이를 수 있는 유일한 길인 자기 포기의 영역에서는 그 첫 단계조차 밟으려 하지 않을 것이 분명합니다. 그들은 스스로 요구한 무서운 자유를 영원히 누린 결과 자아의 노예가 됩니다. 하지만 축복받은 자들은 영원히 순종에 무릎을 꿇음으로써 영원무궁토록 자유롭고 더 자유로운 존재가 됩니다."[25]

이 견해에서 보면, 저주받은 자들이 스스로의 자유로운 선택으로 지옥에 보내졌을 뿐만 아니라 그들이 그들 자신의 자유로운 선택으로 인해 지옥에 남게 된다는 것이다. 추측해 보는 것뿐이라고 해도 개인들은 천국을 거절하기 위해 완전히 현명한 결정을 선택할 수 있었고, 그리고 지옥이 문자적으로 불이 타는 못이나 중세 양식의 고문하는 방으로 간주되지 않는다면, 지옥도 이러한 방식으로 포용할 수 있다. 이것은 지옥의 전통적 교리를 인기 있는 해석들로서 그들의 독특한 방식을 찾아 왔던 생각이다. 따라서 온화한 지옥은 "잔인한 지옥"이라고 종종 명명해 왔던 전통적인 견해와는 반대되는 견해다.

지옥은 신을 거절했던 사람들이 지속적으로 존재하도록 허용하고(아마도 그 자체가 좋은 의미로), 그리고 그들이 원하는 것이 주어지는, 즉 신으로부터 분리되는 일종의 "장소"이다.

누군가는 온화한 지옥이 전통적인 의미에서 정말로 지옥인가를 물을 수도 있다. 이는 지옥이 문자적으로 육체적 고문이 끊임없이

---

[25] C. S. Lewis, *The Problem of Pain* (New York: Macmillan, 1947), pp. 115-116.

지속되는 상태를 포함하지 않기 때문이다. 그 대답은 누군가가 지옥에 있는 사람들의 상태에 대한 객관적 혹은 주관적 견해를 취할 수 있는가에 의존하고 있다. 아마도 지옥에 있으면서 그곳에 있기를 좋아하는 사람의 주관적 견해로부터 지옥은 너무 잔인하지 않은 것처럼 보인다. 그러나 신을 알고 신과 선을 사랑하는 사람들의 공동체를 형성함으로써 천국에서 진정한 축복을 누리는 사람들의 관점에서 보면 지옥에 있는 사람들의 운명은 참으로 두려움 그 자체다.

즉 그 지옥은 고문의 장소로서 지옥에 관한 성경적 모습들에 의해 적절히 상징화된 곳이다. 또한 천국에서는 그런 문제들에 대한 참된 견해를 가진 사람들이 되어야 한다. 사실, 지옥의 비참함은 지옥에 있는 사람들이 얼마나 그들의 상황이 비참한지를 깨닫지 못한다는 것이 더 슬픈 사실인지 모른다. 왜냐하면 그들이 진정한 행복을 평가하는 능력을 상실했기 때문이다.

온화한 지옥의 해결 방안에 대한 주된 비판은 특히 인간의 연약함과 제한적인 인식에 비추어서 인간의 자유에 너무 후한 점수를 준다는 것이다.[26] 그 해결방안은 신과 우리와의 관계가 부모들과 그들의 자녀들과 유비적임을 암시적으로 추정한다. 즉 이는 우리가 그렇게 선택한다면 우리의 행위의 결과들을 완전히 (혹은 적어도 적절히) 이해함으로써 알려진 합리적인 결정들을 선택할 수 있음을 가정하는 것이다.

그러나 다른 상황에서 전통적 유신론은 신과 우리의 관계가 매우 어린 자녀와 그들의 부모들과의 관계보다 더 유비적이라고 생각한다. 세상에 대한 우리의 지식이 신의 지식과 비교해 보면 아주 작

---

26   예를 들어, Adams, *Horrendous Evils and the Goodness of God*, 3장을 참조.

고, 세상에 대한 우리의 이해도 무수히 많은 고백들과 개념적 왜곡들에 의해 거의 충분하지 않다.

그러나 만일 그렇다고 한다면, 어떻게 우리는 어마어마하고 돌이킬 수 없는 결과들을 가지고 오는 결정을 내리는 데 맡겨지게 되는가?

비판가들은 그런 일을 행하는 신이 세 살 난 아이가 있는 방 한 가운데에 독이든 사탕 그릇을 놓아두고는 방을 나가면서 아이에게 사탕을 먹어서는 안 된다는 강한 경고를 하면서 아이에게 어떻게 순종해야 하는지를 스스로 선택하도록 허락하는 부모와 도덕적으로 상응하다고 단언한다.

메를린 애덤스는 이와 같은 이야기에서 만일 아이가 불순종하면, 그로 인해 그 아이의 죽음을 가져오게 하면서, "부모가 주로 책임이 있고 상당히 큰 과실이 있는 한에서 그 부모에게 순종할 것이라고 기대하기는 하지만, 확실히 그 아이는 고작해야 비난 받을 정도에 그칠 것이다"[27]라고 주장한다.

애덤스는 인간 자유의 가치가 매우 훌륭하다고 해도, 신이 피조물들에게 그들 자신의 최종적이고도 돌이킬 수 없는 파멸을 가져오게 하는 결정을 내리도록 허락하는 것은 충분히 정당화되기 어렵다고 결론을 내린다. 특별히 이것은 참이다.

애덤스가 생각하기를, 인간 행위자가 시간의 흐름에 따라 발전하는 특징이 있고 많은 요인들에 의해 형성되었다는 사실에 비추어 볼 때, 수많은 개인 행위자는 발육에 방해를 받고 충분히 기능을 할 수 없을 수 있거나, 심지어는 이러한 개인의 통제를 넘어서 있는 요

---

27 Adams, *Horrendous Evils and the Goodness of God*, p. 39. 여기에서 이 이야기는 애덤스가 동일한 요지를 주장하기 위해 사용하는 것과는 약간 차이가 있다.

인들에 의해 기능장애(예컨대, 성폭행 당한 아이의 외상 경험들)가 생길 수도 있다.

여기에 반응하는 온화한 지옥 해결방안을 지지하는 사람들은 자유가 정말로 너무 중요하여 악을 가장 극단적으로 남용하는 것, 즉 한 자유로운 행위자가 신에 대해 최종적으로 반대하고 결과적으로 그 자신의 저주를 원하는 일에 대해 신이 허용하는 것이 정당하다고 주장해야만 한다. 더욱이 그들은 많은 사람들—특히 신이 최종적으로 그를 받아들이거나 거절하는 그들의 선택들에 대한 책임을 주장하는 모든 것—이 그런 선택에 대한 책임을 그들에게 요구하는 모든 것을 가진다고 주장해야만 한다.

즉 그 선택들은 그들이 행하는 것이 무엇인지 알아야 하고, 그들이 강압되지 않으면서 그들의 행동의 결과들을 충분히 잘 이해해야 한다는 것 등이다. 아마도 그들이 이 세상에서 책임적인 선택을 요구받는 것이 무엇인지를 알지 못한다면, 죽음 이후의 밝은 면은 진정으로 자유로운 선택이 가능하게 하는 점을 제공할지 모른다.

수많은 개인들의 자유로운 행위가 그들의 통제를 초월한 요인들을 통해 방해를 받거나 기능을 발휘하지 못한다는 애덤스의 요지에 반응하는 온화한 지옥을 지지하는 사람들은 신이 그런 요인들을 각 개인의 책임—그리고 마지막 심판—을 평가하도록 고려한다고 주장할지 모른다.

사실, 이것은 지옥의 교리를 지지하는 모든 사람들이 수용하는 보다 일반적인 대답을 가리키고 있다. 우리가 세부적으로 지옥—누가 지옥에 가고 가지 않은지의 문제와 마찬가지로 지옥의 독특한 특성을 포함하여—에 대해 알지 못하는 부분이 많이 있다. 그래서 우리는 우리가 기술하는 그와 같은 결론들의 특이성에 주의해야 한다.

그러나 신이 사랑과 자비의 신인 동시에 정의의 신인 것을 우리가 알고 있기 때문에 우리는 정의가 무엇인지와 마찬가지로 사랑과 자비가 무엇인지를 그가 행할 것이라고 확신할 수 있다. 신의 본성을 우리가 확신하는 것은 지옥에 대한 이론들에서 우리가 확신하는 것보다 더 낫다. 특별히 상세한 부분을 결정하게 될 때, 성경에서 지혜로운 신은 우리에게 계시하기 위해 선택하는 것은 아니다.

4. 신의 숨겨짐

최근에 주목을 많이 받고 있는 악의 문제에 덧붙여서 말하는 한 부분은 신의 존재가 분명히 보이지 않는다는 명백한 사실에 초점을 맞추고 있다. 신이 드러나지 않는 문제는 신의 비존재에 대한 논증 또는 유신론자에게 "실존주의적 관심"의 문제로 해석될 수 있다.[28] 후자의 형식에서 신의 존재가 초점이 되지 않고, 그것보다는 오히려 우리와 신의 관계에 대한 성격이나 그의 본성에 초점이 놓여있다.

신의 능력, 지식 및 (특히) 사랑과 무수히 많은 때와 사람을 위해 신이 "침묵"하고 "숨어" 있다는 사실을 조화시키려는 것이 유신론에게는 하나의 문제이다. 그가 침묵하거나 숨어 있다고 말하는 것은 그의 존재, 그의 임재 혹은 자신의 계시—특히 그가 일어나도록 허용하는 어떤 악에 대한 그의 이유들에 관하여—가 인지할 수 없거나 신비롭다고 말하는 것이다.

---

28 Daniel Howard-Snyder and Paul K. Moser, *Divine Hiddenness: New Essays*, ed. (New York: Cambridge University Press, 2001)의 서론을 참조하라.

신의 숨겨짐의 문제는 실제적인 문제다. 이는 종종 개인의 신앙 위기에 하나의 자극제―혹은 적어도 공헌하는 요인―와 같다.

신은 신을 찾는 자에게 찾을 수 있다고 약속했는가?

왜 그가 적어도 정직하고 성실하게 그를 알기를 원하여 찾는 모든 이에게 자기 자신을 분명히 드러내지 않는가?

놀랍게도 신의 숨겨짐은 성경에서, 특히 욥기에서 가장 널리 전개되지만, 시편과 예언자의 글들을 통하여 흩어져 있는 구약성경에서의 중심 사상이다.[29] 지옥의 문제와 같이 신의 숨겨짐(divine hiddenness)의 문제도 정통 유신론의 내부에 있는 문제이다.

그 문제는 악의 문제와 밀접하게 연관되어 있다. 신의 숨겨짐은 이미 고통 중에 있는 사람들에게 고난이 가장 생산적이기 때문이다. 신이나 그의 목적들을 인식할 수 없는 사람들의 무능력은 마치 신이 돌보지 않는 것처럼 느끼지는 고통을 그들에게 가중시키고, 또 그들의 고통이 무의미하며, 혹은 신이 그들을 버렸다거나 그들을 사랑하지 않는다는 것을 느끼게 한다. 특히 이것은 우리가 논의했던 끔찍한 악들의 경우에는 사실이다. 신의 숨겨짐의 문제는 놀랍지는 않지만 후기-홀로코스트 유대교 신학의 문헌 속에 자주 등장하는 두드러진 주제다.

신의 숨겨짐은 또한 신정론의 일반적인 전략을 붕괴함으로써, 즉 사랑스러운 부모들이 그들의 자녀들을 향하여 행동하는 방식과 유사하게 신이 그의 피조물들과의 관계에서 행동하는 방식을 취급함

---

29 Daniel Howard-Snyder and Paul K, *Divine Hiddenness: New Essays*, p. 2에서 인용된 그런 본문들은 사 45:15; 59:2; 미 3:4; 시 10:1; 22:1-2; 30:7; 44:22-23; 88:13-14; 104:27-29를 포함한다.

으로써 악의 문제를 가중시킨다. 사랑스러운 부모들이 아이가 이해할 수 있다고 생각하기 때문에 그들의 자녀에게 때때로 자녀의 어떤 유익을 위해 고통스러운 경험을 받게 하는 것처럼, 신도 종종 우리에게 유사한 이유로 고통을 경험하도록 허락한다고 주장되고 있다.

신의 숨겨짐은 이와 같은 대답을 복잡하게 한다. 이는 우리가 아이의 시련 가운데서 분명히 알려지는 그들의 임재와 사랑을 보여주고, 그리고 그들의 자녀들에게 위로하고 확신시키려는 특별한 노력들을 보여주려는 사랑스러운 부모들을 기대하기 때문이다. 특히 부모들은 아이가 이해할 수 없는 고통이 궁극적이고도 유익한 목적을 포함하고 있다는 것을 알고 있다. 여기에서 문제는 자연스럽게 제기된다.

신은 왜 그의 피조물에게 냉혹한 고통의 시련 중에는 똑같이 행동하지 않는가?

물론 많은 개인들은 그들의 시련 가운데서 분명히 신의 사랑과 임재를 가장 많이 느낀다고 보고한다. 하지만 다른 많은 사람들은 이러한 경험을 공유하지 않는다.

다시 말하지만, 신은 왜 항상 자기 자신을 분명하게 그런 상황 속에서 자신을 드러내지 않고 침묵하는가?

유신론의 내적인 문제로서 신의 숨겨짐은 정말로 혼란스럽다. 그러나 신의 숨겨짐의 바로 그 문제가 유신론의 혼란스러운 모습으로서가 아니라 유신론의 논증(놀라운 것은 없지만, 신의 숨겨짐과 악의 문제 사이에는 어떤 연관성이 있으므로)으로서 잘 해석된다고 주장한다. 그런 논증의 단순한 해석은 다음과 같다. 만일 신이 존재한다면, 완전하고도 사랑이 많은 신은 자기 자신을 진심으로 그를 찾는 모든 사람에게 드러내야 한다. 그러나 진심을 다하여 그를 찾는 모든 사

람들은 그를 찾지 못한다. 그러므로 완전하고 사랑의 신은 존재하지 않는다.[30]

아무튼 이 논증의 전제들도 도전을 받고 있다. 어떤 유신론자들은 신이 자기 자신을 찾는 모든 자에게 나타내지 않는 이유들을 가지고 있다고 주장한다. 다른 이론들은 있을 법한 신의 이유들을 발전시켜 왔다. 예를 들어, 신의 숨겨짐은 아마도 순종과 믿음의 자유롭고 사랑스러운 신―강압적이지 않는―을 우리로부터 깨닫게 하는 필연적 조건이다.

다른 유신론자들은 신을 진심으로 찾는 모든 사람에게 신은 자기를 드러낸다고 주장한다. 그들은 신이 스스로 나타나지 않는 이유에 대한 어떤 설명을 보여 준다. 이러한 맥락을 따른 일반적인 접근은 신의 무지가 항상 비난받을 만하다는 논쟁을 일으킨다. 그래서 신의 드러남과는 대조적으로 신을 인식하지 못하는 사람은 진심으로 그를 찾지 않는다.

이제 다시 생각해 볼 시간이다. 악의 문제는 정통 유신론 그 자체의 가르침 내에서 제기하는 것처럼 우리가 보는 가장 어려운 형태들과 함께 다양한 형태로 온다는 것을 살펴 보았다. 그럼에도 악의 문제에 대한 이러한 해석들이 극복할 수 없는지에 대해서는 불분명하다.

악의 문제에 관한 논리적이고 증거주의적인 형태들은 논박될 수 있고, 또한 신의 숨겨짐과 지옥의 전통적 교리에 의해 생겨난 문제

---

30 보다 정교한 논증―최근에 논의를 전개했던 논증―을 보려면, J. L. Schellenberg, *Divine Hiddenness and Human Reason* (Ithaca, N. Y.: Cornel University Press, 1993)을 참조. 셸렌버그에 대한 다양한 반응들은 Howard-Snyder and Moser, *Divine Hiddenness*의 논문들에서 발견된다.

들은 유신론을 포기하도록 요청하는 것이 아니라 오히려 확고한 신학적 가정들을 재평가하도록 요청하는 것이다. 특히 악의 문제는 실천적인 부분—견디기 힘든 시련들과 고난 가운데 있는 사람들에 의해서 마주했던 신앙의 위기들은 종종 지혜로운 영적인 인도함과 조언을 요구한다—에 비추어 보면 확실히 중요하다. 그러나 악의 문제가 유신론에 반대하기 위해 제공하는 합리적인 증거가 무엇이든지 간에 그 문제는 대항하기 어렵다.

제8장

신앙과 이성

지금의 종교적 상황은 몇 백 년 전의 사람들이 마주했던 것과는 확연한 차이가 있다. 종교를 달리 선택할 길이 없었던 종교개혁 이전의 유럽에서는 종교적 믿음들의 다원성과 마주한다는 생각은 낯선 것이었다. 종교적 믿음들은 오랜 세월을 거쳐 전해졌다. 확실히 개인들은 질문과 의심으로 가득차 있었고, 사람들은 그들에게 전해 준 것을 어떻게 해석하고 적용하는지에 관한 선택의 문제를 가지고 있었다. 하지만 여전히 이러한 의심과 선택은 당연하게 받아들여진 어떤 구조적인 틀을 가정해야만 했다.

오늘날의 수많은 사람들은 그런 상황을 누리지 못하고 있다. 교육을 통해 그리고 아마도 가장 강력한 수단인 대중매체를 통해 일상 속에서 접촉하는 많은 부분들은 우리에게 급진적으로 다른 종교들을 선택해야 한다고 일깨우고 있다. 이를테면, 기독교인들은 종교개혁 이래로 크게 성장해 왔던 다른 기독교인들과 조직 안에서 서로 일치하지 않는다. 그들은 공공연한 종교적 믿음을 선택하지 못하는 세속적 정신과 더불어 여러 다른 세계종교들과도 일치하지 않는다.

결과적으로 수많은 사람들은 그들의 믿음을 주장하는 것에 만족하지 않는다. 그 이유는 단순히 그들은 자신들의 부모 혹은 지역교회를 통해 전수받아 왔기 때문이다. 많은 사람들은 자신들의 믿음이 단지 지엽적인 편견이나 역사적 우발성일지 모른다는 생각으로 인해 고민하고 있다. 그들은 자신들의 믿음이 참된 진리라고 생각할 수 있는 근거가 있는지 알고 싶어 한다.

이러한 이유로 비판적 대화로서 해석하는 종교철학은 오늘날의 세계가 마주한 중대한 관련성과 긴박성의 문제에 천착해 왔다. 그러나 이 대화에 참여하는 일은 위험스러운 부분이 없지 않다. 이는 대화의 결과가 단순히 의심과 혼란을 가중할 수도 있기 때문이다.

본서는 철학자들 사이에서 신에 대한 믿음, 악의 문제, 기적의 가능성, 종교경험의 타당한 분석 및 그와 같은 많은 주제들의 합리성에 관한 지속적인 논쟁의 실례들을 제공한다. 심각한 문제는 다원주의적 세계에서 종교적 믿음을 다루면서 일어난다는 데 있다.

다원주의 세계 속에 사는 사람은 종교적 믿음의 특정한 체계에 자기 자신을 확고하게 헌신할 수 있을까?

사람은 그러한 믿음에 삶을 맡길 수 있는가?

그러한 믿음은 합리적인가?

첫 번째 문제는 주로 심리적이고 사회적인 것으로서 그 대답은 적어도 많은 사람들에게는 그렇다고 말할 수 있다. 이전의 시대보다 수많은 불가지론이 지금 더 많이 존재하고 있고, 수많은 사람들이 여전히 확고하게 종교적 세계관들을 고수하고 있다.

한번도 믿음을 갖지 않은 사람도 믿음을 가질 수 있고, 믿음을 가졌던 사람들도 그들의 신앙을 버리고 다른 새로운 신앙을 받아들이는 개종의 일 역시 일어나고 있다. 사람은 믿음을 가진 종교인들과 마찬가지로 믿음을 가지지 못한 헌신된 무신론자들을 "헌신의 사람들"이라는 공동체 속에 포함시킨다.

"세속적"이란 용어는 종교적인 생각을 좀처럼 표현하지 않는 사람에서부터 "미신"을 버리고 무신론적 신조를 포용하는 사람들을 얻기 위해 헌신하는 "복음주의적 무신론"에 이르기까지 여러 다양한 개인들에게 적용되고 있다.

그런데 철학자에게 가장 흥미로운 것은 그런 헌신들이 긍정적이든 혹은 부정적이든 간에 종교적으로 헌신해 온 사람들에게 심리적으로 가능한가라는 문제가 아니라 합리적 혹은 도덕적으로 책임적인가라는 문제이다. 합리적 혹은 도덕적 책임에 관한 최근의 무신론의 문헌—특히 대중에게 초점을 맞춘—은 세상의 가장 긴급한 문제들, 즉 무지, 성차별, 빈곤 및 질병(치유 장애)의 영속화에서 오는 폭력, 대량학살과 테러에 이르기까지 온갖 악의 근본적인 원인이 종교라고 주장한다.

이런 맥락에서 기탄없는 무신론자 샘 해리스(Sam Harris)는 "종교가 매우 부도덕—즉, 긴급한 이러한 관심이 무고한 인간 존재들에게 불필요하고 소름 돋는 고통을 가중하는—할 경우에도 사람들에게 종교가 도덕적이라고 상상하게 만든다"[1]고 단언한다. 해리스는 911테러 공격, 피임과 낙태에 반대하는 테레사 수녀 그리고 배아줄기 세포 연구에 반대하는 복음주의 진영의 저항을 전형적인 사례들로 열거한다.

---

1 Sam Harris, *Letter to a Christian Nation* (New York: Vintage Books, 2008), p. 25.

간단히 말해, 그의 견해는 종교적 신념이 근본적으로 해악적이고, 따라서 거부되어야 한다는 것이다. 이 같은 논쟁은 종종 종교적 신념에 반대하는 실용주의 반론(pragmatic objection)이라고 불렸다.

그렇지만, 해리스의 논증—여러 인기 있는 무신론주의 논증들과 마찬가지로—은 다음의 두 가지 오류들에 사로잡혀 있다.

첫째, 해리스는 일반적 오류(common fallacy)를 범하고 있다. 일반적 오류는 X가 어떤 이념이나 세계관을 언급하는 곳에서 "X의 이름으로 잔인한 일들이 행해진 것"에 대하여 "X가 도덕적으로 비난받아야 한다"고 추론하는 오류다. 이 추론은 분명히 논리적으로 맞지 않다. 만일 그 추론이 근거를 제시할지라도, 그것은 세계가 알고 있는 대로 온갖 주된 비도덕적인 이념과 세계관—무신론을 포함하여—을 확실히 비난하리라는 것이 분명하기 때문이다. 911테러는 스탈린에 의해 지속적으로 저질러진 대량학살이 무신론을 검증하는 것과 마찬가지로 유신론의 도덕적 상태를 검증하는 것이다.

둘째, 그런 논쟁의 일반적인 오류는 유신론적 견해를 고무시키는 근본적인 신념들과는 별도로 그러한 견해들의 도덕적 상태를 평가하는 데에 있다.

예를 들어, 낙태를 반대하는 것이 부도덕한 것인가 하는 문제는 그것을 반대하는 사람들의 적절한 철학적 및 신학적 신념들—이 경우에 사람의 인격을 이루는 신념들—을 고려하지 않고서는 평가될 수 없다. 해리스는 일반적으로 보수주의 기독교인들이 인간의 고통—기독교인들이 신을 찾는 인간의 행동들과는 달리 무엇인가를 공격하는 것에만 관심을 가지고 그것에 사로잡혀 있는—에

그다지 관심을 갖지 않는다고 주장한다.[2]

　이것은 인간 존재를 위한 가장 지고한 선은 신과의 중심적인 교제를 갈망한다는 보수주의 기독교 신앙을 무시하고, 그로 인해 신과의 인격적 관계를 위태롭게 하는 사람의 궁극적 행복―다른 것들 가운데―을 매우 위험스럽게 만든다. 그런데 기독교인들은 인간의 고통에 무관심한 것은 아니다. 기독교인들은 단지 무신론자들이 인간의 고통(그리고 행복)과 같은 종류들을 위태롭게 하고, 누군가가 그들과 싸우기 위한 (혹은 조장하기 위한) 방식들에서 무신론자와는 다른 견해를 주장한다.

　유신론적 신념에 반대하는 실용주의적 논증들은 그다지 설득적이지 않다고 판단된다. 우리는 그것의 정확성을 평가하는 데에 확고한 신념 체계의 실천적인 열매들을 고려하는 것이 일반적이지 않다―심지어는 적절치 않다―는 이 사실을 통하여 암시된다고 보지 않는다.

　의문의 여지 없이 많은 사람들이 종교적 신념에서 떠나고 있다는 현실이다. 많은 사람들이 성자처럼 살아가는 삶을 통해 종교적 믿음을 갖게 했듯이, 사람들은 믿는 자들에 의해 저질러지는 옳지 못한 행동들을 목격하기 때문이다. 특정 개인들은 인격적으로 설득력이 있는 이유들을 발견하기도 한다. 그러나 우리가 그런 실용주의적 논증들이 일반적인 동의를 지시하는 설득력을 가진 증명으로 주장될 수 있다는 희망은 거의 없어 보인다.

　이 장의 나머지 부분에서 우선, 세계종교들의 다원성, 즉 세계종교들의 경쟁적 진리 주장들과 연관하여 그 문제를 일반적인 용어들

2　Ibid., p.26.

로 개진하면서 합리적으로 방어할 수 있다. 따라서 우리는 종교적 신념이 합리적인가의 문제에 초점을 맞출 것이다.

1. 신앙: 종교적 논증에서의 주관성

우리가 종교철학이라고 불렀던 비판적 대화에 참여하는 학생들은 처음부터 합리적 성찰이 경쟁적 관점들의 다원성을 제거하리라고 기대할지 모른다. 하지만 그런 기대는 스스로를 실망하도록 만들 수 있다. 오히려 사람들 가운데 드러나는 실망은 일반적으로 철학자들 사이에서 다시 나타나는 것처럼 보인다.

왜 경쟁적 관점의 불일치가 지속적으로 나타나는가?

의문의 여지없이 거기엔 많은 이유가 있다.

첫째, 우리가 나중에 전개하려는 중요한 이유로서, 종교적 신념들이 사람들이 살아가는 방식에 직접적으로 영향을 주기 때문이다. 종교를 받아들이거나 거절하는 것은 삶의 전적인 방식을 받아들이거나 거절하는 것이다. 그런 결정은 지적인 것과 감정적인 것을 포함하고 있다. 따라서 기독교인으로 살아가고 싶지 않은 사람들과 기독교가 거짓이기를 바라는 사람들이 설득적인 어떤 논증들을 통하여 그들의 불신앙을 정당화하는 방식을 찾는 것은 놀라운 일이 아니다.

둘째, 종교철학자들 가운데 나타나는 불일치의 이유는 철학자들이 그 논증에 대한 그들의 분석을 이끌어 내는 주관적 신앙, 근본적인 확신과 같은 인간 존재들과 관련이 있기 때문이다. 우리는 거듭해서 종교적 신념을 옹호하거나 반대하는 논증들을 검증하면서 이 요소들을 우연히 발견해 왔다. 궁극적으로 한 논증이 건전한가 하는 것은 타당성에 의존하는 것뿐만 아니라 전제들의 참에도 의존해야 한다. 많은 경우는 어떤 사람에 의해 제시된 전제가 합리적이거나 가능한지를 판명하지만, 또 다른 사람은 그와 같은 전제가 의문투성이라는 것을 찾아낸다.

이를테면, 만일 신의 존재가 가능하다는 사실이 제시될 때엔, 존재론적 논증은 건전한 것처럼 보인다. 만일 우주론적 논증이 충분 이유의 원칙을 받아들이고, 또한 누군가 자연세계의 우발성에 대한 증거로서 우주적 이적의 경험을 해석한다면, 우주론적 논증은 건전하다고 판명될 것이다. 그리고 누군가 목적론적 논증이 자연세계의 어떤 현상을 이로운 질서의 예들로 해석한다면, 목적론적 논증도 건전한 것으로 판명될 것이다. 도덕론적 논증도 도덕성의 성격에 대한 어떤 견해들을 받아들이게 되면, 도덕론적 논증도 설득력이 있는 것으로 판명될 것이다.

이와는 다른 면에서 신의 존재를 반대하기 위해 악으로부터 논증하는 것은 누군가 세상에 있는 어떤 악을 완전히 무의미한 것으로 알고 있거나, 아니면 무의미성을 믿는 근거들이 선한 신을 믿는 근거들보다 우월한지를 요구하는 것이다. 기적의 가능성, 계시의 주장 및 종교경험의 분석에 관한 논증들과 유사한 의견들도 같은 맥락에서 주장될 수 있다.

찬반양론의 입장에서 "객관적" 논증들을 바라보게 되면, 우리는 개인적이고도 주관적인 논증들—한 개인이 "진실성"을 가지는 확고한 주장을 판단하는 그 순간—로 지속적으로 되돌아가야 한다. 결과적으로 어떤 사람들은 그런 성찰은 가치가 없다고 결론을 내리기도 한다. 그렇다면 결국에 논증은 이성에 의해 지지되지 않는 맹목적 결정인 신앙의 비약(a leap of faith)이 되지 않을까?

누군가가 신앙의 비약에 대해 말하고 싶어 한다면, 우리는 그 비약을 행하는 사람이 비단 종교를 믿는 사람만이 아니라는 점을 지적함으로써 시작해야 한다. 이러한 문제에 있어서 무신론자의 결론으로 이끌어가는 기본 확신은 똑같이 주관적이다. 유신론의 경우에서처럼 무신론도 논쟁이 없이 참된 전제들을 제시하는 유용한 논증들에 의해 입증되지 않는다.

그렇지만 밝혀지고 있듯이, 신앙의 비약이라는 메타포는 여러 면에서 잘못 이해되어 왔다. 신앙의 비약이라는 메타포는 단순히 무엇을 믿거나 믿지 않는 독단적 선택을 결정하는 어떤 사람의 이미지를 떠올리게 한다. 하지만 정상적인 상황에서 볼 때, 단순히 어떤 것을 믿기로 결심하는 것은 가능하지 않다. 우리는 오로지 우리에게 보이는 것만을 믿는다. 무엇인가를 믿는다는 것은 그것이 참(혹은 적어도 참일 가능성이 있는)이라고 생각하기 때문에 믿는다. 가령 누군가에게 에이즈가 존재하지 않는다는 신념이 위안이 될지라도, 그런 신념은 단순히 순수한 의지의 행위에 의해 받아들여지진 않는다.

궁극적으로 우리가 종교적 문제를 판단하는 데에 있어서도 믿음이 중요한 역할을 한다는 것은 옳다. 하지만 신앙의 비약이라는 이미지가 놓치는 부분은 결정적인 믿음은 대부분의 경우 신앙의 어떤 종류를 말하고 있지 않다는 것이다. 즉 믿음은 단순히 어떤 사람이 의지의 순간적 행동에 의해서 구성하는 신앙의 종류가 아니라는 것이다. 오히려 개인의 판단을 형성하는 믿음은 개인이 이미 소유한 믿음이다. 이 믿음이야말로 어떤 사람이 유신론의 생명력에 대한 그의 성찰을 제공하는 기본적인 확신들, 태도 및 가치들을 이루고 있다.

물론 이 같은 믿음은 불변하는 것은 아니며, 믿음은 발전하고 변한다. 합리적인 성찰과 순간적인 결정은 믿음을 발전시키거나 변하는 과정에서 매우 중요한 역할을 하고 있다. 하지만 누군가 종교적 문제들을 행하는 것에 대한 판단들과 연관해서 믿음을 이야기하는 것이라면, 믿음을 의지의 순간적인 행위가 아닌 전 인격성의 오랜 질적 요소들을 이루고 있는 한 체계로서 이해하는 것이 매우 중요하다.

2. 종교적 신념에 대한 증거주의의 도전

서로 다른 사람들 속에 대조적인 믿음들이 존재한다는 것은 종교들 가운데 상당히 일치하지 않는 점들이 있음을 의미한다. 믿음은 종교적인 판단에 있어서 결정적이고 중요한 역할을 행하는 사람들에게 문제를 일으킨다. 비록 믿음이 독단적이고도 맹목적인 비약으로 이해되지 않을지라도 믿음은 여전히 그 근간을 종교적 진리를 인식하는 종교인들의 주장으로 하는 하나의 토대를 무너뜨리는 것처럼 보인다.

이러한 잠재된 불안은 우리가 1장에서 "중립주의"(neutralism)라고 부른 강한 정초주의 인식론이다. 누군가 종교적 신념의 체계를 참이라고 판단하는 것이 부분적으로 모든 사람을 통해서 주장되지 않은 믿음에 대한 확신 속에 근거되어 있다면, 그런 판단은 사람들에게 객관적으로 확신할 수 없는 것임을 나타낸다.

그런 경우, 신념은 합리적일 수 있을까?

이러한 문제들은 지식의 성격과 정당성의 근본적인 인식론에 대한 논쟁을 불러온다. 그 문제들을 충분히 다루기 위해서는 완전히 잘 짜인 인식론이 요구될 것이다.[3] 여기에서 우리는 가장 합리적으로 보이는 문제들에 대한 관점을 살펴볼 수밖에 없다.

인식론에서 고전 정초주의자의 이상은 "객관적 확실성"(objective certainty)이라는 것을 생각해 보라. 정초주의자에게 있어서 우리의 지식은 하나의 토대에 근거해야 하는 것처럼 보인다.

토대에 근거된 지식은 정신이 온전하고 합리적인 사람에게 받아들일 수 있을 만큼 확실하고 자명하여야 한다. 합리적인 사람―정초주의의 판단에 따르면―은 믿음이 객관적으로 보증되고 입증되어야 하며, 증명될 수 없는 경우라면 믿음은 무효화된다. 따라서 이성과 신앙은 상호 간에 적대적이라는 것이 따라온다. 그리고 개인적인 믿음을 신뢰하는 사람은 비합리적으로 여겨진다. 이는 이성이 각자에게 온갖 선입견들과 편견들 및 가정들을 제쳐두도록 요구하기 때문이다.

정초주의의 이상은 여러 형식들을 가지고 있다. 경험주의 형식에서의 정초주의는 우리의 믿음이 옳은 것인가를 결정할 때에 경험적으로 입증할 수 있는 사실에만 전적으로 의존해야 한다는 것을 요구한다. 합리주의 형식에서의 정초주의는 우리가 이성에 의해 자명한 기본 전제들로 시작해야 하는지를 묻는다. 고전주의 형식에서의 정초주의는 인식적 과정에서 주관성―또는 위험성―을 제거하려고 시도한다. 존 듀이의 표현을 빌리면, 고전주의 형식의 정초주의는

---

[3] W. Jay Wood, *Epistemology: Becoming Intellectually Virtuous* (Downer's Grove, Ill.: InterVasity Press, 1988)는 개론적으로 훌륭하게 취급된 책이다. 더 높은 연구를 위해서는 Alvin Plantinga, *Warranted Christian Belief* (New York: Oxford University Press, 2000)을 보라.

"확실성의 탐구"(a quest for certainty)이다. 그런데 정초주의는 단순히 확실성을 넘어 개인이 개별적으로 믿음을 위태하게 만들지 않는 객관적 확실성을 원한다.

19세기에 알려진 이 위험-반대의 접근(risk-averse approach)은 W. K. 클리포드(W. K. Clifford)에 의해 받아들여졌다. 클리포드는 지적으로 부정직하지 않아야 하는 것뿐만 아니라 증거에 의해 타당하게 지지되지 않는 어떤 것을 믿는다는 것도 완전히 비도덕적이라고 주장했다. 왜 그가 이렇게 생각하는지의 예를 들어보면 다음과 같다.

클리포드는 일례로 이민자들을 가득 실은 배를 출항시키면서 배의 안전이 적합한지 의심하는 한 선주를 상정한다. 선주는 결국 자신의 배가 원하는 목적지에 안전하게 도착할 것이라고 자기 자신에게 스스로 합리화하면서 자신의 의심—자신의 생각을 지지하는 어떠한 증거와는 별개로—을 떨쳐버린다. 그런데 그 배가 결국에는 침몰해서 배에 탄 모든 선객들이 물에 빠져 죽어가는 광경을 지켜본다면, 선주는 거기서 무엇을 말할 수 있을까?

클리포드는 배에 탄 선객들의 죽음으로 인해 선주는 죄의식에서 벗어나기가 어렵다고 주장한다.

> "그는 스스로 이 배의 건전함을 진심으로 믿었다고 인정하지만, 이처럼 그의 확신을 뒷받침하는 진정한 믿음은 전혀 그에게 도움을 줄 수 없다. 이는 그가 그의 앞에 주어진 증거와 같은 것을 믿지 않았기 때문이다."[4]

---

4 W. K. Clifford, "The Ethics of Belief," *Philosophy of Religion: Selected Readings*, ed.

클리포드가 생각하기를, 이 판단은 일반화될 수 있었다. 주지하는 바와 같이 클리포드는 "충분한 증거가 없는 어떤 것을 믿는다는 것은 어느 때, 어느 누구에게도 항상 잘못이다"[5]라고 주장한다.

클리포드의 논지는 증거주의(evidentalism)라고 불러온 견해에 대한 다소 극단적인 해석이다. 그의 논증이 전형적으로 종교적 신념을 공격하고 있음을 알 수 있다. 클리포드가 가정하는 것은 종교적 신념은 증거—적어도 클리포드가 생각하는 그런 증거의 종류는 아니겠지만—에 의해 충분하게 지지되지 않는다는 것이다. 모든 사람에게 유용한 감각의 직접적 입증에 의해서든, 아니면 논쟁할 수 없을 만큼의 건전한 증명에 의해서든, 신의 존재를 믿는 사람들이 그들의 신념을 증명할 수 없다는 점에서 그들의 신념이 비합리적이고, 심지어는 부도덕하다는 것이다. 우리는 이것을 종교적 신념에 대한 증거주의의 도전이라고 부른다.

증거주의는 클리포드의 무제한적인 형식에서 매우 수용하기 어렵다. 한 사람이 합리적 혹은 인식적 기준을 어떤 식으로든 위배한다고 해도 토대가 없는 신념을 믿는 것은 부도덕하지 않다는 주장을 쉽게 보여줄 수 있기 때문이다(어떤 사람이 아무런 이유 없이 머리를 깎는 데에 정확히 10,000불을 지불했다고 믿는 것을 상상해 보라).

하지만 무제한적인 수량 형용사("항상," "어느 곳이든," "누구이든," "어떤 것이든")를 사용하는 클리포드의 논지는 어떠한 예외 조항을 두지 않고서는 모든 것을 수긍하기 어렵다. 대신에 오늘날 대부분의

William L. Rowe and William J. Wainwright, 3rd ed. (New York: Oxford University Press, 1998), p. 456.
5   Ibid., p. 460.

증거주의자들은 윤리적 판단을 제외하고 신념들이나 믿음들이 충분한 증거에 의해 지지되지 않는다면 합리적으로 정당화되지 않는다고 주장하는 다소 온건한 견해라고 강변한다.

그렇지만 종교적 신념에 대한 비난은 많은 증거주의자들의 의제를 전면에 드러내는 것에 있다. 예를 들어, 샘 해리스가 "증거가 없이 강하게 믿는 것은 우리의 삶의 다른 영역 속에서 광기나 어리석음의 징표로 여겨진다. 그럼에도 신을 믿는 신념은 여전히 우리의 사회 속에 엄청난 영향력이 있다"[6]고 신랄하게 비탄해 한다.

3. 개혁주의 인식론

유신론자는 어떻게 증거주의의 도전에 대응해야 할까?

여러 가지가 있겠지만, 적어도 두 가지 일반적인 유형의 대응들이 가능한 것처럼 보인다.

첫째, 유신론자는 신념들이 충분한 증거에 의해 지지된다면 정당화될 수 있다는 증거주의의 주장을 인정할 수 있다. 아무튼 종교적 신념들도 실제로 충분히 증거에 의해 지지되고 있다고 계속하여 논쟁한다.

만일 이 방식이 받아들여지면, 유신론자는 신념이 "교정할 수 없는"("잘못을 고칠 수 없는") 것을 보여주게 될 경우 한 신념을 지지하

---

[6] Harris, *Letter to a Christian Nation*, p. 67. 해리스의 증거주의가 항상—혹은 일반적으로—클리포드에 의해 주장되었던 증거주의의 윤리적 해석보다 극단적으로 회귀하는 것을 피한다는 점을 주목해야 한다.

기 위해서 아마도 증거가 "충분하다"는 가정에 도전함으로써 시작할 수 있다. 그러나 유신론자는 이 가정이 불합리한 결과들을 불러일으킨다고 지적할 것이다(가장 평범한 신념들—예를 들어, 누군가가 어떤 책을 지금 읽고 있다는 신념—은 이러한 기준을 충족하지 못한다).

둘째, 유신론자는 우리가 스스로의 오감을 통하여 지각할 수 있는 것을 제한하지 않지만, 철학적 논증들에 의해 제공될 수 있는 합리적 지지를 확대해야 한다고 논쟁하면서 증거의 개념을 명확히 할 필요가 있다. 이와 같은 차원은 종교적 신념을 정당화하기 위한 충분한 증거를 제시하는 자연신학, 종교경험, 특별계시 등의 근거들을 보여주려고 시도하는 유신론자를 위한 장치이다.

많은 유신론자들—더러는 그들 스스로 증거주의자들인—은 증거주의의 도전에 대한 이와 같은 대응을 받아들였다. 그러나 다른 전략도 용이해 보인다. 그는 종교적 신념이 증거적 지지를 가지고 있다는 것을 보여주려고 시도하기보다는 대신 그는 신념들이 합리적으로 정당화될 수 있는 증거의 지지를 요구하고 있다는 가정에 도전한다.

알빈 플란팅가는 장황하게 증거주의를 이런 맥락에 따라서 대응하는 방식을 전개했다.[7] 플란팅가의 접근을 개혁주의 인식론(Reformed Epistemology)이라 부른다. 개혁주의 인식론은 프로테스탄트 종교개혁자 존 칼빈(John Calvin)의 전통에 따라서 어떤 논증이나 증거와는 별개로 신에 대한 신념이 합리적으로 정당화될 수 있다는 견해를 따른다. 왜냐하면 신념이 타당하게 기초적(properly basic)이

---

[7] Alvin Plantinga, "Reason and Belief in God," *The Analytic Theist: An Alvin Plantinga Reader*, ed. James F. Sennett (Grand Rapids: Eerdmans, 1998), pp. 102-161.

거나 그럴 수 있기 때문이다.
 어떤 사람이 가진 다른 신념들에 근거해서 자신의 신념을 주장하지 않는다면 그 사람에게 신념은 기초적이다. 만일 신념이 그에게 합리적으로 정당화된다면, 다른 신념들로부터의 지지가 부족할지라도 그 신념은 기초적이다.
 플란팅가의 견해는 즉각적으로 두 가지 문제를 제기한다.
 첫째, 어떤 신념들이 타당하게 기초적이라고 생각해야 하는 이유는 무엇인가?
 둘째, 어떤 타당한 기초적 신념들이 있다고 해도, 신에 대한 신념이 다른 신념들 가운데 있다는 것을 생각해야 하는 이유는 무엇인가?
 이제 순서대로 이러한 문제들을 살펴보자.
 플란팅가가 그러한 신념들이 타당하게 기초적이라고 주장하는 것을 이해하기 위해서는 정초주의의 논의로 돌아와야 한다. 정초주의는 증거주의의 도전을 강조하고 고무하는 지식에 대한 접근이다. 우리가 앞서 언급했듯이, 고전적 정초주의는 객관적 확실성을 인식적 이상으로 간주한다.
 데카르트가 적고 있듯이, 합리적으로 정당화된 신념들은 절대적으로 "확실하고" 또한 "의심할 수 없는" 정초주의적 신념들을 궁극적으로 지지하는 지식들이다. 그렇지만 이러한 정초주의적 신념들은 타당하게 기초적이어야 하는 것이 필연적이다. 그렇지 않다면, 우리는 무한한 소급의 문제에 직면하게 된다. 증거주의적 관계는 신념들 간의 관계다. 그것은 하나의 신념이 다른 신념을 위해 합리적 지지를 제공한다고 주장하는 관계다.
 그러나 만일 모든 신념이 그것을 지지하기 위해 다른 신념들을 요구한다면, 우리는 정당화하는 신념의 무한한 소급으로 나아간다. 이는 합리적으로 정당화될 수 없는 신념을 궁극적으로 암시하는 것처럼 보인다. 그러나 이것은 불합리하다. 확실히 우리의 신념에 대한 많은 부분들이 정당화된다. 그러므로 어떤 타당한 기초적 신념이 있어야 한다.

그러나 신에 대한 신념이 정초적이고, 타당하게 이 같은 기초적 신념들의 체계 가운데 있어야 한다고 생각하는 이유는 무엇인가?

정초적인 것으로 받아들인 신념들은 전형적으로 자명하고 필연적 진리들로서의 신념들(예컨대, 2+2=4), 교정할 수 없는 신념들(즉, 현재 존재하는 것과 현재 고통 속에 있는 신념), 그리고 "감각에 자명한" 것에 대한 신념들(즉, 지금 책을 잡고 있다는 신념)을 포함한다.

만약에 정초주의가 타당하게 기초적인 신념들이 이 세 가지 종류의 신념들을 제한적이라고 명시할 경우, 그것은 자기 기만적으로 끝날 것이라고 플란팅가는 지적한다.[8]

이를 이해하기 위해서 다음과 같은 주장을 고려해 보자. 어떤 명제 p에 있어서 p가 자명 혹은 교정할 수 없거나 아니면 감각적으로 명증한 경우라면, 한 신념 p는 타당하게 기초적이다. 이 주장을 F라고 부르자.

간단하게 말해, 이 문제는 F가 자명하지도 교정할 수도 없거나, 아니면 감각에 명증하지도 않다는 것이다. 따라서 F를 믿는 신념은 타당하게 기초적이지 않다. 만일 그것이 타당하게 기초적인 다른 신념들에 의해 지지된다면 그것은 누군가 F를 믿는 것이 정당하다는 것이 따라온다. 즉 다른 신념들은 자명하거나 교정할 수 없거나 혹

---

8 Ibid., pp. 135-138.

은 감각에 명증하다는 것이다.

그러나 F가 그런 어떤 신념들에 의해 지지되는 것처럼 보이지 않는다. 만일 그렇게 지지되지 않는다면, 어느 누구도 우리가 묘사했던 정초주의와 같은 토대를 이루는 명제 F를 믿은 것이 정당화되지 않을 것이다. 따라서 그것은 설명된 정초주의가 자기 기만적이라는 사실이 따라온다. 어느 누구도 그것을 믿는 것이 정당화될 수 없다.

이 문제를 피하기 위해 정초주의자는 타당하게 기초적인 신념들로서 권한을 주는 것의 범위를 확대해야 하는데, 그것은 누군가가 믿음을 합리적으로 타당하게 할 수 있었던 명제에게 그 자체의 기준을 충족하게 하는 것에 대한 진술이다.

자기 기만적인 문제는 별도로 해도 F는 분명히 다른 이유에서 너무나 제한적이다. 우리의 일상적인 신념들 중 많은 부분이 자명하지도 교정할 수도 없거나 혹은 감각에 명증하지도 않다는 근거 위에서 그러한 신념들—예를 들어, 우리가 오늘 아침에 식사로 시리얼을 먹었다는 믿음과 같은 우리의 일상적인 기억에 대한 믿음들—은 정당화될 필요가 없는 것임을 암시한다.

정초주의자가 타당하게 기초적인 것으로 제시하는 신념과 같은 것에 더욱 관대해 보인다는 것은 분명하다. 이것은 플란팅가가 필요로 하는 바로 그 기반이다. 이제 그는 문제를 제기한다. 칼빈이나 개혁주의 사상가들이 주장했듯이, 신에 대한 믿음이 타당하게 기초적인 것으로 권한을 주는 이러한 신념들 가운데 있어야 하는가?[9]

---

[9] "타당하게 기초적 신념들"(properly basic beliefs)라는 용어는 상대적으로 최근의 것이고, 따라서 여기에서 칼빈과 다른 초기 종교개혁 사상가들에 대한 주장이 다소 시대착오적이라는 것에 주의해야 한다. 이러한 신학자들이 주장했던 것은 신에 대한 믿음이 자연신학의 논증과 이성과 별도로 합리적으로 정당화될 수 있다는 것이다.

증거주의의 반론이 성공하기 위해서는 플란팅가와 그의 지지자들이 "자기-지시적 어려움들로부터 자유로워야 하고, 신에 관한 신념이 타당하게 기초적인 것이라는 사실을 제거하고, 그리고 그것이 참이라고 생각하는 어떤 이유가 있는 타당한 기초성을 위한 기준을 열거하여야 한다"[10]고 주장한다. 그러나 아직까지, 어느 누구도 이것을 실행한 사람은 없었고, 따라서 종교적 신념에 대한 증거주의의 반론은 성공을 거두지 못했다.

지금까지 전개되어 왔던 것처럼, 플란팅가의 대응은 독자들에게 입심이 좋은 사람—아마도 논리적으로 옳지 않을지라도—으로 비쳐진다. 어떤 증거주의자도 신에 대한 믿음을 제거하는 타당한 기초성을 위한 어떤 기준을 열거할 수 있었던 사람이 없다고 비판하는 플란팅가가 옳다고 하더라도, 이것은 신에 대한 믿음이 타당하게 기초적이라고 생각할 이유를 제시한다는 것을 우리에게 보여주지 못한다.

다르게 생각해 보면 이것은 무지에 호소하는 오류를 범하고 있다고 비판받을 수 있다("p가 거짓이라고 증명되기까지 p는 참이다"). 그러나 이 대답은 플란팅가의 논증을 잘못 해석한 것이다. 플란팅가는 증거주의의 논증이 건전하지 않다는 것을 보여주려는 것이 그의 목적이고, 따라서 신에 대한 믿음이 실제로 타당하게 기초적이라는 사실을 변증하지 못했다는 것이다. 증거주의의 반론은 유신론에 반대하는 비합리성을 비난했고, 그리고 이 비난의 경우를 주장하는 반대자에게 달려 있다.

단적으로 플란팅가는 증거주의자에 의해 제시된 유신론에 반대

---

10 Plantinga, "Reason and Belief in God," p. 138.

하는 경우에 문제가 있다는 사실을 보여줄 뿐이다. 그러나 그의 논증도 오류가 없는 것은 아니다.

그의 대답 역시 그럴듯하게 보이진 않는다. 신에 대한 믿음이 타당하게 기초적인 이러한 신념들 가운데 놓여 있다고 생각하는 긍정적인 이유들이 있다. 실제로 그 견해는 시작부터 개혁주의 전환의 일부분이다. 칼빈은 신이 우리를 신적 감각(sensus divinitatis)과 함께 창조했다고 주장했다. 신적 감각은 신에 대한 즉각적인 (추정에 의하지 않은) 신념을 형성하는 내적인 경향이나 기질이다. 칼빈은 다음과 같이 적고 있다.

"사실상 인간의 마음속에는 자연적인 본능에 의해서 신을 알 수 있는 지각(awareness)이 존재한다.' 이는 논란의 여지가 없는 사실이다. 아무도 무지를 구실로 삼아 핑계하지 못하도록 신은 자신의 신적 위엄을 어느 정도 깨달아 알 수 있는 이해의 능력을 인간 각자에게 심어주었다. 그래서 일반적인 관념이 모든 사람들의 정신을 점령하고 있기 때문에 집요하게 사람들의 마음속에 밀착되어 있다. 그러므로 세계가 존재한 날부터 종교 없이 지낼 수 있었던 나라, 도시, 간단히 말하자면, 종교 없이 지낼 수 있었던 가족이 하나도 없었다는 사실은 어떠한 신에 관한 관념이 모든 사람의 마음속에 새겨져 있는 하나의 무언의 고백이 아닐 수 없다.

사실 우상숭배도 이 관념에 대한 풍부한 증거이다. 본의 아니게 인간은 다른 피조물을 자기 이상으로 높이려고 마지못해 자신을 낮춘다. 그래서 인간은 신을 갖지 못한 것으로 생각되는 것보다는 차라리 나무 조각이나 돌 조각에 예배드리기를 더 좋아한다. 이 사실이 신적 존재에 관한 가장 생생한 증거를 명백히 보여 주고 있다."[11]

칼빈의 견해에서 신적 감각은 신에 대한 믿음이 왜 그렇게 골고루 퍼져 있는지에 대한 설명을 제공한다. 그럼에도 사람들이 신에 대한 믿음을 거부하는지에 대한 칼빈의 설명은 인간 존재들이 죄의 본성을 가지고 있기 때문이라는 것이다. 타락 이후에 우리가 존재해 온 비자연적 조건에서 신을 믿으려는 우리의 자연스러운 경향은 억압될 수 있다. 이것은 아마도 죄의 지적 영향, 즉 마음에 있는 죄의 해롭고도 부패한 영향 가운데 가장 중요하다. 그럼에도 믿으려는 경향은 모든 사람에게 나타나고, 공통된 경험들에 의해 "유발"된다.

칼빈은 특별히 "우주의 작품"에 감탄해 하는 경험을 적고 있다. 하지만 놀라운 설교를 경청하거나 성경을 읽을 때, 혹은 우리가 알고 있는 어떤 것을 행하는 사람의 행동들에 관해 신이 못마땅해 한다고 느끼는 경험들—그리고 그런 많은 일반 경험들과 마찬가지로—을 듣는 것이 잘못일 때, 우리는 신이 스스로에게 말씀하는 "듣는" 경험을 이것에 덧붙일 수 있다.[12] 칼빈에 따르면 그러한 경험은 신의 존재에 관한 정당화된 믿음을 형성하는 사례들을 제시한다. 실제로 칼빈은 신이 존재한다는 지식과 더불어 그 생각을 보여 준다고 생각한다.

플란팅가의 정당화된 종교적 신념에 대한 경우는 아직 완성되지

---

11 John Calvin, *Institutes of the Christian Religion* I. 3, trans. Ford Lewis Battles (Philadelphia: *Westminster Press*, 1960), pp. 43–44. Plantinga, "Reason and Belief in God," p. 141에서 인용.
12 Plantinga, "Reason and Belief in God," pp. 141–142, 154.

않았다. 그는 계속해서 현저한 반론들에 답하려고 한다. 그 반론들은 다음과 같다.

(1) 만약에 신에 대한 신념이 타당하게 기초적이라고 한다면, 어떤 신념은 타당하게 기초적인 것("가장 중요한 반론")으로 제공될 수 있고,
(2) 플란팅가가 스스로 타당한 기초성에 대한 대안적이고도 긍정적인 기준을 제공하지 않는다는 반론,
(3) 계속하여 현저한 반론들에 답하려고 한다. 만일 신에 대한 믿음이 기초적이라면, 그것은 근거가 없다(groundless)는 반론,
(4) 신에 대한 믿음을 기초적인 것으로 받아들이는 사람은 "무슨 일이 있더라도" 즉 그들이 제시하는 어떠한 반론의 증거에도 불구하고, 이 믿음을 주장할 것이라는 반론, 그리고
(5) 그의 견해는 신앙주의로 제한한다는 반론 등이다.[13]

우리는 이러한 반론들—혹은 그것들에 대한 플란팅가의 대답들—을 여기에서 자세히 말하지 않을 것이다. 이 문제에 관심있는 독자는 플란팅가의 이제 고전이 되어 버린 논문 "이성과 신에 대한 믿음"(Reason and Belief in God)을 살펴보면 좋을 듯하다. 그의 논문 "이성과 신에 대한 믿음"은 종교철학을 시작하는 초년생들도 이용하기에 매우 좋다.

---

13 Ibid., pp. 149-161.

4. 신념을 형성하는 주관성의 자리

지금까지 우리의 논의는 종교적 신념에 대한 증거주의의 도전이 공평하게 충족될 수 있음을 강력하게 보여 준다. 하지만 증거주의의 도전을 충족하려는 우리의 노력과는 별개로, 지식에 대한 고전적 정초주의의 접근이 불충분하다고 결론을 내리는 좋은 이유들이 있다. 그런 정초주의자들의 기대와는 대조적으로 인격적 요소를 포함하는 우리의 일상적인 신념들의 대부분은 압도적으로 해석적 판단에 의존한다는 것이 분명하다.

정초주의의 측면에서 대부분의 객관적 확실성은 꿈같은 이야기로 여겨진다. 일상적인 삶에서 개인들은 그들이 합리적이라고 여기는 셀 수 없이 많은 판단들을 결정하지만, 고전적 정초주의의 이상의 기준들에 도달하지 못한다.

사실 클리포드에 의해 옹호된 위험으로부터의 자유-접근(risk-free approach)—어떤 문제를 결정하는데 있어서 증거가 불충분한 곳이라면 어떤 신념을 주장하지 말아야 하는—은 상당한 희생을 감수해야 한다. 윌리엄 제임스(William James)가 지적하듯이, 이러한 태도를 받아들이는 것은 구름에 떠 있는 진리를 잡으려는 상황과 같다.[14] 이는 아마도 옳은 말일 수 있다. 제임스가 적고 있듯이, "어떤 진리에 대한 믿음이 그 진실을 만들어 낸다."[15]

예를 들어 어떤 사람이 자신의 행동을 통해 믿음을 증명하지 않

---

14 William James, "The Will to Believe," Rowe and Wainwright, *Philosophy of Religion*, pp. 461–472.
15 Basil Mitchell, *The Justification of Religious Belief* (New York: Oxford University Press, 1981). 특히 완전한 설명을 보려면 pp. 45–57를 참조하라.

고 단지 그가 그 사람이 좋아서 믿어야 한다는 것을 받아들였다고 가정해 보라. 그와 같은 의심의 태도가 다른 사람에게 반감을 불러일으킬 수 있다. 결과적으로 누군가는 많은 사람들에 의해 비호감이 되는 경우가 있기 때문에, 사람을 보고 믿어서는 안된다.

진리에 대한 믿음("다른 사람이 나를 좋아한다")이 그 진리를 만들어 갈 수 있다. 특히 대인관계는 사람들 사이에서 종교적 지식의 많은 특징들을 공유한다. 따라서 제임스의 예가 종교적 지식에 꼭 들어맞는 것이다. 하지만 우리는 마찬가지로 다른 시나리오들도 상상할 수 있을 것이다.

최근의 의학적 연구들은 큰 수술 이후 완전히 완쾌될 수 있을 것이라고 믿는 사람들이 실제 통계적으로 완전히 회복되는 경우가 많다고 한다. 이와 같은 의학적 연구를 고려해 볼 때 이것이 이해될 수 있다. 클리포드의 원칙—이 경우에 그런 환자들이 증거가 부족함에도 불구하고 완전히 완쾌될 것이라고 믿는 것이 실제로 비도덕적이라고 판단하게 하는 것—은 제임스의 평가에서 보면 하나의 비상식적인 논리에 불과하다. 제임스는 다음과 같은 결론을 내린다.

> "그러므로 그 사람에게 있어서 나는 진리를 추구하는 불가지론적인 규칙들을 받아들여야 하는 나의 방식을 볼 수 없거나, 혹은 그 게임으로부터 내가 원하는 성격을 고의적으로 지키기 위해서는 동의할 수 없다. 이 분명한 이유를 위해서 나는 그렇게 행동할 수가 없다. 만일 그러한 진리들이 정말로 거기에 있다면, 진리의 확고한 종류들을 인식하지 못하도록 나를 절대적으

로 방해하는 생각의 규칙은 비합리적인 규칙이 될 것이다."[16]

제임스의 종교적 믿음에 대한 견해는 분명히 적절하다. 아마도 이것은 기독교 복음이 받아들여야 하는 믿음의 최초의 비약을 요구하는 진리의 유형이고, 믿음의 최초 행위는 아마도 신과의 관계를 시작하는 경우이다. 즉 그것은 누군가 그 믿는 진리를 확정하는 신의 사랑에 대한 경험을 궁극적으로 야기하는 것이다. 신의 사랑은 수많은 사람들에게 기독교를 이해하게 했던 방식이다.

하지만 제임스의 논증은 기독교를 위한 논증으로서 의도된 게 아니다. 오히려 그의 논증은 클리포드처럼 그들이 믿음을 단호한 "과학적" 증거주의의 기준으로 받아들임으로써 어떤 위험을 피할 수 있다고 생각하는 사람들에게 그러한 생각이 틀렸다는 일반적인 요지를 주장하려는 것이다.

클리포드의 원칙을 받아들이는 사람들은 진리를 확신하지 못하고 잃어버릴 가능성이 있는 문제에 빠짐으로써 그와 같은 유형의 위험—다시 말해, 거짓된 믿음을 받아들일 가능성—을 피하려고 한다. 만일 그가 그렇게 선택한다면, 그 사람은 이러한 접근을 받아들일 인식적 권리—제임스는 이 사실을 부정하고 싶어 하지 않지만—속에 있다.

하지만 그 요지는 이성이 믿음을 명령하지 않는다는 데 있다. 클리포드의 원칙을 받아들이는 것은 그런 방식으로 믿음을 실천하는 것이다. 실천은 상실한 어떤 가능한 진리가 피해야 하는 거짓 신념들의 이익에 의해 더욱 중대하게 된다는 믿음이다. 믿음—그

---

16 Ibid., pp. 471.

것에 유의해야 하는 위험—은 인식적으로 유한하고 제한적인 존재인 인간에게 불가피하다. 토마스 쿤(Thomas Kuhn)과 스티븐 툴민(Stephen Toulmin)과 같은 과학 철학자들이(1장에서 간략하게 언급되었듯이) 믿음을 신뢰하는 것 역시 과학에서도 긍정적인 역할을 하고 있다고 주장해 왔음을 언급하는 것은 흥미롭다.[17]

한 개인은 과학자가 되기 위해 과학 공동체의 구성원이 된다. 과학 공동체는 공유된 가치들, 태도들 및 구성원들의 기본 가정들에 의해서 한정된다. 이 공유된 믿음들은 이론뿐만 아니라 공동체의 삶과 실천 속에서도 구체화되고, 그러한 믿음들은 공공연한 지침을 통하여 획득되는 것뿐 아니라 삶의 공통된 형식 속에서 공유하는 개인에 의해서도 달성된다.

객관적 확실성에 대한 고전 정초주의의 이상은 종교의 영역보다는 삶의 영역에서조차도 현실적이거나 기대할 수 있는 것처럼 보이지 않는다. 그러므로 만일 믿음이 어느 곳에나 존재한다면, 믿음을 확실히 인간의 삶 속에 합당한 역할을 가지는 종교에만 부과할 이유는 없을 듯 보인다.

5. 해석적 판단과 "누적적 사례"의 성격

고전적 정초주의의 이상—우리는 여러 다른 면들로 붕괴된 것을

---

[17] Thomas S. Kuhn, *The Structure of Scientific Revolution*, 2nd ed. (Chicago: University of Chicago Press, 1970); Stephen Toulmin, *Foresight and Understanding* (New York: Harper & Row, 1963)을 참조.

보았지만—을 포기함으로 고전적 정초주의의 방식은 신앙과 이성을 경쟁자로서가 아니라 잠재적 동맹자로서 이해 가능하게 하는 이성의 견해를 발전함으로써 개방하는 것 같다. 하지만 이 견해를 해석하기 전에 처음으로 고려해야 할 부분은 최초로 정초주의가 많은 사람들에게 매력적으로 보이는 이유가 무엇인가라는 것이다.

우선적으로 중요하게 말하자면, 동기를 부여하는 이성은 객관적 확실성의 이상을 포기하게 하는 것이 미신과 넌센스의 수문을 열게 할 것이고, 그 결과로 닥쳐올 것들에 대한 두려움이 있는 듯하다. 정초주의자들이 보는 그 선택은 객관적 확실성과 "아무것이나 다 좋다"는 것을 의미하는 신앙의 맹목적 비약 사이에 놓여 있다.

정초주의의 이상을 바라보는 한 가지는 연산법인 "알고리즘"에 대한 탐구로서 종교적인 문제들을 결정하는 방식이다. 알고리즘은 정확히 따라올 경우 수학의 결정하는 절차가 문제의 해결로 이끌 수 있음을 보장한다. 절차는 누군가에 의해 따라오는 단계의 유한한 수와 함께 이상적이다. 우리는 종교적 알고리즘이 바람직한지를 문제 삼는다.

하지만 현재의 목적을 위해서 정면으로 공격해야 하는 것은 알고리즘이든 혹은 비합리적인 비약이든 이 거짓된 것을 판단하는 것이다. 이 두 극단들 사이에는 많은 여분이 있고, 합리적인 판단들은 연산법적 결정의 절차들이 부족한 인간의 삶의 수많은 영역들 속에서 만들어질 수 있다. 그런 영역에서 중요한 요소가 바로 "해석적 판단"의 개념이다.

『종교적 신념에 대한 정당성』에서 바질 미첼(Basil Mitchell)은 비

알고리즘의 영역들 속에서 작동하는 이성의 여러 예들을 제시한다.[18] 하나의 예가 역사학의 영역이다. 역사가들은 종종 특정한 사건이나 그 사건의 의미의 원인들에 대한 의견을 달리한다. 경쟁적 역사가들이 많은 사실들에 대해 동의한다고 할지라도, 그들은 종종 어떻게 이러한 사실들을 해석하고 그 중요성을 평가하는지에 대해서는 일치하지 않는다.

또 다른 훌륭한 예는 문학비평의 영역이다. 문헌 학자들은 종종 시의 의미에 대해 의견을 서로 달리한다. 어떤 특정한 시구가 아이러니, 풍자 혹은 직접적인 칭송으로 간주될 수 있는가?

이 두 영역들에서 "객관적" 요소들이 중요한 역할을 수행한다. 경쟁적 역사가들도 그들 자신의 이론들을 지지하는 사실들에 관하여 탐구하고, 그들의 전반적인 이론과 조화를 이루는 사실들에 관하여 해석한다. 경쟁적 비평가들은 저자의 태도들에 대하여 알려진 사실들과 같은 다른 자료의 종류와 마찬가지로 그들의 해석을 지지할 시의 특징들을 살핀다.

그런 불일치들이 결국에는 객관적으로 모든 진영들을 만족시킬 수 있는 해결책을 제시하지 못하게 한다. 그렇지만 이것은 이성이 그런 문제들 속에서 할 수 있는 역할이 없는 것을 뜻하는 것은 아니다. 우리는 여전히 합리적인 해석과 불합리한 해석 사이를 구분해야 한다. 해석의 역할과 알고리즘의 결여를 인식하면서 넌센스의 수문이 아무렇게나 열려선 안 된다.

종교철학에서 이러한 예들은 유익하다. 이는 해석이 종교적 신념

---

18 Basil Mitchell, *The Justification of Religious Belief* (New York: Oxford University Press, 1981). 특히 완전한 설명을 보려면 pp. 45-57를 참조하라.

들을 공격하거나 변론하는 것에 중요한 역할을 하기 때문이다. 우주론적 논증을 지지하는 사람은 우주의 기적에 대한 경험을 그의 반대자와는 다르게 해석한다. 도덕론적 논증을 지지하는 자도 도덕성을 그의 반대자가 해석하는 것과는 다르게 해석한다. 설교, 찬양 혹은 종교의 성스러운 본문을 통하여 신을 인식하는 신앙인은 그의 경험을 비종교적 사람이 해석하는 것과는 아주 다르게 해석한다.

실제로 경험 자체는 다를 가능성이 매우 높다. 해석에 관해서는 우리가 경험을 수반하는 분명한 과정을 주로 혹은 의식적으로 언급하는 것을 의미할 뿐만 아니라 이미 경험 속에 나타나는 이러한 해석적 특징들을 의미하기도 한다. 우리는 흔히 그냥 보거나 듣지 않는다. 우리는 어떤 사물을 어떤 무엇으로 보고 또한 어떤 사물을 어떤 무엇으로 듣는다.

특별한 주의를 요하는 해석의 한 특징은 해석적 판단이 서로 전제하고 있는 방식이다. 이 특징을 종종 해석적 순환(hermeneutic circle)이라고 부른다. 이는 설명적 혹은 해석적 논증들이 순환적인 것처럼 보이기 때문이다. 예를 들자면, 누군가 텍스트의 특정한 부분을 읽을 때, 그는 대체로 텍스트의 주된 내용을 읽음으로써 강하게 영향을 받는다. 하지만 어떻게 그 사람이 텍스트를 부분적으로 이해하는 것과는 별개로 텍스트를 전체로 이해한 것으로 주장하는가?

이 순환은 우리가 작품을 읽거나 시를 낭송할 때 우리 각자와 더불어 해결된다. 어떻게 그렇게 연결되는가?

우리는 그저 강독할 때 "전이해"(preunderstanding)라고 불리는 개념에 의존하면서 읽기 시작한다. 우리가 이미 가지고 있는 어떠한 배경적 지식에 의존하는 것과 우리가 어디서 시작하고 그리고 작품이 무엇을 의미하는지에 대한 전반적인 생각을 구성하고 있는 우리의 전적인 경험과 판단은 우리가 더 읽어감으로써 해석의 관점을 제공하는 것이다.

그러나 이 최초의 가정이 바위에 명확하게 새겨진 것처럼 변하지 않는 것은 아니다. 그 가정은 특정 텍스트를 이해하기 위해 시험함으로써 수정되고 재구성되어진다. 이 "시험하는 과정"이 증거로 개인을 경쟁적 강독과 마주하고 더 생각하도록 이끌어간다.

언제 그런 해석적 판단이 합리적이라고 말할 수 있는가?

우리는 말할 수 없다고 인정한다. "중립적" 독자는 아무리 무전제적이고 중립적인 관점의 결과라고 해도 문제의 그 특정 부분을 읽어낼 수 없다. 오히려 해석적 판단은 비판적 시험의 과정을 유지할 수 있을 경우에만 합리적이다. 합리적인 해석은 사실들을 기록하고, 새로운 통찰력을 제시하면서 의미 있는 패턴—그리고 그것의 경쟁적인 것보다 더 잘 이해할 수 있는—을 보여 준다. 이러한 과정에서 개인이 과정을 가져오는 주관적 선호성(subjective preferences)은 불가피한 골칫거리 그 이상이다. 주관적 선호성은 전체의 과제를 가능하게 하는 부분이다.

이러한 주관적 선호성은 시험을 했을 때, 순수하게 주관적으로 선호하는 것을 포기하게 한다. 주관적 선호성을 검열하기 위해 사용된 기준들은, 독단적이지 않지만, 암시적으로 모든 진영들에 대한 논쟁들에 유효하다고 인식한다. 그 기준들은 다음과 같은 요소들이다.

(1) 논리적 일관성. 신념의 체계가 스스로 모순을 일으키는가?
(2) 정합성. 정합성은 순수한 논리적 일관성 그 이상이다. 그것은 단순히 모순이 결여된 부분을 지적한다. 정합성은 신념을 긍정적 조화로서 유기적 전체성으로 다 같이 통합한다.

(3) 사실적 적절성. 신념의 체계가 사실에 근거되어 있는가? 사실들이 잘 기록되었는가?
(4) 지적 풍부함. 한 신념의 체계가 새로운 발견이나 통찰을 제공하고, 새롭게 조명하는 패턴을 주면서 인식되지 않은 경험의 차원들에 주의를 환기시키는가?

종교적 신념의 체계에 반대하거나 옹호하는 경우는 필연적으로 이와 같은 기준들에 호소할 것이다. 그런 기준들이 종종 대체로 신념 체계에 적용되기 때문에 종교적 신념의 체계를 위한 정당성은 유일하고 일차적인 논증을 구성하기보다는 바질 미첼이 누적적 사례(cumulative case)라고 불렀던 것을 구성하고 있는 것처럼 보인다.

미첼은 누적적 사례를 위한 예증으로서 지면에 패인 웅덩이에 빠져 비틀거리는 가상적인 두 탐험가들의 경우를 일례로 사용한다.[19] 한 탐험가는 과단성이 있는 지성의 결과로서 그 패인 곳을 찾는 반면, 다른 탐험가는 그렇게 하지 않는다. 시간이 지나 그들은 다른 유사한 패인 웅덩이를 발견한다.

첫 번째 사람은 그가 그 웅덩이의 관계에서 하나의 패턴을 이해한다고 생각한다. 다른 곳과는 대조적으로 그것들은 일반적인 웅덩이들이다. 시간이 조금 지난 후에 그들이 동굴 안에서 낡고 모호한 문서들을 발견한다. 첫 번째 탐험가는 그 웅덩이의 설계와 기능을 어떤 길로 보여주는 문서를 발견한 것이라고 흥분하며 소리친다.

두 번째 탐험가는 그 문서가 수수께끼와 같고, 문제의 웅덩이와는 어떤 연관이 있다고 전혀 생각하지 않는다.

---

19 Ibid., pp. 39-45.

미첼은 그의 이야기를 종교를 믿는 자와 믿지 않는 자 사이에서 벌어지는 논증의 한 비유로 설명한다. 큰 웅덩이는 우주론적 논증을 일으키는 유한성과 우발성의 경험과 일치한다. 보다 작은 웅덩이들은 종교경험으로부터의 증거와 더불어 목적론적 및 도덕론적 논증들과 같은 논증들을 부추기는 생각들과 일치한다. 동굴 안에서 발견된 문서들은 아마도 신이 사물의 의미를 더욱 구체적으로 설명해왔고 주장해온 특별계시와 일치한다.

믿는 자가 주장하고 싶어 하는 그 사례는 독립적으로 취한 이러한 요인들 중 어느 하나에 의존하고 있는 것은 아니다. 증거의 각자의 부분은 해석의 요소를 포함하고, 전반적인 사례의 힘은 각각의 부분을 설명하는 힘과 부분들 사이에 있는 의미 있고 정합적인 패턴을 보여주는 힘에 의존한다.

따라서 유신론자는 우발적인 우주가 존재해야 한다는 것은 이상하고, 또 그러한 우주가 존재해야 하는 이유를 의아해 한다는 것을 발견한다. 그는 여전히 우주가 이로운 질서의 풍부한 예들을 보여주어야 하고 또한 물리적 질서와 마찬가지로 도덕적 질서를 포함해야 한다는 것도 이상한 것임을 발견한다. 그가 사람들이 신을 인식한다고 주장하는 많은 종교 경험들을 이러한 생각에 덧붙이게 되면, 유신론은 적어도 그럴듯한 가설, 즉 경험의 합리적인 해석이 된다.

잘 입증된 기적에 의해 수반된 특별계시와 기본적인 실패와 진정한 필요를 깊이 이해하면서 한 사람의 삶 속에 통찰력을 제공하는 특별계시와 대면한 사람은 아주 합리적으로 살아 있는 종교의 신봉자가 될지도 모른다.

물론 무신론자도 누적적 사례를 취한다. 그런데 그의 사례도 똑같이 해석이 될 것이다. 두 사례에서 개인이 비합리주의의 상태에 종교적 신념의 전반적인 문제를 신뢰하는 이유는 없다. 그런 사례들은 비판적으로 점검되어야 하고 합리적인 판단들이 사례들을 주장해야 한다.

아마도 문학비평과 같은 영역보다는 종교의 영역에서 전적인 동의가 있을 가능성은 희박하다. 그 이유들에 대해서는 우리가 논의할 것이다. 하지만 어떤 것을 판단하는 개인적인 신앙을 반영하는 판단은 여전히 개인이 자신의 확신들을 시험에 기꺼이 검증함으로써 합리적인 판단으로 여기게 될 것이다.

6. 믿음은 확실한가?

어떤 면에서 해석적 판단에 의존하는 누적적 사례가 종교적 신념의 체제를 위해 구성될 수 있다고 가정해 보자. 만일 누군가 합리성의 비알고리즘의 유형이 있다는 사실을 기꺼이 인정한다면, 그런 사례는 신념에 대한 합리적인 근거를 제공한다.

이 시점에서 회의론은 여전히 그런 사례가 결코 참된 종교적 신념을 실제로 정당화할 수 있다는 사실을 반대할 것이다. 참된 종교적 믿음의 징표들 중 하나는 그런 믿음들이 비조건적이고 결정적인 특성을 갖는다는 점이다. 하지만 종교적 믿음을 강조하는 증거는 절대적 확실성을 정당화할 필요가 있어야 한다는 결론과는 거리가 있다.

회의론자에게 증거는 항상 종교적 신념에 대한 합리적 믿음이 성격상 잠정적이어야 한다는 뜻이다. 이것을 지지하기 위해서는 회의론자가 앞의 단락에서 신념을 신뢰하는 것이 합리적이어야 한다면,

새로운 증거에 따라서 비판적 시험과 수정에 대한 개방이 본질적이라는 우리 자신의 논쟁을 인용할 수 있다.

이 시점에서 회의론자의 견해는 누군가 신념의 윤리라고 불렀던 것을 전제로 한다. 우리가 지금까지 그 용어를 소개하지 않을지라도 우리는 이전에 이 개념을 클리포드에 대하여 논의할 때에 살펴보았다. 이런 경우에 윤리적 원칙은 신념의 확고함이 항상 신념을 위하여 증거의 양과 비례하여야 한다는 것처럼 보인다. 이것을 비례의 원칙(proportionality principle)이라고 부른다. 우리가 알고리적인 것보다 덜한 증거의 근거로서 신념의 합리성을 인정한다면, 회의론자가 말하듯이, 신념의 정도는 확실히 증거의 정도를 반영하고 있다.

여기에서 회의론자의 비판에 대응하려면 우리는 일반적으로 종교적 신념의 성격과 믿음의 성격에 대하여 좀더 주의 깊은 분석을 보여주어야만 한다. 프라이스(H. H. Price)는 『신념』이라는 그의 고전 책에서 신념의 두 가지 이론들의 주요한 유형들을 구분한다.[20]

우리가 정신-동의 견해(mental-assent view)라고 부를 수 있는 견해에 따르면, 한 신념은 정신이 명제를 고려하고 그것을 평가하는 행위를 수행하는 일종의 정신적 행위다.

우리가 행동-성향 견해(behavioral-disposition view)라고 부르는 두 번째 이론에 따르면, 한 신념은 어떤 조건 아래에서 어떤 방식으로 행동하거나 수행하려는 성향이나 기질이다. 따라서 어떤 사람이 아무개는 미네소타에 거주하고 있다고 믿는다면 그것은 그가 지속적이고도 의식적으로 그러한 주장을 고려하는 것을 의미하

---

[20] H. H. Price, *Belief* (New York: Humanities Press, 1969). 프라이스는 이 두 이론들을 "사건분석"과 "성향분석"이라고 부른다.

는 것은 아니다. 오히려 그 신념은 자신의 행동에 대한 가상적 혹은 기질적 사실로 구성되었다. 만일 누군가 아무개가 사는 주가 어디냐고 그에게 묻는다면, 그는 "미네소타"라고 대답할 것이다. 만일 아무개가 왕복 비행기 표를 예약했다면, 처음 행선지와 마지막 도착지의 도시가 미네소타일 것이다 등으로 말하게 될 것이다.

프라이스는 정신-동의 견해 자체가 완전히 적절하지 않다고 결론을 내린다. 정신-동의 견해는 신념들이 스스로 행동으로 표현하는 방식을 인식하지 못하고, 누군가가 어떤 순간에 의식적으로 생각하지 않는 것을 계속해서 믿고 있는 사실을 설명하지 못한다. 행동-성향 견해는 동의의 정신적 행위의 현실성을 무시하고, 신념을 구성하고 있는 행동과 성향의 비순환적 방식으로 구체화하는 어려움이 있다. 궁극적으로 이 견해를 지지하는 사람은 명제 p를 믿는 사람은 p를 믿는 사람이 행동할 것이라는 그런 행동들을 수행할 것이라고 말해야 한다.

프라이스는 통합된 이론—신념의 "성향적" 성격을 인식하지만, 신념을 단순히 분명한 행동을 수행하려는 경향을 구성하는 것뿐만 아니라 또한 프라이스가 "동의함"이라고 불렀던 신념의 이러한 정신적 행동들을 수행하는 이론—이 최고라고 결론을 내린다.

프라이스의 결론은 종교적 신념을 이해하는 훌륭한 출발점을 제공한다. 참된 종교적 신념은 단순히 어떤 방식으로 행동하는 데 한정할 수 없다. 신이 예배를 받기에 합당하다고 믿는 것은 단순히 예배의 행동들을 수행하는 것이 아니다. 오히려 신앙인은 신을 예배한다. 왜냐하면 그가 신이 예배에 합당하다고 믿기 때문이다. 그는 "신이 실재한다," "신은 거룩하다" 그리고 "신은 나에게 사랑하기를 원하고 그에게 순종하기를 원한다"와 같은 명제들에 정신적으로 동의한다.

반면에 진정한 종교적 신념은 분명히 동의의 정신적 행동만을 단지 구성하고 있는 것은 아니다. 예를 들어, 기독교 신앙에서, 참된 믿음은 믿는 자의 삶에 차이를 만들어내어야 한다. "행함이 없는 믿음은 죽었느니라"(약 2:14-26)라고 사도 야고보는 말하고 있고, 신의 존재에 순전히 동의하는 것만으로는 지적인 동의를 나타내는 마귀보다 더 나을 게 없어 보인다.

신앙인은 어떤 명제들에 동의하지 않는 것이 아니다. 대신에 그러한 명제들의 성격에 비추어서 명제들에 단순히 지적으로만 동의하는 사람은 중요한 부분에서 그러한 명제들을 믿지 않는다는 것을 보여 준다. 일반적으로 단순한 신념 그 이상인 종교적 신념들은 본질적으로 규범적인 역할을 가지고 있다. 사람들이 말하듯이, 종교적인 신념들이 존재한다는 것은 단순한 지적인 동의 그 이상의 것이다. 만일 종교적인 신념들이 참이라면, 종교적인 신념들은 행동으로 그것들을 표현한다.

종교적 신념의 이 같은 특징은 비례의 원칙을 통하여 제기된 문제에 중요한 암시들을 보여 준다. 비례의 원칙은 신념의 윤리를 구성하는 부분으로서 어떤 사람들에 의해서 옹호되었다. 만일 종교적 신념들이 동의의 정신적 행동들만을 구성했다면, 그런 신념들은 증거에 비례해야 한다고 말하는 것이 합당한다. 그러므로 종교적 신념들을 지지하는 증거가 절대적으로 확고하지 않다면, 그런 신념들은 "무조건적인" 성격을 가지지 않아야 한다.

그렇지만 만일 종교적 신념들이 주로 어떤 행동을 수행하는 성향으로 이루어져 있다면, 또는 누군가가 정신적으로 동의하는 종교적 명제들이 그 사람의 전적인 삶에 규범적인 암시들을 가지게 된다면, 비례의 원칙이 옳다고 말할 수 없다. 이 이유는 많은 행동들의 정도에 대해서는 인정하지 않기 때문이다. 행동들은 절대적인 성격을 가지고 있다. 이런 면에서 사람은 행동을 하거나 않거나 한다. 하지만 분명한 사실은 그런 모든 행동들에 대하여 명령하는 것은 너무 과하다는 것이다. 그래서 그들의 합리성이 절대적으로 결정적인 증거에 의해서 입증되어야 한다는 것이다.

더욱이 만일 그렇게 수행할 경우 수많은 행동들은 열정적이고도 성의 있는 방식으로 행해져야 한다. 여기서 우울증으로 고통을 당하는 사람이 행동치료와 같은 것을 생각한다고 가정해 보자.

만일 실제로 그녀가 치료 프로그램을 시작하면서 스스로에게 도움이 될지 어떠한 증명도 없다고 해도, 자기 자신에겐 그 프로그램에 최선을 다하고 진심으로 참여하는 것이 합리적이다. 그녀는 소심하고 반신반의한 믿음이 치유 프로그램을 공정한 실험으로 제시하지 않을 것이란 것을 알지도 모른다. 어떤 면에서 위험한 믿음에 대한 정직한 시험을 만들어내는 것과는 별도로 진심으로 믿는 것은 종종 그런 시험을 위한 하나의 조건을 만들어 낸다.

더 분명한 예로 결혼하기로 결심하는 것을 들어보자. 남자에게 결혼하자는 프로포즈를 받은 여성에게 있어서 자신의 선택이 "옳았다"라고 결정하는 어떠한 알고리즘은 존재하지 않는다. 하지만 만일 그녀가 결혼하기로 결심을 한 후에는 결혼에 성공하기 위해서 그녀의 증거가 덜 단호해야 한다는 이유로 도리어 결혼에 진심을 다해 헌신하지 않아야 한다고 한다면 그것은 어리석음의 극치가 될 것이다.

종교적 신념의 경우에도 유사한 것처럼 보인다. 예를 들어, 기독교의 경우, 예수는 잠재적인 제자들에게 어떤 요구들과 명령들을 가지고 그들과 만났다. 신의 아들이라고 주장하는 예수는 어떠한 모든 유한한 선을 그를 위하여 기꺼이 희생할 것을 명령했다. 그는 젊은 부자 재판관이 그의 모든 재물을 버리고 자기를 따르라고 명령했다 (눅 18:18-23). 젊은 부자 재판관은 예수를 정말로 믿었던 그가 그런 요구를 주장하는 권위를 가졌는지, 그리고 만일 예수가 그러한 권위를 가졌다면, 그는 순종할 것인지를 결정해야만 했다.

만일 다른 젊은 부자 재판관이 예수가 정말로 메시아였다고 확신했다면 그는 기꺼이 순종하려고 했다는 것을 상상해 보라. 그는 증거들이 반대하는 것인지, 아니면 찬성하는 것인지를 검토했을 것이고, 그가 믿어야 하는 훌륭한 이유들을 가졌음을 결정했다고 추측해 보자. 만일 그가 예수를 믿었다면, 그 시점에서 그는 예수가 한 말의 모든 것에 기꺼이 매진해야 한다. 예수가 진정으로 메시아였다는 절대적 증거를 그가 가지지 않았다는 근거에서 그의 재물을 몽땅 포기하는 것이 그에게는 합리적이지 않을 수 있다. 그처럼 전적으로 순종하지 못하는 것은 여전히 불순종이다.

더욱이 대부분의 종교들이 믿는 자의 내밀하고 심오한 경험을 예견하기 때문에 진정한 믿음은 마치 치유프로그램에 참으로 신뢰하는 것이 프로그램의 효과성을 시험하는 본질적인 조건인 것처럼 독특한 방식으로 종교의 몇 가지 주장들을 시험하는 것이 가능하다. 만일 젊은 부자 재판관이 예수를 따르기로 결심했다면, 결과는 중요하게 되었을 것이다.

그 젊은 청년은 자신의 행동을 통해서 내적 평화와 삶이 무엇인지를 이해하고, 과거에 저지른 자신의 잘못에 대하여 용서함을 받았을까?

아마도 반신반의하고 흔들리는 믿음은 이러한 것들을 보여주는 기독교의 주장들에 대한 중요한 시험을 제시하지 않았을 것이다.

요약하면, 삶의 방식이 참된 종교적 믿음에 대한 성격이다. 만일 모든 것을 행할 수 있고, 심지어는 모든 것을 맡기는 행위에 대한 증거가 정도의 문제라면, 그런 삶의 방식에 자기 자신을 전적으로 맡기는 행위는 모든 것이나 아무것도 아닌 무조건적 방식으로 실천해야 한다는 것과 같다.

이 사실은 널리 알려진 종교적 믿음의 특성들과 잘 조화를 이룬다. 그 중 하나는 종교적 믿음이 완전하지 않거나 심지어는 대부분 합리적인 추측의 산물이라는 것이다.

예컨대, 기독교인들은 진실한 믿음은 신이 개인에게 행한 것에 대한 반응이라고 주장한다. 즉 믿음은 단순히 한 사람이 스스로 발전시킬 수 있는 것이 아니다. 만일 믿음을 삶의 전반적인 방식으로 이해하고 일련의 정신적 동의의 행동으로 단순히 이해하지 않는다면, 그것은 의미가 없다. 그런 삶을 맡기는 일에 열정을 불태우고 무조건적인 성격에 대한 열정은 지적인 신념만이 아니며, 증거를 검토하는 결과도 아니다.

반대로 종교적 믿음을 거절하는 사람 역시 합리적이지 않은 근거로 거절할 것이다. 만일 종교적 믿음이 완전한 삶을 요구한다면, 많은 사람들은 그러한 요구들을 부담스럽게 여긴다. 그런 사람들이 그러한 증거를 검토하는 방식을 요구하는 것은 놀라운 일이 아니다.

이것이 일반적인 사람과 비판적인 철학자들 사이에서 종교적 문제에 대해 지속적인 일치가 부족하다는 것을 설명하는 데에 도움을 준다. 그러나 믿음이나 신앙이 부족한 것은 단지 합리적 성찰의 산물이 아니라고 말한다. 그것은 어떤 사람이 그런 믿음의 합리성을 성찰할 수도 없다는 것도 암시하지 않는다. 그리고 그런 성찰이 중요하지 않다는 것은 아니다.

선한 것이 있지만 절대적으로 증거를 강요하지 않는 신념을 결정적으로 주장하는 것이 합리적일 수 있다고 우리가 동의하는 것은 물론, 모든 종교적 신념들이 무조건적인 방식으로 주장되어야 한다는 것을 암시하지 않는다. 대부분의 신앙인들은 불확실한 방식으로 그들의 신념들을 다른 믿음에 비해 그들의 믿음이 스스로 열등한 것이 아님을 인식한다고 주장한다. 예를 들어, 사람이 예수의 삶, 죽음 및 부활에 의해 구속함을 받은 기독교인의 믿음은 죄사함을 받은 어떤 특정한 이론보다 더 확고하게 주장될 수 있다.

7. 믿음과 의심: 종교적 믿음은 시험받을 수 있는가?

만일 누군가가 덜 확고한 증거에 근거된 믿음이라고 해도 합리적으로 "완전"하거나 특성상 결정적일 수 있다고 인정한다면, 정반대의 문제가 나타나는 것처럼 보인다. 앞서 우리는 합리적인 믿음이 일차적으로 시험에 개방되어야 함을 언급했다.

하지만 진심으로 믿음에 헌신한 사람이 진실하고 정직하게 스스로의 믿음을 평가할 수 있을까?

누군가의 신념을 시험하기 위해서는 그가 그 신념을 의심할 수 있어야 한다. 또한 의심은 건강한 믿음과 양립할 수 없는 듯하다. 그러나 의심에는 여러 종류들이 있다. 우리는 지엽적 의심을 실존적 의심과는 구분하려고 한다. 지엽적 의심은 어떤 사람의 확신들이 새로운 증거를 고려하고 다른 가능한 누적적 사례들과 그 사람의 사례를 정직하게 비교함으로써 오류의 가능성을 상상으로 생각해 보는 것이다. 실존적 의심은 진짜로 누군가의 입장이 심각하게 허점이 있거나 아주 오류가 있다는 가능성을 걱정한다.

일부 실존적 의심은 받아들일 수 있는 듯 보이고, 심지어는 종교 생활 속에 정상적인 것처럼 생각된다. 위대한 성자들도 많은 경우에 항상 의심에서부터 자유로운 사람들이었기에 그들은 의심들과 고민하면서 투쟁했다. 하지만 그러한 의심들에도 불구하고 그들은 단호하게 행동했던 사람들이다.[21]

자신의 믿음을 위해 목숨을 희생하려고 하는 사람은 설령 그가 때로는 실존적 의심으로 번민할지라도 어느 상황에서든 결코 열악하거나 덜 확고한 믿음을 갖지 않았다. 우리는 종교적 믿음이 주로 행동하는 경향들이라는 사실을 잊지 않아야 한다. 누군가 정말로 믿는 사람인지에 관해 시험하는 것은 자유로운 방식을 통해 그 사람이 종교적 명제들에 대한 의심으로부터 항상 정신적으로 동의하지 않게 한다. 참된 시험은 그 사람이 그러한 믿음들을 기꺼이 행하려고 하는가에 달려 있다.

일부 실존적 의심은 강한 종교적 믿음과 분명 공생할 수 있는 듯하다. 그렇지만 만약에 실존적 의심이 너무 강하거나 빈번하다면, 믿음은 다 같이 공생하지 못하거나 손상을 입게 될지 모른다. 그런데 믿음과 실존적 의심 사이에 나타나는 긴장이 무엇이든, 믿음과 논리적 의심 사이에는 필연적 긴장이 존재하지 않는다.

사물들이 특정한 방식으로 사람의 신념 속에 내재하는 것은 어떻게 사물들이 차이를 만들어내는가를 이해하는 것이다. 만일 누군가 정말로 그 사람의 신념이 참이라고 확신한다면, 그는 경쟁하는 견

21　테레사 수녀가 이와 같은 유형의 신앙이었든지 혹은 그녀의 개인적인 편지들을 볼 때 그렇게 나타나고 있다. 개인적인 편지들은 그녀의 삶과 사역을 통하여 지속적인 의심들과 내적 번민들을 보여 준다. *Mother Teresa: Come Be My Light—The Private Writings of the "Saint of Calcutta,"* ed. Brian Kolodiejchuk (New York: Boubleday, 2007)를 참조.

해들을 검증하는 일에 위축될 수 있다. 사람이 확실하고 확신에 차 있는 만큼, 비판적 문제들을 회피하는 믿음은 확신이 부족한 믿음이지만, 참으로 확신이 없는 믿음이 오히려 진리를 발견하게 하는지 모른다. 다소 역설적이게 들리기는 하지만, 사람의 확신들에 대한 자신감이 진지한 시험에 대한 그러한 확신들을 가지게 할 가능성이 있다. 누군가가 실수를 범할 수 있는 논리적 가능성을 인식하는 것은 실제로 그가 실수를 범한다고 믿을 만한 이유는 아니다. 유사하게 자기 자신의 입장과 비교하기 위해서 경쟁적 입장을 강조하는 상상적 능력은 그가 실제로 자신의 신념들을 실존적으로 의심하고 있다는 것을 의미하지 않는다.

이것은 신앙인들이 그들의 믿음에 대한 우리의 반론을 지속적으로 추구해야 함을 주장하는 것이 아니다. 결국, 신념은 살아가는 것이다. 만일 우리가 우리의 모든 시간을 우리의 믿음에 대해 비판적으로 성찰하면서 보내야 한다면, 우리는 아마도 믿음으로 살아가는 시간이 부족할 것이다. 또한 종교적 믿음은 삶의 모든 과정에 의해서 부분적으로 시험을 받고 있다. 그럼에도 신앙인들이 지적인 능력과 기회를 가지고 있기 때문에 그들의 믿음과 믿음의 합리성에 대하여 성찰하는 어떤 시간을 보내는 것도 신앙을 가진 사람들에게는 타당하다고 보인다.

마지막 한 가지 요점: 앞선 논의의 많은 부분은 합리적인 믿음이 적어도 부분적으로는 증거에 근거되어야 한다는 암시적 가정에서부터 작업을 해왔다. 만일 개혁주의 인식론자들이 옳고, 그리고 어떤 믿음이나 신념들이 타당하게 기초적이라면, 그건 다소 다른 문제가 될 것이다. 그렇지만, 타당하게 기초적 신념들은 "반대자들"에 의해서 약화될 수 있고, 따라서 개혁주의 인식론자도 비판적으로 시험하고 평가하는 증거의 중요성을 인식할 수 있다.

8. 믿음이란 무엇인가?

앞선 논의에서 "믿음"(faith)이란 용어는 다양한 면에서 사용되어 왔다. 우리는 믿는 사람이 종교적 진리를 옹호하거나 반대하는 증거를 고려하기 위한 가정들, 확신들 및 태도들을 언급하는 의미로 믿음이란 용어를 사용했다. 그리고 어떤 경우에는 우리가 이러한 성찰의 결과인 헌신(commitment)을 언급하기 위해 믿음이란 용어를 사용했다. 우리는 사람들의 주관적 선호성이나 기독교인으로 살아가는 신뢰의 특징적인 유형을 가리킬 때 "믿음"을 사용하기도 했다.

그러면 믿음이란 뭔가?

비록 믿음의 다양한 종류 사이에는 중요한 차이들이 없음을 암시한다는 것을 받아들이지 않아야 할지라도, 믿음은 위에 언급한 모든 것들을 포함할 수 있다. 어떤 면에서 모든 사람은 "믿음"을 가지고 있다. 모든 사람은 그에게 믿음을 증거로서 설명할 수 있고 또 어떻게 그 증거가 해석되는지를 특징짓는 뿌리 깊은 가정들, 확신들 및 태도들을 가지기도 한다. 이것은 누군가가 증거를 보여주는 종류의 믿음이다. 신념들이 행동으로 반추되고, 사람들이 선택을 결정해야 하는 한에서 모든 사람은 무엇인가 헌신하고자 한다는 점에서 믿음을 갖는다. 그러한 헌신이 합리적 반성에 의해 알려지기도 하고 알려지지 않기도 한다.

현실적 사람이 살아가는 삶에는 단순히 믿음의 차원이라 부르는 두 가지 다른 찰나들이 있다. 우리가 우리의 반성을 일깨우는 믿음은 이전의 헌신을 구체화하고, 그리고 반성의 결과인 헌신은 우리의 미래의 반성을 일깨우는 믿음이다.

믿음은 합당하게 기존의 확신과 헌신으로서 생각될 수 있다. 하지만 이 운동—합리적 반성을 통한 기존의 확신에서 헌신에 이르기까지—은 일련의 사건으로서 단지 이해되지 않는다. 이는 확신을 가지고, 반성하고 그리고 헌신하는 행위가 가장 복잡한 방식으로 서로 관통하기 때문이다. 믿음의 일반적인 구조—반성을 알리고 반성에 의해 구성되는 인격적인 헌신—는 믿는 사람과 믿지 않는 사람 양쪽 모두에게 공통적이다.

이런 점에서 믿는 사람과 믿지 않는 사람은 둘 다 믿음을 가지고 있다. 하지만, 이것은 종교적 믿음이 아무런 독특성이 없음을 의미하지 않는다. 그 내용 자체는 엄청난 차이를 만들어낸다. 진정한 기독교인의 삶 속에 스며든 태도들, 확신들 및 신뢰들과 같은 종류는 일관적이고 명석한 믿지 않는 사람의 삶에 스며든 태도들, 확신들 및 신뢰들과는 본질적으로 다르다.

더욱이 이러한 내용이 어떤 사람이 그 내용과 관련하는 방식에서 보면 똑같이 중대한 차이들에 대응한다. 우리가 앞서 지적했듯이, 종교적 신념들은 근본적으로 교훈적인 역할을 갖는다. 만일 신념이 단순히 지적이고 믿는 사람의 삶에 차이를 만들어내지 못한다면, 종교적 신념들은 정말로 믿을 수 없게 된다. 게다가—또한 우리가 지적했듯이—종교적 신념의 독특한 성격이 개인에게 보통과는 달리 강한 헌신을 요구한다.

신앙인은 그가 헌신의 어떤 정도를 가지고 있는 가설로서만 그의 믿음을 간주하지 않는다. 헌신—참된 믿음을 구성하는 한에서—은 결정적이고 온전해야 한다. 믿는 사람은 헌신이 "단순한 견해"가 아니라고 주장한다. 헌신은 그가 확고하게 주장하는 확신이자 그가 주장했던 실존적 믿음으로부터 파생하고 강조하는 일종의 확신이다.

그래서 그 말은 "모든 사람은 믿음을 가지고 있다"는 면에서 참이다. 하지만 거기에는 여러 면들이 있다. 다른 종교들은 서로 다른 유형의 종교적 믿음을 일으킨다. 그러므로 구체적으로 믿음이 종교철학의 일반적인 기획과는 별도로 일어나는 것을 기술하는 과제이긴 하지만, 거기에는 분명히 기독교적 유형의 믿음이 존재하고 있다. 이와 같은 다원주의가 실제로 존재한다는 것은 다시 한 번 헌신의 문제를 제기한다. 우리가 어떻게 선택해야 할까?

9. 특정 종교만이 진리인가?

현대사회에서 서로 경쟁하는 종교들이 존재하고 있다는 부분에서 믿는 사람이 마주하는 다원주의는 매우 자명하다. 설령 우리가 다양한 세속적 인본주의를 버린다고 해도, 수백만의 열렬한 옹호자들은 그들이 활동하는 믿음들로서 기독교, 유대교, 이슬람교, 힌두교 및 불교를 여전히 믿고 있다. 이러한 종교들 중 한 특정 종교에 자기 자신을 헌신하는 것은 합리적인가?

하나의 종교만이 궁극적 진리를 포함하는가?

수많은 사람들은 그 질문에 대한 대답이 아니라고 느낀다. 적어도 두 가지 이유에서다.

첫째, 관용과 오만에 대한 관심들이 있기 때문이다.

어느 누구나 가지고 있는 종교가 궁극적인 진리를 내포하고 있다고 주장하는 것은 오만하지 않은가?

또한 그런 주장이 편협하지 않는가?

많은 종교 사상가들에 따르면, 선교와 전도는 대화와 상호 존중에 의해 대체되어야 한다는 것이다.

둘째, 특정한 종교가 궁극적 진리를 내포하고 있다는 견해는 편협한 것처럼 보이기 때문이다. 확실히 신은 어떤 지리적 영역이나 문화 집단에게 그의 계시를 제한하지 않았다.

적어도 모든 종교가 진리의 가능성을 간주하는 사람들—우리가 종교 다원주의자들이라고 부르는 사람들—은 두 가지 다른 전략들 중 하나를 필요로 하는 경향이 있다. 우리는 차례대로 각각 검토해 보려고 한다.

첫 번째 접근은 우리가 명제적 용어로 종교적 진리를 생각하지 않아야 하고, 그리고 종교적으로 말하자면, 참과 거짓은 개인적인 삶이라는 사실을 깨달아야 한다고 말한다.[22] 이 견해를 지지하는 어떤 사람은 그가 히말라야에서 만났던 무슬림에 대해 말한다.[23] 그 사람은 과일을 판매하지만 원시적인 저울을 사용하고 있었다. 저울의 정확도를 입증할 방도는 없었지만, 그 사람의 정직성은 꾸란의 한 구절에 의해서 입증되었다. "모든 사물 위에 계신 자가 지켜보고 있다." 이 첫 번째 견해에 대한 생각은 꾸란에 있는 이 구절이 사람의 삶 속에 "진리가 된다"는 사실이다.[24]

---

22 예를 들어, Wilfred Cantwell Smith, "A Human View of Truth," *Truth and Dialogue in World Religions: Conflicting Truth-Claims*, ed. John Hick (Philadelphia: Westminster Press, 1974), pp. 20-44를 참조.

23 Wilfred Cantwell Smith, *Questions of Religious Truth* (New York: Scribner's, 1967), pp.89-90. John Hick, "The Outcome: Dialogue into Truth," *In Truth and Dialogue in World Religions*, p. 146에서 재인용.

24 유사한 방식으로 스미스는 기독교는 "절대적으로, 비인격적으로, 통계적으로 참이 아니

만일 이 견해가 옳다면, 우리는 어느 종교가 진리인가? 라고 묻지 말아야 한다. 모든 것이 "진실한 삶"을 일으킬 수 있다는 점에서 모든 종교는 다 참일 수 있다. 이 견해에서 보자면, 경쟁하는 이론들을 제시함으로써 서로 다른 종교들을 바라보는 것은 잘못이다.

종교 다원주의에 대한 첫 번째 해석은 깊은 통찰력을 포함하고 있다. 하지만 이 통찰력은 약간의 혼란을 수반하고 있다. 종교적 진리가 인격적으로 평가되어야 한다고 강조하는 것은 매우 옳다. "진리"라는 말의 의미에서 사람은 적절하게 인격적 삶이 진리라고 말한다.[25] 더욱이 한 명제의 객관적 진리와 그 명제를 받아들이는 사람의 삶에 있는 진리 사이에는 어떤 필연적인 연관성이 없어 보인다.

사람이 객관적으로 옳은 종교적 진리들을 믿으면서도 진리의 내면화가 결여된 것으로 인해 인격적으로 "거짓으로" 살아갈 수도 있다고 생각한다. 더욱이 객관적으로 거짓 명제들을 믿는 사람이 여전히 그의 삶에서 어떤 "진리"를 주장할지 모른다. 특히 이것은 그러한 신념들이 주로 "지적인 동의"이고 타당하게 내면화되지 않았다고 한다면, 그 사람에게는 그의 신념들보다 더 나은 것이 가능하기 때문이다.

그렇지만 종교들이 경쟁적인 진리 주장들을 요구하지 못한다는

다"라는 말로 기독교에 대하여 언급한다. 대신에 "당신과 내가 스스로 적절한 사람과 기독교를 내면화한다면, 기독교는 진리가 될 수 있다." (*Questions of Religious Truth*, p. 68, Hick, *Truth and Dialogue in World Religions*, p. 145에서 인용).

25 특히 기독교인들은 예수가 자기 자신을 "진리"(요 14:6)—단지 그의 가르침들이 아니라—라고 언급되었기 때문에 이 가능성을 무시하지 않아야 한다. 삶으로서의 진리의 개념은 19세기 덴마크의 철학자 쇠렌 키르케고르에 의해서 전개되었다. *Practice in Christianity*, ed. and trans. Howard V. Hong and Edna H. Hong (Princeton, N.J.: Princeton University Press, 1991), pp. 201–209를 보라.

것을 암시하는 것은 아무것도 없다. 대부분의 종교의 명제적 주장들이 옳다는 점에서 상대의 종교들이 거짓인 반면에 한 종교가 객관적으로 참이라는 것도 가능하다. 객관적 진리가 중요하지 않다는 것은 아니다. 만일 "알라가 모든 것을 지켜보고 있다"는 명제가 거짓이라면, 어떤 중요한 측면에서 히말라야 과일 상인은 기만당한 것이다. 그가 이 명제의 객관적 거짓을 발견하게 된다면, 이것이 그의 삶의 "진리"에 영향을 미칠 수 있다.

유사하게 기독교가 객관적 진리의 상태가 없다고 말하는 것도 이치에 맞지 않다. 만일 어떤 사람이 예수가 하나님의 아들이라고 믿는다면, 이것을 내면화하는 그에게는 모든 것이 중요하다. 그러나 예수가 정말로 하나님의 아들이 아니라고 한다면, 그가 하나님의 아들이라는 신념을 내면화하는 그에게는 잘못이다. 그리고 어떻게 예수가 하나님의 아들이라는 명제를 받아들이고 평가함으로써 진리가 될 수 있는지는 이해하기 어렵다.

예수를 믿는 사람은 그가 예수를 하나님의 아들로서 주장하거나, 아니면 그가 믿는 방식을 통하여 예수가 하나님의 아들의 상태라는 것을 부정하는 어떤 힘을 가지고 있다고 믿지 않는다. 대신에 그는 예수가 실제로 하나님의 아들이기 때문에 그와 같은 신념에 근거하여 그를 믿고 행동해야 한다고 믿는다.

종교들 간의 갈등을 해소하는 두 번째 전략은 존 힉(John Hick)을 통해서 제시되고 있다. 그의 접근은 첫 번째 전략과는 차이가 있다. 이것은 종교들이 객관적 진리 주장을 요구하고, 이러한 주장들이 적어도 분명 상충하고 있음을 인정한다. 하지만, 힉은 그 차이들이 명백하다는 사실을 보여 준다. 그의 기본적인 생각은 신은 "그 자체가" 무한한 실재이고, "인간 마음의 이해를 초월한다"²⁶는 것이다. 아마도—널리 알려진 힌두의 비유가 묘사하듯이—여러 다양한 종교들이 신의 개념을 발전시켜온 상충하는 명백한 견해들이 분명 갈등적인 묘사들과 더불어 맹목적 집단의 사람들에 의해 주장되어 왔다. 각자의 견해는 한 마리 코끼리의 서로 다른 부분을 만지고 묘사하는 것과 같다.

다양한 종교들은 모두가 "어떤 측면이나 측면의 범위를 각자가 표현하면서 그리고 궁극적 실재의 무한한 성격에 완전히 또는 철저하게 대응하면서 스스로 신의 형상"²⁷을 드러낸다. 명백한 차이들은 인간들이 신을 그들의 경험에다 두는 상이한 해석들로부터 기인한다는 것이다. 신에 대한 그들의 경험들은 이를 조건화한 상이한 문화적이고 역사적인 환경들에 기인한다.²⁸ 이러한 근거에서 힉은 세계종교들 간의 새로운 대화를 요청하는데, 그 대화가 그들의 명백한 불일치를 희망적으로 해결하려는 시도이다.

힉의 접근은 상당한 매력을 가지고 있다. 다양한 문화들의 종교 경험들이 신에 대한 참된 통찰력을 구성하는 것처럼 보인다. 또한 그런 대화—만일 적절하게 또 각기 행해졌다면—가 생산적인 결과들을 양보하는 것처럼 보이듯이 세계종교들 가운데 대화를 요청하는 힉은 옳다고 보인다. 어떤 특정한 믿음에 헌신한 사람은 다른 믿음들이 완전히 잘못되었다고 간주할 필요가 없다. 정말로, 위대한 유신론적 종교들에게는 분명히 그러한 경우가 있듯이, 상당히 많은

---

26 John Hick, *God and the Universe of Faith* (New York: St. Martin's Press, 1973), p. 139
27 Ibid., p. 140.
28 Ibid., p. 146.

유사한 점들이 있다.

그렇지만 세계종교들 간의 불일치들이 힉이 제시하는 것처럼 쉽게 해결될 수 있는지에 대한 문제는 여전히 의심스럽다.

첫째, 힉의 제안은 우리가 최종적인 분석에서 신에 대해 회의론자가 되어야 한다는 것을 암시한다. 우리는 정말로 신이 누구인지 알지 못한다. 신은 "인간의 사고를 초월하기" 때문이다.

어떤 점에서 우리의 형상들이 참된 신의 형상인가?

어느 형상이 다른 형상보다 더 참인가?

한편으로 기도에 응답하고 기적을 행할 수 있는 인격적 존재로서, 다른 한편으로 자의식이나 의지가 없는 비인격적 실재로서의 신에 대해 생각하는 것이 옳다면, 신에 대한 어떤 견해가 옳지 않은가?

여기서 "신"이라는 용어는 모든 면을 잃어버리면서도 너무 막연하게 말하는 것처럼 들린다.

둘째, 힉의 제안은 그렇게 들리는 것과는 아주 다르다. 표면적으로는 힉이 모든 종교들이 진리가 될 수 있다고 말하는 것처럼 보인다. 그런데 다양한 종교들에 의해 강조된 "배타주의적" 주장들은 도대체 무엇을 말하는가?

이를테면, 무슬림은 무함마드가 신의 궁극적 권위를 가진 예언자이면서도 최고의 존재라고 주장하고, 꾸란은 다른 계시들보다 더 우선권을 취해야 한다고 말한다. 어떻게 이 무슬림이 예수가 유일한 하나님의 아들이고, 예수 그리스도를 통해서만 구원을 받는다고 말하는 정통적 기독교와 화해될 수 있는지 이해하기란 쉽지 않다.

달리 말하면, 예수를 하나님의 계시자이면서 구원의 길로 인정하지만 결코 예수의 유일한 길과 진리로 인정할 수 없는 정통적 힌두교와 불교적 견해는 어떻게 기독교적 주장과 화해될 수 있는가?

다른 종교들에 의해서 주장된 것들과 양립할 수 없는 여러 세계 종교들을 통하여 강조했던 많은 주장들이 분명히 존재한다. 그런 다음에 우리는 이 일반적인 문제를 예증으로서 예수에 대한 기독교적 신념을 받아들이는 것이다.

기독교인들이 예수에 대한 그들의 견해와 다른 종교들이 말하는 것과 화해하는 문제에 대해 힉의 대답이 드러난다. 힉은 기독교인들이 성육신의 교리에 대한 그들의 전통적 신념을 단순히 포기해야 한다고 말한다. 그런 다음에야 세계의 종교들이 그들이 주장하듯이 모두가 양립할 수 없다는 사실을 보여 준다. 대신에 힉이 기독교인들에게 제안하는 것은 그들이 다른 믿음들과 양립하기 위해서는 스스로의 믿음을 수정하여야 한다는 것이다.

만일 어떤 사람이 그리스도인이라면, 그가 이런 방식으로 그의 믿음을 기꺼이 수정해야 하는지는 그 자신을 위한 믿음을 가지는 근거에 달려있다. 예수가 유일하게 하나님이라고 믿는 그의 근거는 무엇인가?

전통적으로 기독교인들은 성경을 하나님에 의해 주어진 특별하고도 권위적인 계시로 받아들인 근거에 대한 확신이라고 주장해 왔다.

힉의 제안은 우리에게 어떻게 사람이 종교적 진리를 알고 있는가 하는 기본 쟁점으로 돌아가게 한다. 만일 특별하고도 근원적 계시가 불가능하다면, 혹은 실제로 그것이 결코 일어나지 않는다면, 힉의 견해와 같은 것은 있음직하다. 그의 입장은 계시의 자유주의 견해(5장에서)라고 불렀던 자연주의 전개에 관한 견해이다.[29]

---

29 그 주장은 여기에서 힉의 견해가 논리적으로 계시의 자유주의 견해와 같은 것으로 전제하는 것이지, 힉이 스스로 이 견해를 지지하는 것은 아니다. 힉은 그의 『종교철학』에서 계시

그렇지만 만일 누군가가 신에 대한 인간의 자연적 지식이 적절하지 않고, 죄에 의해 왜곡되었다고 주장한다면, 또는 우리가 참으로 신을 알고 있는 것처럼 신으로부터의 특별계시가 요구된다면, 힉의 제안은 의문스럽다. 실제로 힉은 펠라기우스주의의 방식으로 신을 알기 위해서는 인간의 본질적인 능력과 인간과 사이가 좋다고 가정한다.[30] 만일에 누군가가 이러한 가정이 의심스럽다고 믿는다면, 힉의 제안도 의심스러운 것으로 나타날 것이다.

아무튼 성경을 특별한 권위의 책으로 믿겠다고 결심하는 사람이 필연적으로 그 이유를 거절하지 않는다고 인식하는 것은 중요하다. 계시가 권위가 있는가 하는 문제와 만일 권위가 있다면, 그것이 어떻게 일어났는가 하는 문제는 합리적으로 논의될 수 있다. 이성이 자연적 능력 안에서 작동하면서 신을 알게 하는 능력을 인식할 수 있고, 특별계시의 필요와 가치를 볼 수 있다는 것도 상상할 수 있다. 더욱이 이성은 그런 계시를 알기 위해 경쟁적 상대들을 평가할 수 있고 또 해야만 한다.

만일 어떤 사람이 배타주의 종교에 헌신한다면, 이것은 그가 비관용적이거나 오만하다는 사실을 수반하는 것을 의미하는가?

우리는 그렇지 않다고 생각한다. 참된 관용과 존경은 진정한 차

의 비명제적 견해의 해석을 변론한다. 그가 그 견해를 수정했는지는 모르지만, 요지는 세계종교들에 대한 힉의 견해가 다른 종교들에 비해 특별한 권위를 가지고 있는 계시를 가진 종교의 가능성을 제외시키는 것처럼 보인다. 신을 인식하는 방식은 일반 및 특별 계시를 통하여 오는 것처럼 보이는 신의 인식 방식은 파괴된다. 이것이 계시의 자유주의 견해의 중심에 있는 듯하다.

30 펠라기우스주의는 개인들이 스스로 변화할 수 있는 능력을 가지고 있고, 하나님의 어떤 특별한 도움이 없이도 구원을 위해서 충분한 믿음을 요구한다는 견해다. 전통적으로 기독교 안에서는 이단으로 정죄되었다.

이에 대한 인식을 요청한다. 이처럼 진정한 대화는 차이성과 솔직한 불일치를 존중하려는 마음자세로 시작한다.

종교를 믿는 사람(혹은 믿지 않는 사람)은 자신의 신념들을 바꾸고 다른 세계관으로 개종하는 상황들이 있는가?

만일 합리적으로 누군가의 믿음을 시험하는 과정—이 장의 앞부분에서 기술했던—이 위장 그 이상이라면, 이것도 분명히 실제로 가능한 것이다.

자신의 믿음이 참이라고 확신하는 사람은 필연적으로 오만하지 않아야 한다. 그는 자신의 확신들을 포기하지 않고서도 자신의 오류를 인정하고 다른 종교들의 관점들을 이해할 수 있다. 만일 그가 기독교인이고 자신의 믿음을 특별계시의 근거에서 주장한다고 해도 그는 결코 오만하지 않을 것이다. 이는 그가 신을 경험한 지식이 자기 자신의 명석함의 결과가 아니라는 것을 깨닫기 때문이고, 그리고 실제로 그가 자신의 약함을 인식할 때에 가능한 일이기 때문이다.

또한 그가 자신의 믿음을 다른 사람들과 공유하려고 느낀다면, 그것은 거만스럽게 보이는 오만성이나 제국주의의 징표가 아니라, 그것은 다른 사람이 진리를 알고자 하는 겸허한 욕망의 결과로 보이는 것이다.

추천도서

각주에 언급된 책들은 더 많은 강독을 위한 풍성한 생각들을 제공한다. 하지만 아래의 책들은 우리가 특히 가치가 있다고 생각하는 것들만을 선별하여 수록했다. 아래의 책들은 대부분 포괄적이고 광범위한 도서목록들이다.

서론 일반

Peterson, Michael, William Hasker, Bruce Reichenbach, and David Basinger. *Reason and Religious Belief: An Introduction to the Philosophy of Religion*, 4th ed. New York: Oxford University Press, 2008.

Rowe, William L. *Philosophy of Religion: An Introduction.* 4th ed. Belmont, Calif.: Thompposon/Wadsworth, 2007.

모음집들

Peterson, Michael, William Hasker, Bruce Reichenbach, and David Basinger. *Philosophy of Religion: Selected Reasings.* 3rd ed. New York: Oxoford University Press, 2007.

Rowe, William L., and William J. Wainwright. *Philosophy of Religion*: Selected Reasings. 3rd ed. New York: Oxford University Press, 1998.

신의 개념에 관하여

Morris, Thomas V. *Our Idea of God: An Introduction to Philosophical The-

ology. Vancouver, B.C.: Regent College Publishing, 1998.

Swinburne, Richard. *The Coherence of Theism.* Rev. ed. Oxford: Oxoford University Press, 1993.

유신론적 논증 및 종교경험에 관하여

Alston, william P. *Perceiving God*: The Epistemology of Religious Experience. Ithaca, N.Y.: Cornell University Press, 1993.

Marvrodes, George. *Belief in God.* 1970. Reprint, Lanham, Md.: University Press of America, 1981.

Swinburne, Richard. *The Existence of God.* 2nd ed. Oxford: Clarendon, 2004.

기적 및 특별계시

Brown, Colin. *Miracles and the Critical Mind.* Grand Rapids: Eerdmans, 1984.

Lewis, C. S. Miracles: *A Preliminary Study.* New York: Macmilan, 1947.

Swinburne, Richard. *The Concept of Miracle.* London: Macmilan, 1970.

악의 문제

Adams, Mrilyn M. *Horrendous Evils and the Goodness of God.* Ithaca, N.Y.: Cornell University Press, 1999.

Adams, Robert M., and Marilyn M. Adams, eds. *The Problem of Evil.* New York: Oxford University Press, 1990.

Plantinga, Alvin. *God, Freedom, and Evil.* Grand Rapids: Eerdmans, 1977.

믿음, 이성 및 신뢰

Mtchell, Basil The Justification of Religious Belief. Oxford: Oxford University Press, 1981.

Plantinga, Alvin, and Nicholas Wolterstorff, eds. *Faith and Rationality: Reason and Belief in God.* Notre Dame, Ind.: University of Notre Dame Press, 1983.

Plantinga, Alvin. *Warratned Christian Belief.* New York: Oxford University Press, 2000.

색인

도서명

『과학혁명의 구조』	42
『나니아 연대기』	168
『만들어진 신』	222
『성스러움의 개념』	148
『순전한 기독교』	131
『신념』	304
『신학대전』	99, 115
『우파니샤드』	147
『자연종교에 대한 대화』	117, 120
『종교적 신념에 대한 정당성』	297
『프로슬로기온』	92, 94
『환상의 미래』	219

A

A. J. 아이어	76

C

C. S. 루이스	131, 168, 194, 262

F

F. R. 테넌트	114

W

W. K. 클리포드	282

ㄱ

가우닐로	93, 94
개혁주의 인식론	15, 18, 143, 225, 284, 332
계몽주의	176
계시	332
계시신학	82, 170
과정신학	58
기적	49, 82, 83, 150, 172, 176, 179, 183, 184, 186, 188, 190, 192, 194, 196,
기적	198, 203, 205, 213, 236, 273, 278, 299

	302, 320, 332	리처드 도킨스	210, 222
"기적에 관하여"	183	리처드 스윈번	7, 17, 99, 114

ㄴ

			127, 197, 261
노먼 맬콤	91, 94	리처드 테일러	99, 114
논리 실증주의	76, 77, 78		

ㅁ

논리적 의심	311	메롤드 웨스트팔	218, 226
논리적 일관성	75, 300	메를린 맥코드	255
논증들	332	모세	168, 174
누적적 사례	103, 296, 301	목적론적 논증	90, 114, 116
	302, 310		118, 120, 122
			126, 128, 131, 142

ㄷ

다신론	50, 51	무시간성	57, 65
다원주의	332	무신론	10, 15, 52, 77
다원주의	121, 122, 222, 224	무함마드	320
단일신론	50	무화주의	260, 261
대니얼 대닛	222	문화적 상대주의	131, 132
데이비드 흄	43, 117		

ㅂ

도덕론적 논증	90, 129, 130	바질 미첼	297, 301
	134, 138, 142	방법론적 자연주의	208
도덕적 악	231, 245, 246	범신론	51, 52, 107, 108, 113
둔스 스코투스	99	범재신론	51, 52

ㄹ

		보편주의	258, 260
루돌프 불트만	203	불가지론	52, 77, 273, 294
루돌프 오토	148	불변성	58
르네 데카르트	42	비도덕적 악	231

비시간적 논증	100	아리스토텔레스	99
비판적 대화	32, 43, 46	아브라함	168, 174
	49, 273, 277	악	273, 274, 278

ㅅ

		악의 문제	15, 19, 127, 229
사무엘 클라크	99		230, 232, 234, 236
사회과학	332		238, 246, 248, 255
상대주의	131		256, 259, 267, 268
샘 해리스	274, 284		270, 273, 332
설계로부터의 논증	114, 124	안셀름	91, 92, 94, 98
쇠렌 키르케고르	317	알베르 까뮈	111
스티븐 위크스트라	250	알빈 플란팅가	7, 16, 91, 97
스티븐 툴민	296		207, 241, 285
시간적 논증	100	애덤스	255, 256, 258, 265, 266
신명론	139, 140, 141	양립불가능성	65
신빙성의 원칙	162, 164	에밀 뒤르캠	215, 216
신앙주의	32, 34, 36, 44	열린 유신론	72, 73, 74
신의 숨겨짐	15, 267, 268, 270	영혼-형성 신정론	237, 238
신정론	232, 236, 238, 245		240, 245
	246, 248, 255, 256	예수 그리스도	320
	258, 260, 268	예지	14, 18, 60, 62, 64, 67
신 존재 증명	16, 19, 83, 129		71, 72, 74
신학적 양립주의	65, 67	우발성	273, 278, 302
실재론	152, 154	우주론적 논증	90, 99, 100
실존적 의심	310, 311		103, 104, 107

ㅇ

108, 110, 112

우주론적 논증　114, 117, 128
윌리엄 제임스　204
윌리엄 페일리　114
유대교　49, 52, 80, 127, 145
　　　170, 172, 233, 268, 315
유신론　332
의미의 입증주의　76, 77
의심　34, 42, 44, 46
이신론　51, 56, 100
이원론　51
인간본성론　140, 141
인식론　7, 40, 87, 188, 207
　　　280, 281
일관성　93, 189
일반계시　168, 170, 179
일신론　51, 52
임마누엘 칸트　93

ㅈ

자연계시　170, 179
자연신학　28, 80, 82, 128
　　　143, 144, 170, 192
　　　285, 288
자연적 악　231, 238, 245, 249
자연주의　10, 15, 44, 52, 111
　　　113, 121, 126, 135, 138

자연주의　206, 217, 222, 332
자유의지　54, 239, 240, 243
　　　245, 246, 261
자유의지 신정론　239, 240
　　　245, 247, 261
장-폴 사르트르　111
전능성　54, 236, 241
전지성　54, 60, 64
정서주의　133, 134
정신이론　223
존 로빈슨　203
존재론적 논증　91, 97, 98
존 칼빈　285
존 힉　18, 188, 195, 318
종교경험　16, 19, 49, 128, 144
　　　146, 149, 153, 154
　　　156, 159, 160, 162, 166
주관성　277, 281, 293
중간 지식　72, 243
중립주의　32, 39, 40, 44
　　　48, 88, 280
중세시대　99, 114, 176
증거주의　15, 218, 228, 232
　　　248, 280, 283, 284
　　　286, 289, 293, 295, 332

지그문트 프로이트　215, 219
지옥　69, 70, 255, 258, 260
　　　262, 264, 266, 268, 271
지적 설계　116, 118, 120, 122
진화　122, 124, 135, 138

ㅊ

찰스 하츠혼　91
철학적 자연주의　206, 209, 212
충분이유의 원칙　278

ㅋ

카라마조프　256
칼 마르크스　215, 216
칼 바르트　34, 98

ㅌ

테레사 수녀　274, 311
토마스 아퀴나스　99, 115
토마스 알타이저　203
토마스 쿤　42, 296
특별계시　28, 128, 144, 170
　　　172, 179, 199, 200
　　　285, 302, 322

ㅍ

패트릭 노웰-스미스　195
표상주의 모델　152
플라톤　99, 129

필연적 존재　55, 93, 94, 98
　　　102, 104, 106
　　　108, 113, 128

ㅎ

합리적 인식 접근의 조건　250
행위자의 초감도 탐지장치　223

기독교 세계관의 철학적 기초 시리즈

1. 인식론
J. 모어랜드 & W. 크레이그 지음 | 류의근 옮김 | 신국판 | 221면

2. 형이상학
J. 모어랜드 & W. 크레이그 지음 | 류의근 옮김 | 신국판 | 270면

3. 과학 철학
J. 모어랜드 & W. 크레이그 지음 | 김명석 옮김 | 신국판 | 192면

4. 논리학, 윤리학
J. 모어랜드 & W. 크레이그 지음 | 이경직 옮김 | 신국판 | 256면

5. 기독교 철학
J. 모어랜드 & W. 크레이그 지음 | 이경직 외 옮김 | 신국판 | 424면

6. 기독교 심리학 입문
스티븐 에반스 지음 | 이창국 옮김 | 신국판 | 232면

7. 철학과 기독교 신앙
콜린 브라운 지음 | 문석호 옮김 | 신국판 | 462면

8. 기독교 철학개론
노르만 가이슬러 지음 | 위거찬 옮김 | 국판 | 490면

9. 종교철학개론
노르만 가이슬러 지음 | 위거찬 옮김 | 국판 | 518면

10. 종교 철학
S. 에반스 & J. 매니스 지음 | 정승태 옮김 | 신국판 | 328면

11. 철학과 신학
존 D. 카푸토 지음 | 김완종 옮김 | 근간

기독교 세계관의 철학적 기초 시리즈 ⑩

종교철학: 기독교 신앙의 철학적 조명
Philosophy of Religion: Thinking about Faith

2016년 6월 15일 초판 발행

지 은 이 | 스티븐 에반스 & 잭커리 매니스
옮 긴 이 | 정승태

편 집 | 전희정 이종만
디 자 인 | 이재희
펴 낸 곳 | 사)기독교문서선교회
등 록 | 제16-25호(1980. 1. 18)
주 소 | 서울시 서초구 방배로 68
전 화 | 02) 586-8761~3(본사)   031) 942-8761(영업부)
팩 스 | 02) 523-0131(본사)   031) 942-8763(영업부)
홈페이지 | www.clcbook.com
이 메 일 | clckor@gmail.com
온 라 인 | 기업은행 073-000308-04-020, 국민은행 043-01-0379-646
         예금주: 사)기독교문서선교회

ISBN 978-89-341-1546-5 (93230)

※ 낙장ㆍ파본은 교환해 드립니다.

이 도서의 국립중앙도서관 출판시 도서목록(CIP)은 서지정보유통지원시스템 홈페이지(http://seoji.nl.go.kr)와
국가자료공동목록시스템(http://www.nl.go.kr/kolisnet)에서 이용하실 수 있습니다.
(CIP제어번호: CIP2016012596)